西藏跨越式发展与全面建设小康社会研究丛书 2

语言和谐背景下西藏的汉语习得和使用

李永斌 著

中国藏学出版社

总　序

西藏自治区位于青藏高原腹地，是我国少数民族聚居度最高的民族地区、高原地区和边疆地区。中央第四次西藏工作座谈会以来，在党中央、国务院的正确领导下，在全国各族人民特别是对口援藏省市、中央和国家机关以及有关单位的大力支援下，西藏自治区党委和政府团结带领全区各族干部群众顽强奋斗，西藏经济持续快速发展，综合交通和能源体系建设成效明显，文化建设富有成效，社会事业全面进步，生态环境保护加快实施，各族群众生活显著改善，民族团结不断加强，民族区域自治制度得到坚持和完善，反分裂斗争取得重大胜利，经济建设、政治建设、文化建设、社会建设以及生态文明建设和党的建设取得显著成就。

经过民主改革50多年特别是改革开放30多年来的不懈努力，西藏的发展已经站在新的历史起点上。同时，我们也要清醒地看到，西藏发展稳定仍然面临不少困难和挑战，也出现了许多新情况新问题。综合起来看，当前西藏的社会主要矛盾仍然是人民日益增长的物质文化需要同落后的社会生产之间的矛盾。同时，西藏还存在着各族人民同以达赖集团为代表的分裂势力之间的特殊矛盾。西藏存在的社会主要矛盾和特殊矛盾决定了西藏工作的主题必须是推进跨越式发展和长治久安。

西藏要实现全面建设小康社会的奋斗目标，必须推动经济社会更好更快更大发展，夯实建设社会主义新西藏的物质基础，同时必须把中央关于加快西藏发展的决策部署同西藏实际紧密结合起来，转变发展观念、创新发展模式、提高发展质量，充分发挥自身优势和潜力，使跨越式发展建立在科学发展的基础之上。大力保障民生，切实把保障和改善民生作为西藏经济社会发展的出发点和落脚点。

因此，鉴于西藏在我国政治、经济和生态中的特殊地位，同时也是为了更好地全面贯彻落实中央第五次西藏工作座谈会的精神和战略要求。中国藏学研究中心根据当前面临的形势和肩负的使命，于2010年将“西藏跨越式发展和全面建设小康社会若干重大现实问题研究”作为重点课题进行研究。

此课题研究立足西藏实际，自下而上地对西藏跨越式发展和全面建成小康社会进行分析，以便为与达赖集团为代表的分裂势力作斗争提供更有力更具有针对性的理论武器，也是配合和落实中央政府和西藏自治区政府自上而下地解决两个矛盾所作的自下而上的理论和实际的有益补充。此课题研究将联合国内外藏学专家和青年学者加入，是中国藏学研究中心协调全国藏学力量、培育藏学人才的重要体现。此课题研究也是社会经济研究所落实科学发展观，实现自身科学发展的需要。

社会经济研究所在申请到此课题后，为不辱使命，立即组成了以本所成员为班底、吸纳协调全国藏学力量参加的课题组。几年来，研究团队行程数万公里，足迹遍及西藏的农村、牧区、城镇、边疆，与农牧民同吃同住。通过在西藏长期近距离的考察和调研，收集了大量的第一手资料，对关系到西藏跨越式发展和全面建设小康社会的诸多重大现实问题展开了研究。

为了更好地体现为西藏跨越式发展、实现全面建成小康社会，以及改善民生服务，也为了交流和展示研究团队多年艰苦努力所取得的学术成果，我们将课题实施以来取得的较好研究成果编辑成《西藏跨越式发展与全面建设小康社会研究》丛书出版发行。这一丛书主要包括了与西藏跨越式发展、全面建设小康社会以及民生改善相关的调研报告、论文、译文和著作等。

中国藏学研究中心社会经济研究所

2012. 12. 1

目　录

第一章

绪论

第一节 理论和现实意义

人类社会发展到今天，已经进入了数字和网络时代。现代化的传播手段大大缩短了人与人之间的距离，过去的海角天涯已成为今天的近在咫尺。足不出户的自然经济已经让位于市场化的经济，个人之间、团体之间的经济贸易往来打破了往日封闭的自给自足的经济生活。市场化在使人们的生活质量大幅度提高的同时，也极大地缩短了人与人之间的距离。使用一种语言已经无法满足对外交往的需要，第二语言的习得和使用问题已经十分现实地摆在每个人面前。个人或群体要发展、要现代化，必须实现不同语言的顺利沟通。习得第二语言的社会意义、经济价值彰显了语言及其研究的社会性质。人与人的频繁接触带来语言的接触，语言的社会性、语言在现代社会发展中的问题和相关的矛盾，超过了以往任何时代。人们因经济活动而产生的语言矛盾的解决摆在了不仅是语言学界，还包括政治、文化、教育等各行业、各阶层面前。语言在现代经济发展中的重要作用，使语言不再仅仅是语言学家独享的“结构图”。语言本身是应人类交际的需要而产生的，社会也因语言的产生而加速发展。研究语言和社会的关系问题，成为当今世界语言学研究的重大课题。语言研究的成果有助于解决当代社会发展的诸多问题，包括不同语言的沟通、语言与文化、语言与民族、语言与教育等，可以说无所不包。语言的研究因其与社会问题的解决密不可分，从而使社会学视野下的语言问题的研究受到普遍关注。社会语言学自其诞生起就以其对语言问题的独特视角，对语言实际生活中的许多问题，如语言规划、语文教育、语言习得、语言变异等的阐释，给语言学研究带来了巨大活力。语言研究也因此与人们的具体社会、经济活动有了密切的联系。

与世界的语言研究形势一样，我国的语言研究也正发生着巨大的变化。在以往对语言自身关注的基础上，对语言带来的社会方面的问题，因社会的发展和变化而带来的语言方面的问题，也越来越受到关注。上世纪 80 年代以来社会语言学的逐步发展，为我们对许多社会问题的解决提供了不可或缺的帮助。语言的研究，必须在许多社会问题的解决上有所作为。

少数民族地区的语言问题，历来十分敏感，说到底，是因为语言问题和民族地区的许多社会问题相关联。少数民族地区的语言问题不仅仅是语言的问题，它还涉及民族文化的延续、民族经济的繁荣、民族的现代化等。这些地区语言问题的解决，和我国其他地区一样，需要从社会的角度出发，结合语言自身的发展需要和语言所在社会的发展需要以及使用者自身发展的需要，以科学的实事求是的态度，做出合理的符合各方面实际的结论和决策。西藏的语言问题同样如此。无论是藏民族群体、政府机构、藏族个体，还是西藏整个社会都如此。西藏语言研究发展的局面和未来的趋势，也和全国范围、世界范围的语言的研究一样，必将越来越关注语言的社会状况、语言发展和与社会发展之间的关系。语言研究服务于使用语言的社会，社会问题的出现和解决也为语言研究提出挑战和机遇。离开对社会问题的关注，语言研究将失去应有的活力。

在我国，由于历史的原因，在人口、经济、文化等方面，汉民族相对比较发达。汉语也成为我国使用面最广、影响力最大的语言，自然地成为我国各民族之间交际的共同语言，是我国的通用语言，不可替代。在汉族聚居地区，汉语是主流语言，在少数民族聚居地区，如西藏地区，藏语是主流语言，不同民族之间的沟通则主要依赖于汉语。

我们可以把以汉语为主流语言的地区称为汉语区，以少数民族语言为主流语言的地区称为非汉语区。虽然少数民族语言在汉语区并不通行，但汉语在非汉语区却是不可或缺的交际用语，是沟通汉语区和非汉语区的桥梁和纽带，是各少数民族使用的最主要的第二语言。在非汉语区，儿童对第二语言——汉语的习得和使用水平，将决定他们所能接受的教育程度，所能获得的现代化技术程度，将影响他们未来的发展前途。没有汉语的媒介和工具作用，少数民族地区的社会发展和人才培养都会受到很大的影响，对民族地区如西藏地区的现代化，藏民族自身发展的制约作用更是不容忽视。

语言一旦产生，就有了它的群体特征。语言的发展和使用从来就不是单纯的语言自身的问题。语言是一个民族的象征，是民族文化延续和发展的载体。研究表明，封闭守旧、缺少与其他民族往来的民族只会越来越落后。主动接受其他民族先进的科学技术、先进的文化，会不断促进本民族的发展，世界各地的不同国家和民族无不如此，中国以及中国的各个少数民族也是如此。这是历史发展的事实。因此，无论是汉语区还是非汉语区，都有一个双语发展的问题，有一个第二语言选择的问题。对于各个少数民族地区来说，汉语成为首要的第二语言。少数民族地区的双语问题，也主要指的是少数民族语言和汉语，在西藏，则是藏语和汉语两种语言。在中国，总的语言使用格局将是汉语和各少数民族语言共同存在，发挥各自在不同区域内的交际作用和文化传承作用。汉语是汉族的母语，也是各少数民族需要熟练掌握的第二语言，这对于各民族的团结，弘扬民族文化，促进少数民族地区经济的发展，提升我国的整体经济实力，增强我国的综合国力，都有着十分重大的意义。和世界各地一样，第二语言的选择有利于社会经济的发展和进步，有利于民族自身的现代化发展。语言没有先进落后之分，但语言使用的人口、范围和使用人群的社会发展状况是不同的。学习其他民族的先进文化，提高自身的发展水平，已成为世界各国共同努力的目标。双语或多语成为当今的国际化趋势。

从历史的角度看，汉语不仅仅是汉民族使用的语言，汉语使用的界限，早已超越了汉民族。汉语也不仅仅是中国境内使用的语言，汉语的使用已经跨越了国界，成为一种世界性的语言。[①] 将汉语作为第二语言习得使用的，不仅仅是我国的各少数民族，也广泛使用于世界其他的许多民族，使用于世界各国的经贸往来、人际沟通，以及几乎无处不在的网络。目前有 85 个国家的 2100 多所大学开设有汉语课程。[②] 汉语作为第二语言教学，与英语作为第二语言教学一样，已成为显学，为世人所瞩目。[③] 这是我国综合国力不断增强的结果。随着我国经济实力的进一步增强，汉语的使用范围将更加广泛。汉语在我国和世界经济发展中所扮演的角色越来越重要。在中国境内少数民族聚居的地区，个人生活质量的提高和当地经济的发展，和汉语的习得使用水平有很大的关系。双语教学的水平越高，人们使用双语的水平也越高，和外界的各种交流就越广泛。

不同民族的语言都是世界文化宝库中的一员，都承载着不同的灿烂文化。由于社会发展的需要和使用人口减少等原因，很多民族语言适用的范围越来越小。重视和发展民族语言的习得和使用，是民族语言继承和发展的重要途径。少数民族语言作为母语，是思维的工具，也是本民族交往的第一语言，对第二语言的习得和使用也具有极大的促进作用。民族语言和汉语言的习得和使用都应得到同样的重视。在个人选择语言的问题上，我们认为，应给语言使用者选择的自由，在民族语言和汉语使用水平上，也应有依据个人发展的需要自主选择的问题。过分强调民族语言的使用，或过分强调第二语言的使用，都是有违社会实际的做法。少数民族语言的习得使用关系着民族语言的前途，但没有第二语言汉语的习得使用，民族的发展就会受到巨大的影响，自然也会影响民族语言的前途。显然，作为民族语言，其使用、

① 王宁：《全球化语境下汉语疆界的模糊与文学史的重写》，《甘肃社会科学》，2004 年第 5 期。

② 王路江、曲德林：《新时期对外汉语教学发展的战略思考》，《中国高等教育》，2004 年第 5 期。

③ 赵金铭：《让我们的母语走向世界》，《语言文字应用》，2005 年第 3 期。

发展和作为第二语言汉语的使用、发展有着不同的社会背景和社会需求，有着不同的发展规律，需要进行专门的探讨和研究。而个人对语言生活的需要在第一语言和第二语言的选择和使用上起着重要作用。习得或使用、政策或规划、教育或教学，最终都要在个人的选择上起作用。不过，个人对语言的需求不过是社会需求的反映。从社会的角度出发，研究社会诸因素对语言习得和使用的影响，会有助于找到解决语言问题的方法和途径。

儿童出生时，会自然习得当地的语言，并且能够在大约五岁前，熟练使用所习得的语言。这是母语的习得，主要是从所接触到的人和事物逐步获得该语言的使用。第二语言的习得则不同。它一般不是自然获得的，而是学校教育的要求，或个人生存和发展的需要。成年之前的第二语言习得，一般来自于学校教育的要求，或者是家庭等环境的影响。成年后的第二语言习得则更多地体现出个人的自觉行为，是提高自身竞争力和改善生存环境的需要。在当今竞争日益激烈的社会，第二语言的习得和使用不仅仅是普通的人与人交往的需要，更是对外经济贸易发展的需要，是拓展和增强经济实力的需要。这种需要无论是对于个人还是集体来说都是一样的。个人要获得理想的就业机会，就必须有第二语言的职业素质，企业要增强竞争力，更需要精通两种或多种语言的对外交往人才，不断扩大经营规模，拓展企业发展的空间，即使同样是使用汉语，只会说汉语方言和同时会说普通话往往在就业和个人发展上有着很大的区别。第二语言的习得和使用在当今社会实质上是一种职业手段、职业素质。随着全球经济一体化的不断深入，各国之间的经济贸易往来已经变得十分普遍，缺少语言的沟通作用，个人乃至团体的发展都会受到极大的限制，甚至导致经营规模萎缩、经济效益下降。第二语言的习得和使用已不再是所谓的情感问题，或选择与否的问题，而是人的生存和发展的必需。双语现象的发展是不以人们的主观意志为转移的，社会交际的需要是形成双语、多语和民族共同语的根本原因。①

因此，我们可以这样认为，第一语言是人们的生活语言，是日常生活中用来交流的语言，而第二语言则是人们的工作语言，是生存的工具之一。母语日益生活化，而第二语言则变得职业化。母语和第二语言在不同的领域里完成说话者的交流需要，发挥着各自不同的作用。比如藏语是藏民族生活中的交流用语，汉语则是与之相关的各种场合里使用的语言。汉语是以汉语为第一语言的使用者的生活用语或部分工作用语，英语等其他的语言则是对外工作中的职业用语。语言学要研究的和语言教学所要关心的应该是如何富有效率地提高学习者的语言学习效果，对影响第二语言习得的来自社会的和习得者自身的各方面因素进行充分研究，为他们的语言习得提供更有利的学习条件和方法。比如，在国内，在汉语或近似汉语的语言环境里，少数民族如西藏的居民是如何获得汉语能力的？或者说，他们是从什么途径习得和使用汉语的？相关调查显示的结果是，在西藏，学校教学只不过是其中的一条途径，而不是唯一的途径，而且，学校的汉语教学存在许多问题。显然，第二语言的习得不仅仅是习得者自身和学校的问题，其中还涉及政策、传媒、习俗等许多社会方面的影响，有待于我们进行深入的调查和研究。

当然，第二语言的习得和使用，不可能只是一个语言范畴的问题，它还和民族团结、国家统一、经济繁荣等息息相关。社会语言学以语言学、社会学、民族学、人类学、历史学、民俗学等学科为基础，吸取其他学科的某些理论和方法，综合为一门独立的学科。② 社会语言学充分注意社会问题和语言问题的不可分性，为阐释社会因素对语言使用的影响提供了新的研究视角。

我们可以把西藏语言问题的研究，划分为两个区域，一个是藏语本体的研究，是静态地围绕藏语言结构的研究，另一个则是围绕藏语

---

① 余惠邦：《双语研究》，第 19 页，成都：四川大学出版社，1995 年。

② 卫志强：《当代跨学科语言学》，第 51 页，北京：北京语言学院出版社，1992 年。

社会使用问题的研究，谈的是藏语文的习得使用状况，藏语文和西藏社会发展的关系，同时也是政策、教育角度上的研究。这两个方面的研究都涉及与汉语的对比以及汉语的使用状况。实际上，藏族和我国其他少数民族一样都面临着发展民族文化和民族现代化问题。民族现代化是人的现代化和社会的现代化，而不是空洞的设想。现代化的时代需要必然带来技术等领域的吸收和借鉴，第二语言的习得使用就成为民族自身的迫切愿望，同时也是该民族每个成员应有的权利，不能只是一小部分人依靠汉语的优势而享受现代化成果的特权。语言习得角度的研究，是对语言使用者需求的研究，而不以政策、教育为研究的主体。语言习得者角度的研究，是比较纯粹的语言习得需求的研究，是语言学范畴的研究，反映的是与语言习得相关的影响因素。习得汉语已经是包括西藏在内的我国各少数民族地区的实际需要，是民族地区发展的必然趋势。民族语言的习得和使用，汉语第二语言的习得和使用，都是不必争论的现实需要、未来发展的需要。在西部大开发的新形势下，中东部地区技术和企业不断进入，所占份额也越来越高，为西藏等地的发展带来了机遇，同时也带去了对使用族际语言——汉语进行交往的需要，对西藏等地的就业问题带来因语言而产生的新的压力和竞争力。揭示汉语这一第二语言习得方面的规律，综合考察社会诸方面对汉语习得的影响，就有了很重要的现实意义。

第二节　西藏语言调查设计（详见附录）

对西藏汉语习得使用状况的调查，主要有三个方面：一是汉语能力，二是语言态度，三是影响因素。具体设计如下：

一、普通话测试字表

（一）字表分两份

各50个汉字，一份注音，一份录音。录音字表附有拼音（不考察字音的识别，只看藏语语境下汉语语音状况）。

（二）字表内容来源

选自西藏的小学汉语课本，随机抽取学过的内容，声、韵、调的覆盖率大致均衡。课本由人民教育出版社少数民族汉语教材编写中心提供。

（三）调查对象状况

调查对象要填写的几项指标：

1. 身份：学生（中学生或小学生）。
2. 性别：男、女。
3. 家庭：干部、教师、工人、商人、农牧民。
4. 经济：好、一般、差。

（四）录音分析

录音后作语音分析，结论主要是藏语母语条件下，汉语语音的变异状况。

（五）调查地点

根据调查对象代表性原则，这次调查的对象主要有：拉萨一小、泽当镇完小、果莎教学点、达嘎中心校、阔姆教学点。

二、变语配对实验

（一）录音内容设计

录音的内容是一篇短文：

1. 题目：美丽的小路。
2. 来源：藏族地区使用的汉语课本第六册，人民教育出版社，2003 年 10 月，第 27 页。

3. 录音方案：1 人录音（藏学硕士），分别使用拉萨话和普通话。

（二）实验量表

使用主体统觉实验量表，相关变量适当调整。如下：

可靠，诚实，热情，才智，进取心，意志力，相貌，身材，风度，能力，总体印象

7	6	5	4	3	2	1
____	____	____	____	____	____	____

（三）实验地点

主体统觉实验的地点分别是拉萨一中、曲水中学、乃东中学。

三、口语表达测查

（一）测查目的

以聊天的方式随机进行，随机确定主题，考察的是用汉语说话的能力。

（二）测查提纲

内容涉及个人、家庭、学习、打算、理想、趣闻等。

（三）测查对象

对象是小学生，以拉萨一小的学生为主。

四、写作

（一）调查内容

考察学生的汉语写作能力，内容和体裁不限，时间大致为 20 分钟。结合查看学生平时的作文、作业 。

（二）调查地点

主要是在拉萨一小进行。

五、访谈

（一）访谈目的

随机访谈，同时录音，地点不限。主要考察对汉语习得的相关看法，成人（干部、教师、工人、商人、农牧民等）的汉语水平状况。

（二）访谈提纲

主要问题包括：

1. 为什么学汉语：升学、找工作、交往、信息、爱好、课程等。

2. 使用汉语的场合：学校、家庭、公共场所。（这几项可继续细分）

3. 谁使用汉语：年龄段、身份、文化水平、所在地等。

4. 学汉语的途径：学校、家庭、娱乐、社交、商贸等。

5. 对使用汉语前景的看法：使用的人数、使用的水平、使用的地位等。

6. 对汉语教学的看法：很好、好、一般、差、很差。

7. 对汉语学习使用的建议：政策、师资、方法、态度等。

六、西藏小学生汉语习得的影响因素问卷调查

（一）调查地点

调查地点分别是：拉萨一小、泽当镇完小、果莎教学点、达嘎中心校、阔姆教学点。

（二）问卷的主要内容

1. 一般情况：年龄、性别、年级。

2. 起始时间：幼儿园、小学 1 年级、小学 2 年级、小学 3 年级、小学 4 年级、小学 5 年级、其他。

3. 家庭环境：语言环境（爷爷、奶奶、爸爸、妈妈、其他）
经济环境（干部、教师、工人、商人、农牧民）
文化环境（家庭成员的文化程度）

4. 教师素质：很好、好、一般、差、很差。

5. 教学方法：很好、好、一般、差、很差。

6. 教材使用：很好、好、一般、差、很差。

7. 态度因素：很好、好、一般、差、很差。

（三）统计方法

每一项以 5 ~1 个数值分别代表很好、好、一般、差、很差，结合填写的其他自然状况，进行统计分析。

七、藏汉词语混用问卷调查

（一）调查内容和目的

将日常通过观察、交谈、录音等方法搜集的部分藏语交谈中使用的汉语词，分类整理，征求熟练的汉藏双语人士（藏族研究生）对这些词语使用汉、藏语言的选择。

（二）调查对象

藏族硕士、博士研究生。

（三）调查地点

主要在中央民族大学。

第三节　研究资料的来源

研究资料主要有以下几个来源：

人教社提供的藏族地区通用中小学汉语教材；拉萨市相关中小学校的总结报告、学生作业、考试成绩册等；拉萨教育等机构的文件和资料；问卷统计资料；调查笔录；近两年的统计年鉴和统计资料；上述的各类专著；相关论文，主要出自《语言文字应用》《语言教学与研究》《世界汉语教学》《中国语文》《民族语文》《汉语研究》，汉文版《中国藏学》《西藏研究》《西藏教育》等。

第四节　本书的结构

本书大致可分为开篇、主体和结尾三部分。开篇主要谈写作的缘由，所依据的语言学等相关的理论和方法（主要是社会语言学的语言接触和语言习得理论）。主体则包括西藏语言研究的概况，西藏汉语习得的历史回顾、目前状况、汉语习得使用对藏、汉语言自身的影响和几点建议。结尾部分主要谈西藏未来的语言发展趋势。

第二章

理论基础和相关研究

第一节 社会语言学相关理论

一、社会语言学基础理论

社会语言学研究兴起于上个世纪60年代。它的兴起是社会发展、科学进步在语言学领域的具体表现，也是语言学自身发展的必然。“它的诞生既顺应了时代发展的需要，又弥补了传统语言学的不足”①。科学技术的发展为语言现象的研究提供了前所未有的优越条件，也使长期以来单纯对语言结构进行的脱离社会的以理想说话者为对象的语言的静态研究陷入窘境，研究的范围越来越狭窄，对于各国面临的许多实际的语言问题往往显得束手无策。许多国家在民族生活中发生的变化以及社会经济革新带来的社会结构和社会生活的重大变化，引起了一系列的社会语言问题。随着经济发展所带来的人口流动的加速，各个国家操双语的人越来越多，加上操统一语言的言语社团中夹杂不少少数民族，使用语言的情况日益复杂。这些都要求语言学做出正确的回答。因此，只有将语言学的最新研究成果应用到推动人类社会发展的活动之中，才能更好地服务于社会，为社会各界所关注，体现出语言学研究的自身价值。②

① 祝畹瑾：《社会语言学概论》，第1页，长沙：湖南教育出版社，2003年。

② 高佑梅：《社会语言学的发展历程及其研究趋向》，《天津外国语学院学报》，2004年第4期。

社会语言学的另一名称是语言社会学，意指着重从社会方面而不是语言自身方面解释语言复杂的社会变化。社会语言学是语言和社会领域中相交叉的复杂研究领域，社会学、语言学和教育方面的研究都可算是社会语言学。[①] 拉波夫认为“我们的研究对象是由语言集团构成的社会环境内语言的结构和语言的演变”[②]。从广义上讲，社会语言学是从社会学、人类学、民族学、心理学、历史学、哲学等不同的社会科学的角度出发去考察语言问题。显然社会语言学可以划分为两个方面，一方面是围绕语言自身进行的研究，另一方面是围绕语言所处的社会环境进行的研究。也就是说，一个是语言本体方面的，一个是语言使用者方面的。狭义上解释社会语言学，则是指研究语言使用中的变异现象与社会环境之间的相互关系[③]，是联系社会对语言的研究。洪堡特在19世纪所作的语言对人的思维的影响的研究，萨丕尔和他的学生沃尔夫联系不同社会的文化研究人类的心理提出的“萨丕尔—沃尔夫假说”，叶斯柏森语言中的性别的差异和阶级分化的研究等，都是在寻找语言发展的社会原因，奠定了社会语言学产生的基础。社会语言学在其语言观和方法论上与传统的语言学均有不同。社会语言学突破了“内”、“外”的限制，将索绪尔归入外部语言学而不予研究的内容作为自己的研究重点，从社会的各个方面来研究语言在社会中的实际面貌，讨论语言和社会阶级、语言和种族群体、语言和性别、语言和环境、语言和社会交际、语言和民族、语言和地理等方面的关系，使语言学的研究范围大大拓宽了。

社会语言学在对语言共时结构进行描写的基础上，对现实语言生活中的变异也进行细致的描写，将语言的静态描写转换为动态描写，寻找与语言变异形式相关的社会因素，观察正在进行中的语言变化，使语言的共时研究和历时研究相互渗透和融合，显示出巨大的潜力。

---

① 徐大明、陶红印、谢天蔚：《社会语言学》，第22～23页，北京：中国社会科学出版社，1997年。

② 拉波夫：《社会语言学》，第259页，四川：巴蜀子夜出版社，1976年。

③ 祝畹瑾：《社会语言学概论》，第7页，长沙：湖南教育出版社，2003年。

社会语言学在传统研究方法的基础上，学习并吸取了其他学科，尤其是社会学的研究方法，用定量的分析法来研究语言，这也是研究社会中纷繁复杂的语言变体的必然。[①] 社会语言学通常采用实地调查的方法，通过对语言材料的定量统计分析得出概率性的结论，探讨研究语言变量和社会变量的相关性，研究的对象为社会方言或社会变体，涉及的社会变量有社会阶层、年龄、性别等。研究中先要确定社会变量，然后采用随机抽样的方法取得语料样本。收集语料的方法主要有访谈法、问卷法、观察法和实验法等。拉波夫对纽约话里英语变异情况的研究便是这方面的代表。

对于社会语言学研究的范围，海姆斯认为[②]，语言和社会的研究，即指向社会的，具有现实目标的语言研究；社会现实的语言学，涉及语言变异和各类社会集团以及社会形式的语言学，以语言理论而不是语法理论为目标研究语言运用。祝畹瑾的归纳则是：一个国家或地区的语言状况如双语制，多语或多方言状况，各类言语共同体使用语言的状况和特征；各类语言变体的构造特点及其社会功能；交谈情景与选择语码之间的关系以及语码选择与人际关系的相互作用；社会以及不同集团对各种语言或语言变体的评价和态度以及由此产生的社会效应；由于社会、文化、经济、政治等原因以及语言接触所引起的语言变化的方式和规律等。这些研究又可分为五种类型：语言学的社会语言学，它的研究对象是人们在日常生活中所说的言语，核心问题是语言变异；民族学的社会语言学，其研究核心是人类的交际能力，最终目标是建立综合性的人类交际学；社会学的社会语言学，即语言社会学，研究重点是语言和社会之间全局性的相互作用，主要任务是解决社会所面临的重大语言问题；社会心理学的社会语言学，研究重点是全社会或某个社会集团对使用某种语言变体的评价和态度；语用学的社会语言学，以会话为主要的研究对象，探讨会话原则和策略，研究会话结

---

① Hudson, R. A. 1980. *Sociolinguistics*. Cambridge: Cambridge University Press.

② 李莹：《社会语言学文献综述》，《广西教育学院学报》，2003 年第 5 期。

构和风格。费什曼的分法是宏观和微观两个方面：微观社会语言学以语言为出发点，研究社会方言和语言变异，考察社会因素对语言结构的影响；宏观社会语言学则以社会为出发点，研究语言在社区组织中的功能。甘柏兹认为[①]，社会语言学研究的领域包括：个体特征、语音特征和话语能力；语言风格、会话的注释程度和形式，特别是随意会话；社会特征，社会阶层、性别、年龄，包括生物性的性别角色和社会性的性别角色；社会文化因素，话题是文化决定的；社会学因素，语言是社会结构的部分；社会语言学和语言社会学，社会语言学重点是问题、社会因素、个体和社会文化因素。

20 世纪 60 年代重新强调语言的社会性、语言和社会的密切关系、各社会因素和人的因素对语言的影响，从而在美国诞生了语言学和社会学相结合的相对独立的社会语言学这一新兴学科。在当代社会语言学领域，是拉波夫和其老师文莱齐第一次把“语言的社会性”科学地引入语言学研究的。社会语言学研究的语言特别是语言和社会的关系，主要关注不同社会群体的语言变体和不同交际环境中的语言变体，男女在这些交际环境中使用不同话语的技能，表现的是语言对现实生活的反映。

二、中国的社会语言学研究

社会语言学在 20 世纪 80 年代传入中国。1983 年 8 月陈原先生的著作《社会语言学》出版，标志着我国社会语言学的诞生。[②] 当然，我国的社会语言学研究自上个世纪 50 年代就已经开始，并在我国少数民族语言的研究中始终占据着主导地位。[③] 经过 20 多年的发展，取得了长足的进步，2003 年中国社会语言学会成立，《中国社会语言学》学术期刊

---

① Gambers, J. K. 1995. *Sociolinguistics Theory: Linguistic Perspectives on Register*, Oxford University Press.

② 高佑梅：《社会语言学的发展历程及其研究趋向》，《天津外国语学院学报》，2004 年第 4 期。

③ 许嘉璐、王福祥、刘润清：《中国语言学现状与展望》，第 203 页，北京：外语教学与研究出版社，1996 年。

同年10月创刊。[①] 中国社会语言学经历了“初创阶段”、“迅速发展阶段”，已进入“稳定深入发展阶段”。[②] 社会语言学的研究在中国可分为三个学界：外语界、汉语界、民族语言学界。[③] 周庆生对社会语言学研究范围的分类是：偏重社会的研究，以民族方法论分析不同社会成员的日常生活会话或非语言交际，揭示人际互动的特征、途径和规律。在中国，语言规划和语言政策方面的宏观社会语言学研究是主流。[④] 城市方言调查将城市方言学与言语社区理论相结合，将语言研究引向针对现代社会的复杂多变的语言现实研究的重要途径。[⑤] 这一研究将提供城市语言状况信息，对城市化过程中产生的语言问题进行描写与分析，产生有利于社会交际、人口管理、市场化经济发展等方面的实用成果，作为制定有关政策和解决实际问题时的科学依据。大、中、小城市语言形式及语言生活特征，城市化带来的公众语言交际的问题，城市非常住人口的语言状况及其影响等将是这一研究的课题。

我国的社会语言学研究，可分为两大阵营，一是把“语言”作为研究内容，考察社会对语言的影响，揭示语言本质；二是把“语言”当作一种社会问题或社会资源来研究，在语言教学与研究中已经占有重要的一席之地。社会语言学注意力的转移也和教育政策、社会政策的作用有关。我们认为，探讨社会语言学研究与提倡“素质教育”教学思想的关系，探讨有关语言生活、语言规划、语言应用、语言变化、语言教学、语言习得、语言的社会差异、语言与社会、语言与文化、方言和少数民族语言等问题将是今后中国社会语言学所面临的任务。我国境内的第二语言习得问题的研究日益受到重视，针对少数民族地区汉语第二语言习得问题的研究也将不断深入。基础教育中第二语言课程体系的建设、科学的处理普通话和民族语相互干扰的问题，尤其

① 徐大明：《中国社会语言学的新发展》，《南京社会科学》，2006年第2期。

② 郭熙：《中国社会语言学的现状与前瞻》，《江苏社会科学》，2002年第5期。

③ 戴昭铭：《世纪之交的中国社会语言学——“九五”回顾和“十五”展望》，《求是》学刊，2000年第6期。

④ 张荣建：《社会语言学研究方向比较研究》，《重庆师范大学学报》，2004年第5期。

⑤ 徐大明：《中国社会语言学的新发展》，《南京社会科学》，2006年第2期。

是第二语言汉语在少数民族地区何时开设，如何进行等问题都有待运用社会语言学的理论和相关的原理给出合理的解释和说明。如有人认为原则上当学生尚未“基本掌握”一种语言之前，不宜再开设第二语言课①等。

社会语言学在中国的政治、经济、文化、教育等方面都有着积极的意义，也取得了较大的成绩，但还存在很多问题。如青少年群体中的语言变异发生的社会、文化、心理等方面的原因需要更多的调查研究，对汉语及其方言和少数民族语言的语言生活、语言变异调查得还不够，对具体、实际的工作较少作系统的理论总结与归纳，在方法上较多采用调查、分析、描写的方法，较少使用计量等研究方法。② 民族地区的语言问题研究，如怎样通过民族语言发展民族教育和提高全民素质，怎样科学地处理好民族语言和汉语的关系等，既有理论问题，又有实际问题，需要做扎实的、艰苦的努力。联系社会实际对民族地区语言问题的研究目前还远远赶不上需要，能为党和国家提供的切实有效的咨询意见还不多。③

第二节　语言接触理论研究

语言接触理论是社会语言学理论的一部分。为了更突出地讨论这个话题，表达语言接触现象及其规律的重要性和普遍性，和本题所讨论的汉藏语言接触主题相照应，我们将其作为单独的一节来进行论述。我国的汉语第二语言习得研究也将单独作为一节来讨论。

一、基础理论和我国的研究状况

人是社会的人，民族或族群同样如此。再封闭的民族或族群在其

---

① 王培生：《社会应用语言学研究——论“语言接触”与中国语言学教育的发展》，《攀登》，2003 年第 3 期。

② 陈章太：《中国社会语言学在发展中的问题》，《世界汉语教学》，2002 年第 2 期。

③ 戴庆厦：《“十五”期间我国少数民族语言研究评述》，《云南民族大学学报》，2006 年第 1 期。

生存和发展的过程中都不可避免地要和其他民族或族群发生联系，相互交往。语言是这一交往和交流的媒介和工具。人与人之间的接触是通过语言的接触来进行。语言的接触是一种十分普遍的社会现象。语言接触可以发生在不同的语言之间，也可以是在同一语言的各个不同的方言之间进行；可以是直接的接触，如邻里、临界的接触，移民迁入发生的接触，也可以是间接的接触，如远距离的经济、文化交流，或是通过书面或其他现代化的手段如电话、电视、网络等进行的。语言接触的现象显然十分复杂。

我国历史悠久，民族众多，语言丰富，各民族之间在历史发展和当今时代都有着频繁的互动和接触，语言接触研究有着十分丰富的社会背景和材料。社会生活不断发生剧烈的或潜移默化的变迁和变化，促使语言也发生着变化。语言的分化和兼并始终伴随着历史上社会的分化和统一。历史上我国长期处于封建割据和交通闭塞的小农经济社会中，语言的演变多以分化或异化为主。在当今改革、开放的形势下，商品经济迅速发展，市场经济的开发与发展在不断地打破地域的疆界、族群的界限甚至国家的界限。信息时代各族人民之间的往来更是越来越密切，语言接触现象的发生是必然的。趋同将是今后语言演变的主要方式。① 这一趋同过程中的演进方式和变化的结果及其变化过程中出现的问题，特别是社会诸方面的因素，需要给予深入地研究，以有助于我们认清时代发展在历史、现在和未来的演进过程中，社会相关因素的变化所带来的语言的必然性变化及其变化演进的方向和趋势，正确的制定和执行语文政策，使语言的发展和变化与社会的发展和变化相协调，科学地解决因语言问题所带来的社会问题。

随着时代的发展，人类将走向全球经济一体化和文化多元化。这种格局的形成显然是以各国之间以及各个民族之间在经济和文化领域的交往和交流为前提，语言则是各族各界交流和沟通的手段和工具，语言沟通和语言接触是必然现象。从另一角度来看，不同民族、族群

① 罗美珍：《论族群互动中的语言接触》，《语言研究》，2000 年第 3 期。

之间的交往和交流也是语言接触的主体和条件。离开了各民族之间、不同族群之间的接触和交往，语言接触以及由此带来的语言变化便不可能发生。研究语言接触，必然要研究民族之间、族群之间的互动和交流，如人口、经济、文化、教育、传播等社会因素。语言接触既能反映民族、族群之间文化交往的历史，也是语言演变的成因之一。从我国的实际情况来看，国内的语言接触主要指的是汉语和各少数民族语言的接触，也有汉语各方言、各少数民族语言之间的接触。汉语和各少数民族语言之间的接触更复杂，也更普遍，如民族语的习得和使用，汉语的习得和使用，语言使用的人群和场合，语言实际使用所反映的社会诸多变化等等，都与其他语言接触的情景不同，引起了研究者的特别关注。语言接触研究要关注以下几个方面的问题：民族关系，和谐平等的民族关系能带来频繁的语言接触；人口因素，人口少的民族语言自然地受到地区性人口多、经济发达的主体民族的语言的影响；文化因素，交往越密切文化接触越频繁；地理位置，汉民族的分布状况；婚姻家庭；民族心理，主要表现在语言态度上。①

语言演变必然引起语言的变化。人类语言演变的方向是一项重要的前瞻性的课题。语言接触问题的研究受到语言学界、人类学界、教育界不同领域的普遍关注。我国学者对语言接触问题的研究主要是结合我国的语言实际，从语言关系、区域性特征、双语研究等角度进行的。其中既有语言具体情况的描写，也有不同程度的综合研究和理论概括。社会发展条件对语言演变的制约、语言接触发生的不同情形和方式、产生语言演变的原因等是关注焦点。

二、双语的理论与实践

语言的多样性起源于语言之间的接触②。双语现象也不例外。双语现象或多语现象是指一个人经常使用两种或两种以上的语言进行

① 余惠邦：《双语研究》，第12页，成都：四川大学出版社，1995年。

② 祝畹瑾：《社会语言学概论》，第187页，长沙：湖南教育出版社，2003年。

交际。

双语研究作为社会语言学研究的一部分，涉及民族学、语言学、社会学、经济学、教育学等许多领域，使用一些特定的概念和名词术语，如：第一语言（孩童时习得的语言）、第二语言（第一语言之后习得的语言）、交际语（不具备共同第一语言的人用作交际工具的语言）等。[①] 产生双语和多语现象的原因大致可分为三类[②]：社会、政治、经济等原因造成的人口迁移，使得新迁入的人口与当地人口发生语言接触，产生双语现象；民族主义和政治上的联合；教育和文化。

我国的双语现象比较复杂，既有汉语和少数民族语言之间的关系，也有少数民族语言相互之间的关系，大致可划分为四种情况[③]：少数民族语言、汉语兼通；本民族语、另一少数民族语言兼通；本民族语、汉语、另一种或几种少数民族语言兼通；外民族学习掌握当地民族语言。不过，从双语使用的程度来看，情况也不尽相同：有的是母语和第二语言同样熟练；有的是母语熟练，第二语言不太熟练；有的是第二语言熟练，母语则不太流利。这几种情况在我国的少数民族地区都很常见。双语发展的结果有两个，一是在相当长的时期内稳定存在，二是由双语回到原来的单语（维护母语，第二语言消失；更换语言，转用第二语言等）。出现某种双语发展结果的原因有地位因素（说话人的经济社会地位、历史地位、语言地位等）、人口因素（人数、地理分布）、公共机构的支持和控制（大众传媒、宗教、公共服务设施、教育机构、语言规划等）、语言态度和语言忠诚等。对于说话者个人来说，双语会产生语码的转换和混合。对于语言自身来说，则会出现语言的干扰，是双语者熟悉一种以上的语言而造成的在言语中偏离任何一种语言规范的现象。[④] 如词语的借用、语音和语法的变化等，或

---

① Carol M. Eastman 1990. *Aspects of Language and Culture*, 2nd ed., pp. 184～185。

② F. Grosjean 1982：Life with Two Languages：An Introduction to Bilingualism. MA：Havard University Press, pp. 31～35。

③ 孙宏开：《试论我国的双语现象》，《民族研究》，1983 年第 6 期。

④ Ilse Lehiste 1988：*Lectures on Language Contact*, MIT Press, pp. 1～27.

产生混合语、皮钦化或克里奥尔化。

语言接触是双语或双方言形成的外部原因，双语是语言接触的结果。[①] 如前所述，语言的接触是不以人的意志为转移的，只要有社会的发展，就有人与人的接触，只要有人与人的接触，就有人们所使用的语言和语言之间的接触。而只要有语言和语言之间的接触，就会产生同一个人使用两种（或两种以上）语言的情况。使用双语必然伴随着对双语的习得和使用。因此，双语问题不仅是语言自身接触的结果，也是在社会需求下，语言使用者主动获得的结果。在少数民族地区，如西藏，双语主要指的是藏语和汉语两种语言。人们使用的大多是藏汉两种语言，习得的也主要是藏汉两种语言。当然在不同的少数民族地区，使用双语的人口等因素以及使用双语的水平并不一致，甚至有很大的差别。这种差别主要来自于经济的发展状况、教育的发达程度和社会对双语使用的需求状况。如同是在西藏，城镇的双语水平要远远高于农区和牧区的水平，大城市的双语水平要高于小城镇的双语水平。这种双语水平的状况会随着经济发展的加快而提高，要持续很长的时间，并且，城镇是民族地区双语发展的未来方向。

双语中的一语是母语，另一语则是第二语言。母语在儿童生长的自然环境里获得，而第二语言如汉语则需要通过学校教育等不同的环境和条件来获得。怎样处理母语和第二语言之间的关系以及在语言习得中的关系始终受到各界的关注。普遍的看法是，母语是教育的最好手段，是继承文化的最好的工具。[②] 在我国，汉族和少数民族的交往由来已久，汉语历史性地成为各民族之间的族际交际语。少数民族在普遍保留和使用本民族语的同时，兼用汉语的现象也是自古有之。汉语和少数民族语言兼用的双语现象是我国双语社会特别是现阶段双语社会的主流。民族地区也十分注重少数民族语言和汉语的双语教育，发挥少数民族语言在本民族成员之间、汉语在不同民族成员之间使用

① 陈恩泉：《双语双方言研究的学科思考》，《学术研究》，2000 年第 9 期。

② 严学窘：《中国对比语言学浅说》，见严学窘：《严学窘民族研究文集》，北京：民族出版社，1997 年。

的各自优势，发挥着弘扬民族文化，实现民族地区现代化的重要作用。双语人口和双语的习得使用在我国的民族地区已较普遍。不过，无论从母语民族语的习得和使用的角度看，还是从第二语言汉语的习得和使用的角度看，都还存在着不少有待解决的问题，而且不仅仅是熟练程度方面的。

三、小结

语言产生于人们交际的需要和彼此沟通的需要。社会的不断发展和进步，使人与人的交往变得越来越广泛，不同语言群体之间语言的接触也越来越广泛。社会语言学自诞生起就把语言的社会使用作为自己研究的主要方面，改变了以往主要针对语言自身进行研究的局限。语言的社会属性、语言使用和社会发展的相互关系，语言和语言使用者的相互关系研究日益显示出它的重要作用。语言研究由纯粹静态的语言结构向动态的语言使用转变，着力解决社会生活中出现的语言问题。社会语言学将语言学和社会学、民族学、教育学等学科的研究方法相结合，采用计量等统计手段，对语言问题进行定量的分析和解释。在使用语言的社会环境里，语言之间的接触因人与人交往的需求而不可避免，语言之间的相互影响也始终存在，并由此产生双语或多语现象。母语的习得和使用以及第二语言的习得和使用成为民族文化发展和民族现代化的迫切需要。如何提高母语第一语言的习得使用水平和汉语第二语言的习得使用水平，消除人的发展和社会的发展过程中因语言而产生的问题，需要在社会语言学的学科范围里，使用社会学的相关方法和有效的社会调查，研究语言和社会之间重大的交互影响问题，从理论和实践角度给出有实用参考价值的解释和建议。

第三节 汉语作为第二语言习得的研究成果

一、第二语言习得的理论研究

（一）基础理论和方法

第二语言习得是十分复杂的认知活动，涉及众多的变量。关于第二语言习得的众多理论也试图对其加以解释，出现了不同的理论观点和各类专题研究。主要有第二语言习得的特点、习得观、与习得第一语言的比较、中介语、学习策略、不同类型习得过程中的迁移现象分析、文化和情感因素等等。

按照戴曼纯的观点[①]，在过去几十年的第二语言习得研究中出现的理论观点，有40～60种之多，但有较大影响的主要是变化论和唯理论。其代表一个是Ellis[②]提出的可变语言能力模式（VCH），他认为中介语呈系统性和非系统性变化，中介语是一系列可变系统，系统性横向变化预示着纵向发展，其发展有包括语言形式的习得与内化、建立形式与功能之间的相互关系等过程。另一个代表是Tarone[③]，他试图证明中介语的句法、词法和音位系统均呈变化形式，情景、话题和对言语的注意程度都能改变语言运用。变化论抛弃了生成语法和以生成理论为基础的第二语言习得理论，抛弃了传统的语言能力与语言运用之分。[④]

唯理论反映的是Chomsky的普遍语法观，认为中介语总是一个同质的、完备的系统，任何时候都处于最佳状态。唯理论强调语言的天

---

① 戴曼纯：《第二语言习得研究中的理论建设问题》，《国外语言学》，1997年第4期。

② Ellis, R. 1990. "A Response to Gregg." *Applied Linguistics* 11/4: 384～391.

③ Tarone, M. 1990. "On Variation of Interlanguage Systems".

④ Gregg, K. 1990. "The Variable Competence Model of Second Language Acquisition, and Why It Isn't?" *Applied Linguistics* 11/4: 364～383.

赋性，语言能力即语法知识，是语言背后根深蒂固的心理状态，是“语言器官”，对第二语言习得的研究影响深远。这一理论试图说明如何理解和产生语言，而实际上有关论述相当抽象笼统，能满足学者们理论研究的需要，但无法解决教学中的问题。有的则从文化或环境的角度解释影响第二语言习得的因素，比如文化导入模式、顺应模式、归化模式等，认为社会因素和情感因素是决定第二语言习得的主要变量，第二语言发展的程度取决于学习者的文化导入程度。[①] 动机是自然环境下第二语言水平的决定因素，人们根据语言交际环境的不同看法不断修正自己的言语，以便缩小和加大双方语言上的差异。学习者用吸收同化手段输入符合自己的内在标准，然后调整内化系统使之符合目的语输入，重新构建自己的终结语系统，其过程更像皮钦语化和非皮钦语化。

当然，第二语言习得研究的目的，有的是可以为语言教学服务的，也可以丰富人们关于人类语言能力的知识，研究的方法主要来自心理学的方法，特别是第一语言习得的研究方法，重视实验和调查。江新[②]对国内汉语期刊上刊载的文章进行分类统计后，强调实证研究方法的不足和重要性，认为在第二语言习得研究中要使用常见的定量和定性的方法，包括实验研究、相关研究、调查研究、个案研究和观察研究等。情感因素会影响第二语言学习的过程、进度、最后的结果，包括学习的动力、自信心、年龄、学习的方法等。成人一般比小孩学得快些，获取语言的能力要强些。小孩获取语言的能力随年龄的增长而发展直至达到一定的程度，而成年人的语言获取能力则相反。[③]

① Schumann, J. H. 1993. “Some Problems with Falsification: An Illustration from SLA Research.” *Applied Linguistcs* 14/3: 295 ~ 304.

② 江新：《第二语言习得的研究方法》，《语言文字应用》，1999 年第 2 期。

③ 周胜：《第二语言习得之理论》，《四川师范学院学报》（哲学社会科学版），1994 年第 4 期。

（二）学习策略研究

对第二语言学习的策略，钱玉莲①进行了分类和问题分析，认为在第二语言习得研究领域里对学习策略的研究，表明了研究的方向从偏重“教”转为偏向“学”，是对学习者特征的重视，分为直接和间接两种。国内外学者对学习策略的分类有：与语言学习直接相关的和间接相关的；一般的和特殊的或者宏观的和微观的；学习语言的和运用语言的；形式的和功能的；学习过程的、学习机会的和学习管理的；元认知的和认知的。这些区分将第二语言习得和学习的策略置于认知的理论框架下，努力去发现学习策略对于语言习得的影响。但有关语言知识的学习策略和有关言语技能的学习的策略研究不能盲目地套用这一分类。

（三）儿童和成人习得第二语言的差异

儿童出生时所学得的语言是母语，后来学得的另一语言是第二语言。关于如何解释第一语言和第二语言，儿童和成人习得语言有何相同点和差异，温晓虹认为②，人类先天的语言习得特殊智力组织和普遍语法知识使得儿童习得语言成为一件极自然、极容易的事情。语言习得特殊能力和普遍语法是否对成人仍起作用，如果起作用，是通过什么方式进行的，这些问题仍然在讨论之中。左右脑神经分工是造成儿童与成人语言习得差别的另外一个原因。按照这个观点，12 岁以下的儿童习得语言有着得天独厚的优势。造成儿童和成人语言习得差别的第三个因素是成人的认知能力已完全成熟。这样，成人的抽象思维能力、多元思维能力和自我意识能力使语言习得成为一个有意识的、人为的学习过程。相比之下，儿童学习语言则要单一、自然得多。造成儿童与成人语言习得不同的第四个因素来自心理情绪方面的影响，

① 钱玉莲：《第二语言学习策略的分类及相关问题》，《汉语学习》，2005 年第 6 期。

② 温晓虹：《习得第一语言和第二语言之比较》，《语言教学与研究》，1992 年第 3 期。

其学习动机和学习心理、语言背景等，都有相同和不同之处。语言环境和语言素材的不同也会对语言习得造成影响。

（四）中介语理论

随着第二语言习得研究中对学习者的关注，中介语的研究日益受到重视。中介语有的称“族际语”、“过渡语”，是第二语言学习者自己构建的一种在母语和目标语之间的过渡性语言。Selinker① 首先使用 interlanguage 这一词语来表示这一概念。研究者最初认为，中介语是介于学习者母语和目标语之间的一种语言变体，兼有母语和目标语的特征。后来认为，中介语是不断向目标语接近的、学习者不断修正的系统。中介语来源于母语的迁移、培训迁移、第二语言的学习策略、第二语言的交际策略和对目标语过渡的概括，其产生有规则组合、渗透、能力连续体、参数设置等模式，并具有可变性、系统性和稳定性的特点。② 在国外，中介语的研究可分为建构理论框架、逐步发展和进一步壮大三个阶段。③ 国内对中介语的研究主要在对外汉语教学和英语教学两个方面，鲁健骥④、吕必松⑤、王建勤⑥、李晓淇⑦、王珊⑧、黄建玲⑨等均有论述。

（五）第二语言习得的关键期

第二语言习得的关键期问题，一直以来，讨论颇多。其核心是，什么时候习得第二语言是最有效的，也就是习得第二语言开始的年龄。

---

① Selinker, L. 1969. “Language Transfer”, *General Linguisrics* 9: 67 ~ 92.

② 王永德：《第二语言习得的中介语理论述评》，《阜阳师范学院学报》，2005 年第 2 期。

③ 司联合：《中国过渡语研究的现状和前瞻》，《江苏社会科学》，2002 年第 5 期。

④ 鲁健骥：《中介语理论与外国人学习汉语的语音偏误分析》，《语言教学与研究》，1984 年第 3 期。

⑤ 吕必松：《论汉语中介语的研究》，《语言文字应用》，1993 年第 2 期。

⑥ 王建勤：《中介语产生的诸因素及相互关系》，《语言教学与研究》，1994 年第 4 期。

⑦ 李晓淇：《中介语与汉语虚词教学》，《世界汉语教学》，1995 年第 4 期。

⑧ 王珊：《汉语中介语的分阶特征及教学对策》，《世界汉语教学》，1996 年第 1 期。

⑨ 黄建玲：《中介语石化现象分析》，《山东农业大学学报》，2001 年第 2 期。

神经语言学和神经科学认为，语言学习所必需的某些神经组织在关键期过后已无法到达，语言习得的关键期大致限定在2岁到青春期之前。[①] 普遍语法的强势理论认为，关键期结束意味着普遍语法的失去，普遍语法的弱势理论则认为习得第二语言时，普遍语法依然存在，但语言学习者不能激活。[②] 成熟理论认为，成熟地使用于各个领域的认知能力不适合于模块化的语言学习任务，因此第二语言习得通常会失败。[③] 语言习得进化理论认为，儿童在获得语言后，习得能力自然消失。传统的学习理论则认为，一种学习会抑制另一种学习，其不利之处在于：一旦"学会"便难以"习失"。年龄对第二语言语音的习得似乎影响最大，操第二语言的人总带有不同程度的母语的口音。这些观点只是一些假设，其证据主要来自神经语言学的研究、心理学研究和心理语言学的研究三个方面。反对关键期假说的观点也很多，如Hakuta[④] 等的观点，认为其不能解释第二语言习得中的许多问题。刘振前[⑤]分析认为，就目前的研究结果来看，认为第二语言习得有一个关键期的观点是错误的。凡智力发展正常的人，即使到很大年龄才开始学习第二语言，只要工作和生活需要，有强烈的学习兴趣和动机，也可以达到很高的水平。第二语言达不到母语水平的原因很多，虽有母语对第二语言语音等的影响，但主要的是学习的兴趣和动机、语言习得的环境和对学习资源的利用、对第二语言及其文化不认同、避免和目标语社会成员交流等。年龄不是导致语言学习失败的根本原因。

---

① 刘振前：《语言功能的大脑定位及其与认知关系研究述论》，《当代语言学》，2001年第4期。

② Birdsong, D. 1999. "Introduction: Why and why not of the Critical Period Hypothesis for second language." In Birdsong, D., ed. 1～22.

③ Newport, E, 1990. "Maturational Constrains on Language Learning". *Cognitive Science* 14: 11～18.

④ Hakuta, K. 1999. "A Critical Period for Second Language Acquisition? A Status Review". Paper written for the National Center for Early Development and Learning.

⑤ 刘振前：《第二语言习得关键期假说研究评述》，《当代语言学》，2003年第2期。

（六）第二语言习得过程中的影响因素

第二语言习得中的语言迁移现象研究大多来自对母语的迁移问题研究，并且主要是负迁移。语言迁移指的是学习者在用目的语进行交际时，试图借助于母语的语音、词汇、语法规则或文化习惯来表达的现象。母语的习惯、模式、规则等对第二语言习得起促进作用，利于第二语言习惯形成的是正迁移，反之起干扰和阻碍第二语言习惯形成的是负迁移。通过分析比较母语和目的语可以预测第二语言习得者易犯的错误和学习中的困难。语言迁移是一个复杂而受诸多因素影响和制约的认知过程，是第二语言习得过程中不可避免的现象。[①] 在第二语言习得中，学生利用母语进行思维是一种普遍的自然倾向，这种倾向是无法改变的。学生的母语水平越高，第二语言也学得越快。[②] 第二语言与学习者母语相似的成分对他来说是简单的，与其母语相异的成分是困难的。相似的地方能促进第二语言的习得，有差异的地方便会产生困难，起负迁移的作用。因此，在教学中，要注重对比分析，培养跨文化意识，克服母语知识负迁移带来的不利影响。[③]

除母语外，第二语言的习得还受到其他各种因素的影响。第二语言习得与第二文化的适应是同步发展的，如果两者关系处理得当，第二文化的适应会促进第二语言的习得，而第二语言的习得又反过来加速或加快对第二语言文化的适应，两者相得益彰。[④] 以语言和文化的迁移、语言和文化知识的介入为特征的理性化，是成人第二语言学习同儿童第一语言学习诸多差异中最大、最重要的差异。[⑤]

语言环境对第二语言习得的影响也是多方面的。外部环境如宏观

---

① 斯琴：《第二语言习得中语言迁移现象的研究》，《前沿》，2006 年第 3 期。

② 贾殿岭：《浅谈母语在第二语言习得过程中的作用》，《新疆石油教育学院学报》，1999 年第 2 期。

③ 王秋玲：《试析第二语言习得中的母语迁移现象》，《江苏石油化工学院学报》，2001 年第 9 期。

④ 王素平：《第二语言习得与文化适应的关系》，《经济与社会发展》，2004 年第 6 期。

⑤ 李宇明：《论语言运用与语言获得》，《民族教育研究》，2000 年第 3 期。

环境：目的语所属的社团或国家的政治、经济、文化地位，语言政策，使用语言的人口、教学、科研、管理的总体水平等。宏观环境会影响到语言习得者的语言态度和第二语言选择。当然，学习者选择第二语言的根本原因是其自身生存和交际的需要。微观环境则有如班级规模、教室的空间等特点、课堂气氛、师生关系等等，其中教材、教师和学生是其基本构件。理想的语言环境应该是宏观和微观结合，课内和课外交织。①

情感因素在目标语的习得过程中具有举足轻重的作用。② 强劲的动力和自信心能够使学习者在学习过程中增加时间和精力的投入。对目标语语言和文化所持的正确态度则有利于提高学习者的动力和成功的信念，同时也有助于加强他们接触目标语人群或融入其社会的热情，积极参与和创建和谐的语言环境。在第二语言习得的过程中，用母语思维还是用目标语思维直接影响语言习得的效果和语言输出的质量。③在这一过程中，语言和思维最初是不一致的，但可以通过比较第一语言和第二语言的异同，在语言实践的基础上习得表达概念的词、句和方法，第二语言和思维之间可以建立直接联系并在学习者内部形成第二语言的思维。

在对第二语言习得的研究中还有其他富有启发性的成果，如第二语言习得中的语法“空缺”④、词汇知识⑤、UG 的作用⑥、联结主义模式⑦、学生语料库建设⑧等等。

---

① 张崇富：《语言环境与第二语言获得》，《世界汉语教学》，1999 年第 3 期。

② 刘君栓：《影响第二语言习得的情感因素》，《石家庄学院学报》，2005 年第 1 期。

③ 肖艳：《第二语言习得中语言思维的作用及外语思维的形成》，《山东外语教学》，2003 年第 3 期。

④ 戴庆厦：《第二语言习得中的语法“空缺”》，《语言教学与研究》，2002 年第 5 期。

⑤ 孙蓝：《第二语言词汇习得中词汇知识的研究》，《当代语言学》，2003 年第 4 期。

⑥ 黄合建：《UG 在第二语言习得中的作用》，《当代语言学》，2004 年第 4 期。

⑦ 李平：《语言习得的联结主义模式》，《当代语言学》，2002 年第 3 期。

⑧ 马跃：《学生语料库与第二语言习得研究》，《暨南大学学报》，2003 年第 5 期。

二、对外汉语第二语言习得的研究

（一）基本状况

对外汉语第二语言习得，指的是外国人习得汉语。这方面的研究起始于上个世纪的80年代，学术界一般认为以鲁健骥的文章《中介语理论与外国人学习汉语的语音偏误分析》的发表为开端。20多年来，在引进和消化国外理论的基础上，学者们致力于外国人学汉语的偏误、过程及相关理论问题的研究，《语言教学与研究》、《世界汉语教学》、《汉语学习》、《语言文字运用》等则是这一方面研究的主要阵地。当然，我们对国外理论的介绍和消化还很不够。① 对国内的汉语习得规律的研究真正引起重视是在1992年以后②，比较早的是对比分析，继而是中介语的研究。以语言原则参数理论为基础的第二语言习得研究已成为近年来第二语言习得研究的主流。③ 刘珣指出，随着时间的推移和学习者水平的提高，第二语言学习中的"习得"成分越来越大，而"学习"的成分越来越少。④ 李宇明深入分析了第一语言和第二语言学习的异同，建议把"在有序的语言输入的条件下的语言学习"称为"学得"⑤。对中介语的研究对象⑥、研究的方法与策略⑦、描写的框架、产生的诸因素及其相互的关系等论述颇多。

谈到对外汉语教学和对比研究，潘文国认为⑧，在世界范围内，语言对比研究可以分为三个时期，从洪堡特到叶斯柏森和沃尔夫是第一个时期，从弗里斯到拉多开始到上世纪70年代是第二个时期，1980年以后是第三个时期。对外汉语界许多研究者只注意到第二个时期，因而对

① 陈前瑞：《汉语第二语言习得研究述评》，《汉语学习》，1996年第5期。
② 赵金铭：《对外汉语教学与研究的现状与前瞻》，《世界汉语教学》，1996年第6期。
③ 袁博平：《第二语言习得研究的回顾与展望》，《世界汉语教学》，1995年第4期。
④ 刘珣：《语言学习理论的研究与对外汉语教学》，《语言文字应用》，1993年第2期。
⑤ 李宇明：《语言学习异同论》，《世界汉语教学》，1993年第1期。
⑥ 鲁健骥：《中介语研究的几个问题》，《语言文字应用》，1993年第1期。
⑦ 吕必松：《论汉语中介语的研究》，《语言文字应用》，1993年第2期。
⑧ 潘文国：《对比研究与对外汉语教学》，《暨南大学华文学院学报》，2003年第1期。

对比研究的意义有轻视的倾向。文章还从对比研究的三个层面谈到对比研究为对外汉语教学服务的三个层面，即：以结构语言学为背景的语法和语音表层；以社会语言学为背景的语言表达法的层面；以认知语言学为背景的语言心理的对比。在汉语第二语言习得的研究中，有必要强化三个观念[①]：一是发展的观念，从宏观和微观上培养学习者的汉语语言能力和语言运用能力，刻画语言习得过程的进展。二是比较的观念，比较汉语作为第一语言的习得和作为第二语言的习得的不同，比较不同母语背景、不同学习方式下的第二语言习得差异。三是系统的观念，理解该学科自身的“非应用性”和系统性。在研究的方法上，实证性的调查研究在第二语言习得研究中的地位越来越重要。简单的观察语言习得或语言教学，从学习者或研究者的经验出发来讨论问题，或从学习者学习过程中出现的某些现象进行推论，显然是不充分和不科学的。目前，人们更多地转向用科学的实验数据来检验和讨论语言习得问题。在这一领域，主观性的判断、下结论的研究方法逐渐被抛弃，统计学在语言习得研究中的运用越来越广泛。定量分析与定性分析相结合是二语习得研究的主流。[②] 在国内的对外汉语第二语言习得研究中，偏误分析多，习得顺序和发展过程是个热点，社会环境和语言输入与互动的研究方面成果都很少，缺乏母语迁移方面的实证性研究。已有的研究大多是在国外二语习得理论和方法的框架里进行的，还没能建构起属于自己的第二语言习得的理论和模型。

随着中介语理论研究的深入，对外国人习得汉语中的偏误问题的研究逐步展开，其理论依据是前述 Selinker 的论述。其成果主要集中在语音偏误、词汇语法偏误和篇章语用偏误几个方面的研究。认为造成偏误的原因有：语际迁移，即第一语言向第二语言的迁移，在初学阶段比较普遍；语内迁移，源于“过度泛化”和不恰当的类推；学习环境诱发，主要有课堂、教材、教师及社会环境几个方面；交际策略；

① 陈前瑞：《汉语第二语言习得研究述评》，《汉语学习》，1996 年第 5 期。

② 施家炜：《国内汉语第二语言习得研究二十年》，《语言教学与研究》，2006 年第 1 期。

文化影响等。[①]

（二）以第二语言习得者为中心

从建构主义的理论出发，曹贤文[②]认为，在对外汉语教学中应重新定位教师与学生的角色。在教师的指导下以学习者为中心进行学习，是建构主义学习理论背景下对外汉语教学的基本原则，立足于“学”而不是“教”，强调汉语习得输入、输出过程中习得者的主动建构作用。语言教学法不是把语言知识从外界搬到记忆中，而是以已有经验为基础，通过与外界的相互作用，运用已有的认知结构对信息进行加工建构而成，逐步形成学习者使用汉语思维的习惯，主动建构起流利、准确的汉语表达能力。为此，在大纲和教材的设计上要体现螺旋上升、循序渐进的特点，创建有利于学习者语言建构活动的有利环境，提倡情景教学、基于任务的语言教学法。

（三）将文化和语言相结合

语言储存着一个民族在漫长发展过程中聚积起来的厚重文化，具有学习者母语不具备的或与之有差异的文化内涵。跨文化交际的困难往往表现为文化层面的困难。外国人习得汉语和汉字，实质上也是学习、接受和掌握中华民族文化的过程，所以应注重跨文化的研究，在语言构造、意义、语用规则及非语言手段的使用等方面，将语言和文化有机地融合在一起。[③] 词汇习得是语言习得的一项重要内容，外国人习得汉语也不例外。它是一个由浅及深的过程。母语词汇习得和第二语言的习得存在较大的差异，母语本身也会对第二语言词汇的习得产生影响，如思维模式和习得方式等，有正面的也有负面的影响。[④]

---

① 蔡晓：《汉语作为第二语言偏误研究综观》，《零陵学院学报》，2005 年第 3 期。

② 曹贤文：《建构主义学习理论与对外汉语教学》，《云南师范大学学报》，2003 年第 2 期。

③ 刘森：《对外汉语教学与跨文化研究》，《云南师范大学学报》，2003 年第 3 期。

④ 张剑波：《论词汇习得及汉语对第二语言词汇习得的影响》，《华西师范大学学报》，2004 年第 4 期。

李柏令撰文强调汉语作为二语习得的语境习得的重要性。[①] 他认为，对外汉语教学是主要针对母语为非汉语的外国人的汉语教学，属第二语言习得范畴。二语习得研究最着重于语言，尤其是从学习者语言特征到学习者语言的实际运用，到后来运用社会语言学的观点。在西方，一方面着重于培养二语学习者的语言能力，另一方面则聚焦于二语习得发展的社会因素，但在语言使用方面的研究一直是个薄弱环节，大多集中在语言的通常特征上。国内的二语习得研究，也未能从语言学的角度，从语言（及其语境）的民族性出发及其对语言使用的影响出发，对二语习得中的相关问题予以分析。语境也具有民族性，是不同的民族文化背景在语境中的反应，突出地表现为言语表达的各项功能及其相互配合关系的不同。在语码转换中，最难把握的恐怕不是语言本身的转换，而是语境的转换，特别是由其母语语境向汉语语境的转换。在教学实践的同时，应该大力开展汉语作为二语习得的语境习得研究。汉语在当代的变迁[②]如词类用法的发展变化等也应引起对外汉语教学界的重视。

（四）强调培养语言运用能力

在汉语第二语言习得研究中，对教学过程的研究备受关注。刘珣认为[③]，对外汉语的第二语言教学中，语言运用能力的培养一直居于核心地位。他提出，在这一过程中，应培养学生运用汉语进行交际的能力，包括语法能力、社会语言学能力、话语能力和策略能力；要以学生为中心，教师为主导，从习得者的角度出发，确定教材、内容与方法、结构、功能、文化相结合。语言规则是第二语言习得者迅速获得语言交际能力的关键。结构的教学应从功能的角度出发，以解决表达问题，同时要与文化密切结合，重视对汉语的文化背景知识的掌握；强化汉语学习

① 李柏令：《汉语作为二语习得的语境习得研究刍议》，《绍兴文理学院学报》，2005 年第 6 期。

② 刁晏斌：《汉语的当代变迁与对外汉语教学》，《辽宁师范大学学报（社会科学版）》，2002 年第 1 期。

③ 刘珣：《试论汉语作为第二语言教学的基本原则》，《世界汉语教学》，1997 年第 1 期。

环境，扩大学生对汉语的接触面，采用“沉浸法”加强学生接触和运用汉语的机会，并与课外活动和社会语言实践相结合；精讲多练，以言语技能和交际技能训练为中心，除了听、说、读、写，还有言语交际能力的训练；以句子和话语为重点，语音、语法、词汇、汉字综合教学；听、说、读、写全面要求，分阶段侧重；利用但控制使用母语或媒介语；循序渐进，螺旋提高，加强重现率；充分利用现代化的教学手段，以确保对外汉语第二语言习得的成效。

句子的语调、语气变化关系到句子整体语义的表达，如果在句子语调、语气的理解上发生错误，对整个句子的语义理解便随之出现错误。王魁京认为[①]，外国人在运用汉语说话时，除了在字词的声调上会出现问题之外，在句子语调、语气方面也会出现问题。其原因在于语调、语气的理解方面出了问题。句子的语调、语气的理解在句子理解活动中占有重要的地位。然而，在实际言语表达中，话语句子的语调、语气情况都极为复杂，对于以汉语作为第二语言的习得者来说，他们在语调、语气理解方面发生的问题也是很复杂的。在语音方面，母语的习惯会对目的语的习惯形成干扰，主要体现在音系的转移与对复合元音韵母的改造上。[②] 第二语言自身的结构，也会造成第二语言习得者在学习过程中出现错误。当目的语的音节结构比母语的音节结构复杂时，学习者会尽力使目的语的音节结构简化，如第二语言习得者对汉语音节韵头、韵尾辅音变化的改造等。汉语的声调可能因不同的情况产生一些有限的变化，如半上比全上应用的更为普遍。[③] 对于将汉语作为第二语言习得的学生来说，要努力摆脱母语语调、重音的影响，由汉语语流感知语音，习惯汉语的语句节奏、抑扬的特点，在教师的指导下，轻松掌握声调。

汉语作为第二语言的课堂教学在语言方面，其构成包括课堂用语、

① 王魁京：《汉语作为第二语言学习中的句子的语调、语气理解问题》，《北京师范大学学报》，1996 年第 6 期。

② 高莉琴：《汉语作为第二语言学习的语音研究》，《语言与翻译》，2000 年第 2 期。

③ 王鹿：《汉语作为第二语言的声调教学》，《喀什师范学院学报》，2005 年第 6 期（增刊）。

讲授用语、师生交流用语、教师反馈用语等，具有示范性、选择性、动态性、多样性的特点，因此，在课堂用语的组织和选择中应体现出语音、词汇、语法、语用和文化的规范性、可接受性和针对性以及交际性的要求。[①] 程相文[②]则认为，汉语作为第二语言教学所使用的教材，起源于中国对少数民族的汉语教学，经历了从简单到复杂、从幼稚到成熟的发展过程。他详细地考察了《番汉和时掌中珠》以来的以汉语作为第二语言教学的教材，将它们分为以词语为中心的教材、以课文为中心的教材以及以语言为中心的教材三种形态。

三、国内关于少数民族地区汉语第二语言习得的研究

（一）主要任务

"教非汉族学生学习汉语是语文教学中一项崭新的而且很重要的工作。"这是上个世纪 50 年代周祖谟先生的观点[③]，显然，在国内，汉语不仅仅是汉族要学的语言，同样也是各个少数民族需要学习的语言。在新中国成立初期，这种习得汉语的需求是"希望能读中国的书报，了解中国的革命历史和中国的文化"。"有很多的留学生也来到中国学习汉语，这是前所未有的事情。"他认为，教少数民族学生学习汉语的基本原则是不能只注意汉字的教学，而忽略了语言教学，要使学的人能够实际地掌握汉语的发音、词汇和语法才行。教学的目标要求就是学习汉语要达到的水平，包括听、说、读、写四个方面，其中能听能说是基本的要求，能读能写是进一步的要求，首先要重视口语的训练。在教学的内容上，这几个方面要保持有机的联系，词汇教学和语法教学应该是教学的中心。在教学的程序和要点上，强调使用的教材必须联系学生的实际，符合学生的需要，要有系统性和连贯性，

---

① 旷娟：《汉语作为第二语的课堂教学语言》，《四川师范大学学报》，2006 年第 1 期。

② 程相文：《汉语作为第二语言教材发展的三种形态》，《语言教学与研究》，2004 年第 1 期。

③ 周祖谟：《教非汉族学生学习汉语的一些问题》，《中国语文》，1953 年 7 月号。

找出重点，分段进行。第一阶段是发音、口语练习、汉字写法、词汇及语法，第二阶段则是阅读和写作。在方法上注重综合练习、辅导和复习。如果用现代的第二语言习得理论来看待这些观点，我们觉得并不过时，并依然具有十分重要的指导价值。显然，我们需要搞清楚的是，在中国国内，虽然有汉语区和非汉语区的大致区分，也有汉语、非汉语的粗略划分，但习得汉语同样是各少数民族地区的实际需要，过去有，现在更有，并且越来越迫切。我们不必讨论在少数民族地区要不要学习汉语的问题，而是要认真地思考和研究如何在以少数民族语言为母语的条件下，更有效地习得汉语这一第二语言的问题。

（二）正确认识第二语言汉语的教与学

在国内，研究者很久以来似乎更习惯于使用“双语教学”这一术语，学习自己母语以外的另一语言的活动一向被称作“外语教学”。这些称呼或叫法也许在当时有实际的理由，但现在看来它实际上是从教的角度来看的，没有从学的角度来对待。并且，“双语教学”中教的并不是双语，而是单语，如汉语是汉语，藏语是藏语，维语是维语，由此，双语教学应该单语化。[①] 汉语第二语言的习得有其特殊的规律，在语言特点和教学的方法上均有别于母语或别的其他的语言。第二语言教学的主要任务不是讲授语言知识，而是训练技能，课堂教学的主要内容也主要是教学生实际使用作为第二语言的汉语，突出实践性的特点。

（三）要重视母语习得水平对第二语言习得的影响

和第二语言相比较，母语是在幼儿时自然习得的，以后基础教育阶段的母语教学，指的是中小学的语文教学。[②] 王宁先生认为，语文教学是在母语自然习得的基础上加深对本民族语言运用能力的培养，

---

① 马德元：《少数民族汉语教学》，《汉语学习》，1990 年第 2 期。

② 王宁：《论母语与母语安全》，《陕西师范大学学报》，2005 年第 6 期。

同时也加深对本民族文化的习得与理解，这种学习要靠大量利用书面语的言语成品来进行，也就是利用本民族优秀的言语作品进行母语的再教育。第二语言的学习是在已经掌握了一种语言（绝大部分就是母语）的基础上学习另一种语言，这种学习靠的是一种“迁移”手段，掌握第二语言要把第一语言的意义迁移到第二语言的形式上，学习第二语言的重点，是学习目标语与母语相异的部分，因为这一部分内容无可“迁移”，并可能产生“负迁移”。必须明确的是，学习第二语言的水准和质量与第一语言运用能力成正比，强调母语在第二语言习得中的意义，同时应区分自然母语（口头语言、方言）和社会母语（书面语言、民族共同语）两个母语概念的层次。母语不仅仅是方言口语，更重要的是具有普遍社会意义的社会母语。我国民族众多，语言现象十分复杂。

（四）将汉语与非汉语的研究相结合

长期以来，汉语的研究和各少数民族语言的研究由于语言上的差异，在研究的理论和方法上历来分得很清，语言学界则将之区分为汉语的研究和非汉语的研究，比如有中国国内非汉语研究的方向之说（张琨）。汉语的研究在很多理论方法上是借鉴国外其他语言的研究方法进行的，国内少数民族语言的研究也不可能绝对不借鉴其他语言的理论体系。戴庆厦先生认为①，汉语非汉语的研究应该结合起来，这不仅是两种语言自身的渊源关系，也是现代语言学研究发展的趋势和我国语言国情的需要。汉语的研究要结合非汉语，非汉语的研究也要结合汉语。这有助于语言研究的分析方法逐渐从单一的角度、单一的方法向多角度、多方法的方向转变，对比研究的意义就很大。这对于语言研究中描写和解释相结合、语言类型学和语言共性的研究也十分有利。他指出，我国不同语言相互间的语言接触和语言影响频繁，各

① 戴庆厦：《再论汉语非汉语研究相结合的必要性》，《语言与翻译》（汉文），2005 年第 3 期。

民族的交往出现了你中有我、我中有你的局面，语言研究需要注意各语言之间的关系。汉语对少数民族语言的影响是全方位的，各少数民族语言无一例外的与汉语有过接触。我们认为，随着经济和社会的发展，这种语言的接触将日益增多，关注这一现象，不仅有利于民族自身的发展，同时也会加深对母语和汉语第二语言的习得规律的认识，从而有利于语言的习得和使用，有利于汉语和非汉语的语言学研究。

（五）强调运用现代语言习得理论

引进现代语言习得理论，把第二语言习得的相关理论运用于我国少数民族地区的汉语习得问题上，也有着许多不同的观点和看法。从性质上，有的认为在汉语第二语言习得问题上，要增强习得的意识，注重交际能力的培养，按照语言习得的客观规律，对学习者的习得活动做出全面的考察和统筹安排，研究“学什么”和“怎么学”，探讨以提高汉语交际能力为目的的教学法，强调在语言运用中学习语言，充分注意学生的学习动机、态度、注意力、情绪等对语言习得造成的各种障碍和干扰。[①] 少数民族学习汉语属第二语言学习，第二语言教学的普遍规律也符合对少数民族的汉语教学。长期以来对少数民族的汉语教学，只注重了教的方面，而对学的方面不够重视，因而造成汉语教学效果和成功率较低。[②] 运用语言学习的理论为这一问题的解决提供了可靠的依据。应注重少数民族习得汉语中的语言对比，研究和解决来自少数民族母语的干扰，汉语知识的干扰，以及学习方式、态度的影响，教师或教材的影响，研究社会语言环境对第二语言习得的影响，改进言语输入和输出的方式。汉语习得者个人的因素也不容忽视，如性别、年龄、性格、文化程度、家庭背景、社会阅历、学习策略、学习目的、学习心理、认知风格等。注重汉语第二语言习得中个体之间的差异性和能动性，根据学生的不同特点，进行有针对性的教

---

① 李儒忠：《习得论、HSK 和新疆汉语教学》，《伊犁师范学院学报》，1994 年第 4 期。

② 崔新丹：《语言学习理论的研究与汉语教学积弊》，《新疆职工大学学报》，1999 年第 4 期。

学，具有特殊的意义。

（六）重视国内“双语人”的特点

在少数民族的汉语习得中，由于历史和社会的原因，第二语言习得者里有很多双语人，比例较高[①]，而学外语的人群基本上是单语人，在观念上应避免用双语人第二语言习得的特点去代替单语人第二语言习得的特点，不能淡化否认它的特殊性。在少数民族语言和汉语第二语言的接触中，语言接触的条件是不可或缺的，对习得者的动机和效果有着持久的影响力，其中社区、家庭、教师、同伴是直接的接触条件，与汉语社会成员的社会关系决定语言接触的密切程度，电视、广播、书刊等是语言接触的间接条件，有利于语言能力的扩展。第二语言的习得是成系统的，应先习得日常的口语，接着是系统的口语，最后是文学语言。第二语言习得者要在掌握母语后尽可能早的年龄里，在充分的第二语言接触条件下，进行全面系统的第二语言的学习，对汉语习得的艰巨性和实践性、条件性应有足够的重视，在制定和实施相关政策时不能脱离实际，违背第二语言习得的规律。对于少数民族地区来说，汉语就是第二语言，就是要在语言习得理论的指导下，进行第二语言的教学活动。

针对少数民族汉语第二语言习得中的主要问题，还有许多不同的见解，如有偏误分析[②]、语言表征[③]和语境问题[④]，也有语言心理[⑤]、文化疏离感[⑥]以及个体差异与对策[⑦]的研究，还有涉及教学策略方面的

---

① 张卫国：《第二语言学习的特点及现实中人们的误区》，《语言与翻译》，1997 年第 2 期。

② 顾英华：《第二语言学习者语法偏误分析及维汉语言对比》，《新疆大学学报（社会科学版）》，2002 年第 7 期（增刊）。

③ 李荣宝：《双语者第二语言表征的形成与发展》，《外国语》，2000 年第 4 期。

④ 刘春霞：《语境与第二语言教学》，《和田师范专科学校学报（汉文综合版）》，2004 年第 3 期。

⑤ 成燕燕：《汉语哈萨克语语言心理的比较》，《语言与翻译》，2000 年第 3 期。

⑥ 刘曦：《汉区少数民族学生文化疏离感研究》，《中国心理卫生杂志》，2004 年第 8 期。

⑦ 张建新：《第二语言教学中的个体差异与教学对策》，《乌鲁木齐职业大学学报》，1999 年第 1 期。

问题，如对比分析①、阅读策略②、母语作用③、新词术语作用④等。

四、小结

国外的第二语言习得的研究比国内早了十多年。国内的相关研究自上个世纪80年代开始，发端于鲁健冀先生对中介语理论的引进。由此，国内的学者对第二语言的习得理论做了大量的引进、分析、研究工作，并和国内的第二语言习得的实际状况相结合。大体来说，我国汉语第二语言习得的理论和实践研究主要集中在对外汉语这一领域，也就是研究外国人习得汉语的规律和特点，相关理论的运用也是以外国人为对象的。

国内各少数民族将汉语作为第二语言来习得，无论在语言本身的特征上还是在所处的语言环境上，以及汉语言的社会使用上，和外国人均有极大的区别。这一区别的核心是文化方面的。汉民族的文化和少数民族的文化在我国历史上相互交融，在现实社会生活中，各民族文化交往更是达到了空前的繁荣。除少数边远的农区、牧区外，少数民族成员对汉语及其负载的文化并不陌生，也不缺少使用汉语的社会环境，如政策法规的支持、与以汉语为母语的人群的交往条件、生活方面的接触等。

对于某一个少数民族来说，其内部对于汉语的习得掌握程度又有不同，完全不懂汉语的人群并不多见，大量存在的是不同程度的掌握少数民族语言和汉语言的双语人。他们是少数民族语言使用和汉语言使用的中间群体，存在于大小不同的城镇地带，各民族交往密切的散、杂居地区，代表着汉语在少数民族地区习得和使用的未来发展方向。

---

① 古丽白合热木·依明尼牙孜：《对比分析在第二语言教学中的作用》，《和田师范专科学校学报（汉文综合版）》，2004年第3期。

② 许多会：《论第二语言汉语教学中的阅读策略》，《和田师范专科学校学报（汉文综合版）》，2004年第3期。

③ 牛静：《浅谈母语在第二语言教学中的作用》，《新疆广播电视大学学报》，2002年第4期。

④ 高莉琴：《新词术语应在第二语言教学中占有一席之地》，《语言与翻译》，1999年第1期。

当然，这一点需要做进一步的调查和论证，其中涉及的语言等方面的问题很多。

国内少数民族习得第二语言汉语的理论研究十分薄弱，对中小学乃至大学的汉语教与学的研究也长期没能得到理论界的重视。对少数民族地区的汉语问题的研究，主要是双语的研究，学习者习得汉语的情况和特有的规律没能得到足够的关注。如上所述，我们不难看出，语言学界关注的中心是对外汉语教学，研究的成果也重在这一领域，并且大多是"上档次"的语言本身的研究，和语言习得密切相关的社会的、环境的等方面问题的研究并不多见。近年来，少数民族习得汉语的研究在从事这一相关工作的范围内得到了不同程度的重视，有关第二语言习得的理论、社会语言学理论、心理学理论、民族学理论等不断得到运用，为少数民族习得第二语言汉语的实践提供了必要的指导。当前，我们需要从语言学等相关理论出发，对少数民族地区的汉语问题做出宏观的调查和分析，运用相关理论和可靠的统计分析手段，对诸多问题进行较微观的细致的研究，揭示少数民族习得第二语言汉语的规律，并给予科学合理的解释，提高汉语在少数民族地区使用的质量和效率，加快民族地区的现代化进程。

第四节　西藏语言研究概况述评

我们对语言问题的认识历来存在很多分歧，认识上的分歧也会导致研究方向上的不同。西藏语言研究发展到今天，因语言使用者的变化以及社会的变化、研究者的变化，确切地说是需求的变化，经历了不同的发展阶段，反映出不同的发展水平。

语言的研究不能脱离特定的时代背景，语言研究背景一旦发生变化，语言研究的思路和方法也必然随之调整。一定的思路和方法，只适用于一定的语言研究阶段。今天看来比较系统和完善的甚至是先进的理论方法，若干年后，有可能已不能适应当时的语言研究的需要，主要是所处时代的需要。当然，语言使用者的需要，必定和当时的社会发展有着密切的关系。道理十分简单：语言是工具，是表达和交际的工具。没了使用者的需要，语言也就没了存在的可能和必要，也就没了对该语言研究的现实需要。

西藏的语言研究在和平解放前没能形成规模。新中国成立后随着语言政策、研究机构等条件的变化，西藏语言的研究进入到逐步发展和形成规模的历史时期，以藏语本体为主导的语言研究取得了令世人瞩目的成就，在藏语语音、方言、语法等方面的研究均成果丰硕。上世纪 80 年代以后，西藏语言使用的格局逐步发生变化，藏语本体的研究日益显现出其不能服务于社会需求的不足。在西藏双语问题和汉语使用问题的研究中，虽有一些进展，终因理论和实践等方面的缺陷，深度和广度都有待进一步提高。西藏社会语言学的研究适应西藏语言研究形势的变化，于上世纪末兴起，有了一些开创性的成果。其中，汉语在西藏的习得和使用问题已成为西藏社会发展和西藏语言研究的迫切需要。

我们试着选取了几个有代表性的角度，进行一些概括和评介，做出一些思考和探讨，试着对今天西藏语言研究的需要和发展趋势进行一些分析和讨论，期望西藏语言研究新的黄金时期的来临。

一、藏语研究

藏语研究是藏学的一个重要组成部分。我国的藏语研究是从新中国建国后进入繁荣和发展时期的，大量的重要研究成果也是这一时期出现的。

（一）新中国成立以前的藏语研究

民国时期乃至更远的历史时期，我国的藏语研究成果寥寥，数量不多，但不乏开创之作。

据刘洪记、孙雨志的统计[①]，1937 年以前的藏语言及其相关的研

① 刘洪记、孙雨志：《中国藏学论文资料索引》，北京：中国藏学出版社，1999 年。

究文章只有 17 篇，其中多数是当时著名语言学家的著述或对国外著名学者著述的翻译介绍。主要有：王静如的《西夏文汉藏译音释略》[①]和《中台藏缅数目字及人称代名词语源试探》[②]。前者以丰富的语言材料对西夏文字汉藏译音进行了对勘比较、分析研究[③]，后者探讨了汉藏语系诸语言之间的渊源关系。罗常培的《梵文颚音五母之藏汉对音研究》[④] 利用梵藏汉语言史料论证了汉藏语音的对应关系，论证十分严密。李方桂的《藏文前缀音对于声母的影响》，提出了"古藏语中送气不送气清音之互补现象乃是前缀音对后面声母影响的结果"的结论[⑤]，被认为是中国藏学界藏语语音学方面的第一篇力作。另有君实翻译的《西藏语之特征》[⑥] 和高本汉的《藏语与汉语》[⑦] 两篇通论，对藏语的语音、词汇、语法以及汉语、藏语的基本特征和相互关系进行了探讨。这一时期的著作主要有：杨质夫的《新编藏汉小词典》[⑧]和青海藏文研究社编的《汉藏合璧分解名义大集》[⑨]，最著名的应是于道泉先生译著的《第六代达赖喇嘛仓央嘉措情歌》，于 1930 年作为单刊发表于《中央研究院历史语言研究所集刊》，由赵元任先生加注国际音标。此书的英文译文和汉文译文准确、贴切、流畅、朴实，保持了原文的风格，编排上也十分精巧和实用，藏文、国际音标和汉文三对照，便于研究和学习，是藏学研究中集语言学、词汇学、语音学、

① 王静如：《西夏文汉藏译音释略》，《中央研究院历史语言研究所集刊》，第 2 集，1930 年。

② 王静如：《中台藏缅数目字及人称代名词语源试探》，《中央研究院历史语言研究所集刊》，第 3 集，1931 年。

③ 利用西夏文材料研究汉藏语言的重要论文还有石滨太郎的《西夏六八千颂般若经合璧考释——附梵文、藏文》，聂斯克的《西夏国书残经释文——附西藏文拼音》，均载于《国立北平图书馆馆刊》第 4 卷第 3 期上。

④ 罗常培：《梵文颚音五母之藏汉对音研究》，《中央研究院历史语言研究所集刊》，第 2 集，1931 年。

⑤ 李方桂：《藏文前缀音对于声母的影响》，《中央研究院历史语言研究所集刊》，第 4 集，1933 年。

⑥ 君实：《西藏语之特征》，译自日本《东洋哲学》杂志，《东方杂志》，第 14 卷（7）。

⑦ ［瑞典］高本汉：《藏语与汉语》，唐虞译，《中法大学》月刊，第 4 卷（3）。

⑧ 杨质夫：《新编藏汉小词典》，青海藏文研究社编，1932 年。

⑨ 青海藏文研究社：《汉藏合璧分解名义大集》，青海省政府印制，1932 年。

藏语文学、对勘研究等于一体的完美结合，被称为“中国藏学的第一部专著”。罗常培的《唐五代西北方音》[①] 运用敦煌藏文文献研究汉藏语言，也出自这一时期。

在 1937 年至新中国成立的时期里，罗常培写有三篇论藏缅族父子连名制的文章[②]，李方桂的《沙佛藏汉语系的元音》[③]、韩儒林的《吐蕃译变之辐射》[④]、等汉藏语言对比研究的文章均出自这一时期。这一时期的著作主要有：黎丹的《汉藏辞典》[⑤]，李荫亭的《汉藏字典》[⑥]，高凤西编著的《五凤苑汉藏辞典》[⑦] 等。这一时期，在藏文文法方面也有一些专著出现，如西陲文化院编印的《藏文书牍规范》[⑧]，黎丹的《西藏文法》和《西藏语法》[⑨]，释法尊的《藏文文法》[⑩] 等。

（二）新中国成立以后的藏语研究

新中国成立以后，藏语的研究进入了一个崭新的历史时期。党的民族语文政策得到贯彻实施，藏语文的地位得到肯定和提高。随着教育的普及、各民族院校藏语文课程的开设、民族语文研究机构的建立、民族语文杂志的创办，藏语研究的范围得到逐步扩大，研究水平得到迅速提高。现代语言学理论在藏语研究中得到广泛运用。在语音、词汇、语法以及词典编撰、方言学等方面的研究都取得了很大成就，在国际上处于领先的地位，在西藏社会以及藏民族自身的发展等方面产生了积极的重大影响。与此同时，藏语研究和藏学的其他研究一样，在取得丰硕成果的同时，有藏、汉及其他各族学者组成的研究队伍也

---

① 罗常培：《唐五代西北方音》，北京：科学出版社，1961 年。
② 罗常培：《论藏缅族的父子连名制》，《边疆人文》，1944 年，第 1、2、3 期。
③ 李方桂：《沙佛藏汉语系的元音》，《中国文化研究所集刊》，1943 年第 3 期。
④ 韩儒林：《吐蕃译变之辐射》，《中国文化研究所集刊》，1943 年第 3 期。
⑤ 黎丹：《汉藏辞典》，1941 年版，参见《新西北》月刊，4 卷（5）。
⑥ 李荫亭：《汉藏字典》，西陲文化社，1938 年。
⑦ 高凤西：《五凤苑汉藏辞典》，1941 年。
⑧ 西陲文化院：《藏文书牍规范》，1938 年。
⑨ 黎丹：《西藏文法》、《西藏语法》，参见《新西北》月刊，4 卷（5）。
⑩ 释法尊：《藏文文法》，汉藏教理院，1940 年。

得到不断的壮大，在藏语研究的视角、范围、深度以及吸纳新的研究方法等方面，都取得了巨大的成绩。

1. 语言调查及其成果

西藏地区地域辽阔，语言十分复杂。1956 年国家组织 700 余人的调查队对藏族使用的语言进行了全面普查，初步弄清了藏语和藏族使用的其他语言的情况。上世纪 80 年代和 90 年代，中国社会科学院在少数民族语言调查中，通过科学的测量和量化手段，对藏语的使用状况和使用的活力进行了调查。除对藏族使用的各种语言有了更全面的认识以外，藏语的研究也得到了进一步提高，其间产生了一批有代表性的作品，如金鹏的《藏语简志》①，孙宏开的《羌语简志》②，陆绍尊的《错那门巴语简志》③，林向荣的《嘉戎语研究》④，瞿霭堂的《嘉戎语》⑤，黄布凡的《川西藏区的语言关系》⑥，中国社会科学院民族研究所等主编的《中国少数民族语言使用情况》⑦，黄行的《中国少数民族语言活力研究》⑧，瞿霭堂、劲松的《汉藏语言研究的理论和方法》⑨ 等。这些作品使我们对藏语的研究和认识更加全面深刻。

这一时期，藏语方言的研究也有了新的进展。藏语分为卫藏、康和安多三个方言区，这在藏族的历史文献里早有阐释。上述对藏语的全面普查对藏语的这三个方言区的划分进行了细化和科学化的分析，确定了方言的分布地域，划分了方言下一级的土语。在西藏，大部分地方属于卫藏方言，昌都属于康方言区。西藏自治区的藏语除了改则、班戈、聂荣、申扎、安多、那曲等地属于康方言的西部土语，昌都、波密、察

---

① 金鹏：《藏语简志》，北京：民族出版社，1983 年。

② 孙宏开：《羌语简志》，北京：民族出版社，1981 年。

③ 陆绍尊：《错那门巴语简志》，北京：民族出版社，1986 年。

④ 林向荣：《嘉戎语研究》，成都：四川民族出版社，1993 年。

⑤ 瞿霭堂：《嘉戎语》，成都：四川民族出版社，1987 年。

⑥ 黄布凡：《川西藏区的语言关系》，《中国藏学》，1988 年第 3 期。

⑦ 中国社会科学院民族研究所等：《中国少数民族语言使用情况》，北京：中国藏学出版社，1994 年。

⑧ 黄行：《中国少数民族语言活力研究》，北京：中央民族大学出版社，2000 年。

⑨ 瞿霭堂、劲松：《汉藏语言研究的理论和方法》，《语言研究》，2000 年第 2 期。

隅、墨脱等地属于康方言的东部土语外，主要属于卫藏方言。卫藏方言有五个土语：前藏土语分布于拉萨市、山南专区；后藏土语分布于日喀则专区；阿里土语分布于阿里专区；夏尔巴土语分布于聂拉木县樟木口岸；巴松土语分布于工布江达县错高和雪卡乡。藏语的康方言除上述少数地方外，主要分布在西藏自治区以外的甘肃、云南、四川、青海一带的藏区。

对于藏语方言的划分使研究者对不同方言有了比较清晰的类属上的认识。不少学者对藏语方言的划分和区别进行了研究。藏语三个方言中，卫藏和安多方言差别比较大，基本不能通话，康方言介于两者之间，东部土语和南部土语较接近卫藏方言，其余四个土语较接近安多方言，但它们与卫藏和安多方言通话都相当困难。卫藏和安多方言内部的土语之间差别不大，彼此通话不成问题。藏语三个方言之间在语音、词汇、语法上都有差别，语音的差别最多，其次是词汇和语法。瞿霭堂认为①，语音差别主要表现在浊辅音和复辅音声母、单元音韵母、辅音韵尾和声调的差异上，语法差别则主要是动词的曲折形态和助词的差异。张济川②则对藏语方言的分类提出了自己不同的看法。藏语方言的调查和研究都十分艰难，规模大，时间长，取得的成就却是令人瞩目的。《中国语言地图集·藏语方言图》③、《藏汉对照拉萨口语词典》④、《安多藏语口语词典》⑤、《川西藏区的语言关系》⑥、《六江流域的民族语言及其系属分类》⑦、《藏语 mig 字古读考——兼论藏语

① 瞿霭堂：《藏族的语言和文字》，北京：中国藏学出版社，1996 年。《藏语方言的研究方法》，《西南民族学院学报》，1981 年第 3 期。

② 张济川：《民族语文论文集》，北京：中央民族学院出版社，1993 年。

③ 瞿霭堂，谭克让：《中国语言地图集·藏语方言图》，香港：香港朗文公司，1987 年。

④ 于道泉：《藏汉对照拉萨口语词典》，北京：民族出版社，1983 年。

⑤ 华侃、龙博甲：《安多藏语口语词典》，兰州：甘肃民族出版社，1993 年。

⑥ 黄布凡：《川西藏区的语言关系》，《中国藏学》，1988 年第 3 期。

⑦ 孙宏开：《六江流域的民族语言及其系属分类》，《民族学报》，1983 年第 3 期。

声调的发生和发展》①、《安多话嘉戎话对比分析》②、《嘉戎语的方言》③、《嘉戎语研究》④、《一河两江流域藏语方言汇要》⑤ 等都是这方面的代表之作。

2. **藏语语音研究**

新中国成立以来，藏语语音的研究，从总体上看，在于揭示藏语的语音特点，丰富和促进汉藏语言的历史比较研究，研究的方向主要在声调、复辅音、声母和韵母方面。藏语语音的研究，因其独特的语言结构、悠久的历史文化背景、优秀的学术传统以及其特定的社会功利目的，如汉藏语言的音系学研究有着独立的研究理论和方法。藏语语音的研究极少有单纯的描写研究，大多是将描写、历史和功能结合起来进行。藏语语音的研究遵循三个原则：一是纵横交错的历史原则，将语音放在共时和历时的相交点上，是一种开放和发展的系统功能研究。比如塞擦音声母的单纯性、入声调类的独立性、汉语舌面塞擦音的音位功能性、藏语元音长短的附属性等方面的研究，依据的都是这种历史和发展的观点。二是主次相关的功能原则。根据语音的出现和使用频率、语音在系统中的地位和语音之间的关系，确定语音的功能属性。比如介词音位的确定，拉萨藏语鼻音前置辅音等方面的研究，遵循的就是这种语音的功能价值观。三是动静相连的系统联系原则。将语音的动静两种状态结合起来，揭示语音的系统结构功能属性、语音之间的动态关系和变化的规律。比如语音的协和与连音变化、音变和变音的关系、本调和变调的关系、音位与变体的关系等研究，都是建立在这种过程观的基础上的。⑥

藏语的声调大约产生于 8 ~ 9 世纪，时间较晚，声调的变化不大，

---

① 王尧：《藏语 mig 字古读考——兼论藏语声调的发生和发展》，《民族语文》，1981 年第 4 期。

② 王建民：《安多话嘉戎话对比分析》，成都：四川民族出版社，1992 年。

③ 瞿霭堂：《嘉戎语的方言》，《民族语文》，1990 年第 4—5 期。

④ 林向荣：《嘉戎语研究》，成都：四川民族出版社，1993 年。

⑤ 杨士宏：《一河两江流域藏语方言汇要》，兰州：甘肃民族出版社，1995 年。

⑥ 瞿霭堂、劲松：《汉藏语言的音系学》，《语言研究》，2000 年第 2 期。

各地的调类和调值比较统一，声调产生和分化的条件也比较清楚，在调值与声韵调之间保持着比较自然的联系。现代藏语中几乎保留了声调发展各个阶段的不同形态，各地声调的发展也不平衡，保留有无声调的方言，并且声调产生之前的书面文献很丰富。因此，藏语声调的研究就具有了比较重大的意义，成果十分显著。在声调的综合描写和历史比较方面，对藏语方言的声调类型进行了全面的描写，以构拟古藏语调类为基础，探讨声调与声韵母的历史制约关系，如《藏语的声调及其发展》①、《藏语方言声调的发生和分化的条件》② 等。胡坦的《藏语（拉萨话）声调研究》③、谭克让的《藏语拉萨话声调的分类和标法刍议》④ 等主要描写藏语方言的声调，考察声调的系统性和声调与声韵母的历史制约关系。在藏语方言声调的变调规律研究方面有《藏语的变调》⑤、《藏语双音节词调类型》⑥ 等。《藏语古调值构拟》⑦对藏语的变调模式和方言声调的类型进行了比较，并参考康方言的声调，构拟藏语古调值。藏语声调的实验研究在这一时期取得了重大的进展。《藏语（拉萨话）声调试验》⑧ 是这一方面的杰出代表。该实验通过对单字调和双字变调的试验，以实验的数据，为确定声调的音系学研究提供了科学的依据，是对声调性质的实验。拉萨话字调中的 12 调和 24 调、变调中的 11 调的确定，对过去听辨的结果进行了矫正。《藏语拉萨话元音、韵母的长短及其与声调的关系》⑨ 是对声调与音节关系的实验，确认了藏语长短调与长短音节的关系。对声调产生的嗓

---

① 瞿霭堂：《藏语的声调及其发展》，《语言研究》，1981 年第 1 期。

② 黄布凡：《藏语方言声调的发生和分化的条件》，《民族语文》，1994 年第 3 期。

③ 胡坦：《藏语（拉萨话）声调研究》，《民族语文》，1980 年第 1 期。

④ 谭克让：《藏语拉萨话声调的分类和标法刍议》，《民族语文》，1982 年第 3 期。

⑤ 瞿霭堂：《藏语的变调》，《民族语文》，1981 年第 4 期。

⑥ 谭克让：《藏语双音节词调类型》，见：《藏族学术讨论会论文集》，拉萨：西藏人民出版社，1984 年。

⑦ 瞿霭堂：《藏语古调值构拟》，《中国语言学报》，1989 年第 4 期。

⑧ 胡坦：《藏语（拉萨话）声调试验》，《语言研究》，1982 年第 1 期。

⑨ 谭克让、孔江平：《藏语拉萨话元音、韵母的长短及其与声调的关系》，《民族语文》，1991 年第 2 期。

音机制和感知所作的实验有《论藏语声调高低分化的嗓音机制》①、《藏语（拉萨话）声调感知研究》② 等。藏语声调的研究为藏语声调的定性和定位、发生和发展等问题作出了重要的贡献，对汉藏语系语言的声调研究也具有推动的意义。

在历史上，藏语有着丰富和复杂的复辅音。复辅音声母是藏语语音的一个重要特点。在语言的历史发展和变化中，复辅音声母已经简化和消失，比藏语书面中的复辅音声母简单了许多，但和藏缅语族中的其他语言相比，依然十分丰富。对藏语复辅音的综合研究，通过藏语各方言的材料，探讨复辅音的性质、结构、类型及其发展和变化，如《藏语的复辅音》③、《藏语复杂声母系统及复杂演化行为》④ 等。有的则是对藏语个别方言复辅音声母的研究，如《甘南夏河、玛曲藏语中复辅音声母的比较》⑤、《天峻藏语复辅音的特殊现象》⑥ 等。《道孚藏语双擦音声母的声学分析》⑦ 等的研究就使用了相关的实验手段。

藏语韵母的研究对于汉藏语系语言具有启发意义。这方面的研究主要有：从韵母的性质、结构、类型和历史发展变化出发，以整个藏语方言土语为对象的综合研究，如《藏语韵母研究》⑧ 等。《阿里藏语的复元音》⑨、《阿里藏语构词中的音节减缩现象》⑩、《阿里藏语语法形式上的音节减缩现象》⑪ 等则是对藏语复元音的研究，为藏语复元音的定性和定位提供了科学依据。

---

① 江荻：《论藏语声调高低分化的嗓音机制》，见《汉语及少数民族语言语音学研讨会论文集》，香港：香港城市大学出版社，1998 年。

② 孔江平：《藏语（拉萨话）声调感知研究》，《民族语文》，1995 年第 3 期。

③ 瞿霭堂：《藏语的复辅音》，《中国语文》，1956 年第 6 期。

④ 江荻：《藏语复杂声母系统及复杂演化行为》，《中国藏学》，1996 年第 4 期。

⑤ 华侃：《甘南夏河、玛曲藏语中复辅音声母的比较》，《西北民族学院学报》，1984 年第 4 期。

⑥ 王青山：《天峻藏语复辅音的特殊现象》，《青海民族学院学报》，1994 年第 3 期。

⑦ 孔江平：《道孚藏语双擦音声母的声学分析》，《民族语文》，1991 年第 3 期。

⑧ 瞿霭堂：《藏语韵母研究》，西宁：青海人民出版社，1991 年。

⑨ 谭克让：《阿里藏语的复元音》，《民族语文》，1980 年第 3 期。

⑩ 谭克让：《阿里藏语构词中的音节减缩现象》，《语言研究》，1982 年第 1 期。

⑪ 谭克让：《阿里藏语语法形式上的音节减缩现象》，《民族语文》，1983 年第 5 期。

音变理论研究，如连续音变论、扩散音变论、叠置音变论等，是藏语研究的一个开创性的领域，胡坦先生在这方面的贡献突出，如《藏语音变的几种类型》[①] 一文谈音变的类型，《藏语的语言变异和语音变迁》[②] 一文谈音变与语素的关系，《略谈规则和例外》[③] 一文谈的是音变的原理等。相关的研究还有《论语音对应关系中音值差异的成因》[④]、《论语言演化对初始条件的敏感依赖性》[⑤] 等均具有代表性。

3. **藏语语法研究**

藏语语法的研究主要有以下几个方面：一是语法体系研究的取向，注重语法的系统性特点，如《藏语拉萨口语语法》[⑥]、《论藏语的语法体系》[⑦] 即是如此，《藏语语法的类型特征》[⑧] 则是对藏语语法类型特征的研究。《论藏语拉萨口语的特点和语法结构》[⑨] 以动词为中心探讨藏语的语法结构。二是形态研究取向，有的研究动词形态的形式类型及其历史发展变化，如《藏语动词屈折形态的结构及其演变》[⑩]、《藏语动词表三时的屈折形态简化的两种途径》[⑪]、《藏语拉萨话判断动词和存在动词的用法》[⑫]、《藏语拉萨话动词的式及其表达方法》[⑬]、《藏语动词的语法范畴》[⑭] 等。有的是对藏语动词时、

---

① 胡坦：《藏语音变的几种类型》，见《民族语文论集》。北京：中央民族学院出版社。

② 胡坦：《藏语的语言变异和语音变迁》，《民族语文》，1984 年第 3 期。

③ 胡坦：《略谈规则和例外》，《民族语文》，1993 年第 4 期。

④ 江荻：《论语音对应关系中音值差异的成因》，《民族语文》，1996 年第 6 期。

⑤ 江荻：《论语言演化对初始条件的敏感依赖性》，见《中国民族语言论丛》，昆明：云南民族出版社，1997 年。

⑥ 王志敬：《藏语拉萨口语语法》，北京：中央民族大学出版社，1994 年。

⑦ 瞿霭堂：《论藏语的语法体系》，见《藏族学术讨论会论文集》，拉萨：西藏人民出版社，1985 年。

⑧ 胡坦：《藏语语法的类型特征》，见《藏学研究论丛（4）》，拉萨：西藏人民出版社，1992 年。

⑨ 金鹏：《论藏语拉萨口语的特点和语法结构》，《民族语文》，1979 年第 3 期。

⑩ 瞿霭堂：《藏语动词屈折形态的结构及其演变》，《民族语文》，1985 年第 1 期。

⑪ 金鹏：《藏语动词表三时的屈折形态简化的两种途径》，《语言研究》，1983 年第 1 期。

⑫ 金鹏：《藏语拉萨话判断动词和存在动词的用法》，《西藏民族学院学报》，1981 年第 4 期。

⑬ 金鹏：《藏语拉萨话动词的式及其表达方法》，《民族语文》，1983 年第 1 期。

⑭ 谢广华：《藏语动词的语法范畴》，《民族语文》，1982 年第 4 期。

体的研究，如《藏语动词的自主和不自主》[①]、《藏语动词的自动态和使动态》[②]、《藏语的使动、时式、自主范畴》[③]、《阿里藏语动词体的构成》[④]、《藏语拉萨话现在时的标记及功能》[⑤] 等等。三是助词研究的取向，这种研究多散见于有关著作和相关的语言描写报告里。如《略论藏文的 gi 字的演变》[⑥] 等。张焜、胡坦[⑦]等先生在这一方面均有精辟的论述和观点。句法的研究在藏语语法的研究中占有很大的比重。名词能否控制动词，主要表现在动词语尾上，而名词对动词的控制程度的强弱则表现在主语名词的用不用施格上。动词也需要体现主语名词的一定的语法功能，如人称、自主性等。这一角度是研究藏语句法的一个有效的途径。胡坦先生还对句式如比较句的结构和特征及其方言差异和古今变化进行了研究。[⑧] 这方面的代表作还有格桑居冕的《藏语复句的句式》[⑨]、《拉萨藏语的句法结构》[⑩]等等。

4. **古藏文研究**

该研究在这一时期也取得了丰硕的成果，产生了一批有代表性的作品，研究的方法有传统的文法研究和运用现代语言学方法进行的研究两方面。1957 年民族出版社出版的《藏文词典》是新中国成立后第一本新法编排的藏文辞书，《藏汉大词典》[⑪] 则是享誉国内外的成果。《藏文文法三十颂》[⑫] 作为中央民族学院的教材，对传统文法著作《三十颂》进行了全面的介绍，并运用新的语言学理论和方法作了分析。

---

① 车谦：《藏语动词的自主和不自主》，《西南民族学院学报》，1985 年第 2 期。
② 谭克让：《藏语动词的自动态和使动态》，《民族语文》，1988 年第 6 期。
③ 张济川：《藏语的使动、时式、自主范畴》，《民族语文》，1989 年第 2 期。
④ 瞿霭堂：《阿里藏语动词体的构成》，《民族语文》，1980 年第 4 期。
⑤ 江荻：《藏语拉萨话现在时的标记及功能》，《民族语文》，1999 年第 5 期。
⑥ 文国根：《略论藏文的 gi 字的演变》，《西藏民族学院学报》，1981 年第 4 期。
⑦ 参见：《民族语文》，1984 年第 1 期、1992 年第 4 期、1993 年第 5 期。
⑧ 胡坦：《论藏语比较句》，《民族语文》，1985 年第 5 期。
⑨ 格桑居冕：《藏语复句的句式》，《中国藏学》，1996 年第 1 期。
⑩ 谢广华：《拉萨藏语的句法结构》，《民族语文》，1985 年第 6 期。
⑪ 张怡荪：《藏汉大词典》，北京：民族出版社，1985 年。
⑫ 胡坦：《藏文文法三十颂》，北京：中央民族学院出版社，1959 年。

大量的名篇佳作在这一时期产生，如《文法要义》[①]、《藏文文法详解》[②]、《藏文文法简要及动词的用法》[③]、《藏文文法概论》[④]、《藏文文法解释》[⑤]、《藏文文法教程》[⑥]、《藏文虚词使用法》[⑦]、《古藏语动词的形态》[⑧]、《汉藏同源字谱稿》[⑨]、《汉语和藏语同源体系的比较研究》[⑩]、《汉语和藏语的词汇结构以及形态的比较》[⑪]、《藏文渊源初探》[⑫]、《藏文起源新探》[⑬]、《藏文虚词》[⑭] 等等。

二、双语研究

少数民族地区的双语问题，自上个世纪70年代以来，一直为人们所关注。少数民族地区特有的自然和社会环境，少数民族语言使用的文化传承性质以及其使用过程中的局限性，少数民族自身发展和社会发展的现代化要求，都与双语问题密切相关。人们所说的双语，在我国的少数民族地区，一般指的是少数民族语言和汉语两种语言。西藏地区的双语问题也是如此。

西藏双语研究，自上世纪末以来，越来越受到人们的关注。藏语和汉语在西藏各个层面的使用状况，已经和西藏社会的现代化，和藏族自身的进步发展紧密相连。西藏的双语研究也反映了研究者对这一问题的关注，焦点主要涉及双语政策、形成过程、使用的社会状况、双语教学，较少涉及汉、藏双语使用中因语言接触而产生的语言本体

① 桑热嘉措：《文法要义》. 西宁：青海人民出版社，1954年。
② 才旦夏茸：《藏文文法详解》，西宁：青海人民出版社，1954年。
③ 贡嘎：《藏文文法简要及动词的用法》，成都：四川民族出版社，1957年。
④ 毛尔盖桑木旦：《藏文文法概论》，成都：四川民族出版社，1979年。
⑤ 扎西旺堆：《藏文文法解释》，拉萨：西藏人民出版社，1979年。
⑥ 格桑居冕：《藏文文法教程》，成都：四川民族出版社，1981年。
⑦ 央坚朱白多吉：《藏文虚词使用法》，拉萨：西藏人民出版社，1978年。
⑧ 黄布凡：《古藏语动词的形态》，《民族语文》，1981年第3期。
⑨ 俞敏：《汉藏同源字谱稿》，《民族语文》，1989年第1~2期。
⑩ 施向东：《汉语和藏语同源体系的比较研究》，北京：华语教学出版社，2000年。
⑪ 金鹏：《汉语和藏语的词汇结构以及形态的比较》，《民族语文》，1986年第3期。
⑫ 群培多吉：《藏文渊源初探》，《西藏民族学院学报》，1983年第2期。
⑬ 才让太：《藏文起源新探》，《中国藏学》，1988年第1期。
⑭ 丹巴：《藏文虚词》，兰州：甘肃人民出版社，1979年。

的变异和发展。西藏汉、藏双语使用的社会意义及其语言工具性的作用是这一研究的主要核心。这是由西藏双语产生和发展的历史和现实的需要所决定的，也是西藏双语问题研究的当务之急。在西藏，人们对于汉、藏双语的认识程度、使用程度、使用趋势等方面的实际需要给予客观的调查研究。

（一）西藏双语政策的研究

西藏的双语政策是西藏语言政策的一部分，它的产生、确立、发展和完善，与西藏总的语言政策相伴随。西藏的双语政策经历了出现、形成和完善三个大的时期。① 从1951年西藏和平解放到20世纪90年代，是西藏双语政策的雏形期，双语的概念及其使用问题在语言政策上并不明确。即使这样，汉语在西藏的学习和使用与藏语的学习和使用的要求，在国家和西藏有关的文件和法令里始终都有体现。如《宪法》中对少数民族使用语言的条款，西藏地区的有关文件如《西藏自治区学习、使用、发展藏语文的若干规定（试行）》及其《实施细则》等，均有藏、汉干部职工互相学习对方语言的要求。1987年西藏提出了“实行以藏语文为主、藏汉两种语文并用”的语言政策，具有较明显的双语政策特征。1993年以后，西藏的双语政策进入完善时期，这一时期，西藏有关政策中关于双语教学和藏汉两种语言并用的提法、规定日益增多。以培养藏汉语文兼通人才的双语教学问题的提出和推广也是在上世纪的90年代。90年代末西藏形成了“重视藏语文教学，积极推行双语教学，做到藏、汉兼通，创造条件开设外语”的双语政策。② 显然，这一政策的核心是双语教学，因此，西藏双语问题的研究大多与双语教学相关。

（二）西藏的双语教学研究

西藏的双语教学研究有以下几类：

① 周炜：《西藏的语言与社会》，第345页，北京：中国藏学出版社，2003年。

② 周炜：《西藏的语言与社会》，第359页，北京：中国藏学出版社，2003年。

1. 较综合的历史回顾

如《西藏双语教学的过去、现在、和未来》[①]、《西藏三语教学的昨天、今天和明天》[②] 等。一般认为，西藏的双语教育始于清代，特别是都提到1905年联豫任驻藏大臣时，在拉萨设立初级小学堂，后来在当雄设立小学，以及“藏文传习所”和“汉文传习所”等，这些机构同时讲授汉藏两种语文，以母语藏语文为基础，促进第二语言汉语的学习。清末有回民小学，学习汉、藏语言以及阿拉伯语[③]，民国时期设有“拉萨国立小学”，主要进行藏汉双语的教学。在西藏民主改革以前，1956年创办的拉萨第一中学将汉语作为一门主课来教学，还有各种学习班和培训班，广泛开展双语教学，培养了大批少数民族干部职工，也有在内地兴办高等学校的做法，如西藏团校、西藏公学。1959年至1965年期间，大多数人认为是西藏双语的稳定发展时期，主要是在公办小学另加汉语课，中学的理科课程多用汉语教学，并着力培养双语师资，开展藏、汉文教材的编译工作。[④]“文革”期间的西藏教育陷入混乱，双语教学遭到严重破坏。上世纪80年代，随着西藏语言政策的调整，藏语文的学习和使用得到应有的重视，双语教学步入正轨。在对西藏双语教学目前状况的研究中，人们普遍关注双语教学中的藏、汉两种语言所占的比重，双语教学过程中教学语言的衔接问题，双语教学的模式、课程体系、双语类型，探讨双语教学中存在的问题等。

2. 探讨双语教学的意义和一些基本问题

在概念上，有人认为双语包含两层含义：一是民族语文和汉语文的学习，二是民族语文和汉语文在教学中的运用。因此，双语教育既不能仅仅限定在两种语文课的教学上，也不能单从教师授课用语上去理解。它是指对民族学生进行的民族语文和汉语文的教学，以及运用

① 周炜：《西藏的语言与社会》，第360页，北京：中国藏学出版社，2003年。
② 田家乐：《西藏三语教学的昨天、今天和明天》，《西藏大学学报》，2001年第4期。
③ 田家乐：《再探西藏的双语教学》，《西藏研究》，1998年第2期。
④ 汪永忠：《认真总结历史经验，稳健发展民族教育》，《西藏教育》，1984年第1期。

这两种语文进行教学的一种教育形式。[①] 对于西藏双语教学的意义，普遍认为这是语言平等的需要，是继承和发扬藏汉文化的需要[②]，是藏民族和其他民族加强交流和往来、符合藏族发展的利益和愿望的需要[③]，也是藏族教育改革和发展的需要、藏族学生心理发展的需要等。[④]

3. 对双语教学中存在的问题的研究

关于藏族学生学习汉语的最佳起始时间，有的认为依据儿童语言习得的规律，汉语的学习越早越好，认为儿童学会两三种语言和学会一种语言一样容易[⑤]，并有利于与初中和高中教学中对汉语基础的要求相一致。[⑥] 也有的认为应在小学高年级再开设汉语课，这时学生的藏语有了基础，并可减轻学生的部分学习负担。[⑦] 实际教学中，汉语课开设的时间并不一致，有的从一年级就开始，有的从三年级开始，也有的从小学高年级开始，其依据则是学生的语言基础、教学条件以及学生所处的语言环境等。[⑧]

有关双语教学的模式问题，大多认为，应依据教学的实际情况进行选择[⑨]，以藏语为主汉语辅助，或是以汉语为主藏语辅助，汉语的教育教学力度必须加强，为学生接受高等教育打好基础等。[⑩]

双语教学的教材问题，比较有代表性的看法是，藏文版教材在很多术语名词的翻译及使用方面不够统一，在体现藏汉文化上存在不足[⑪]，应遵循第二语言习得的规律改革西藏的汉语文教材，突出听说

---

① 丹增晋美：《西藏双语教育的实践与探索》，《西藏研究》，1996 年第 1 期。

② 益西顿珠：《论藏汉双语教学的必要性和可行性》，《康定民族师范高等专科学校学报》，2005 年第 4 期。

③ 周润年：《试论西藏的双语教育》，《西藏大学学报》，2004 年第 4 期。

④ 才让措：《藏汉双语教学研究》，《青海民族研究》，1999 年第 2 期。

⑤ 黄行新：《对迭部县双语教学问题的探索》，《民族教育研究》，1995 年第 4 期。

⑥ 朱红：《西藏双语教学中的问题及对策》，《西藏民族学院学报》，1999 年第 1 期。

⑦ 周润年：《试论西藏的双语教育》，《西藏大学学报》，2004 年第 4 期。

⑧ 朱红：《西藏双语教学中的问题及对策》，《西藏民族学院学报》，1999 年第 1 期。

⑨ 王鉴：《藏汉双语教学模式研究》，《西北师范大学学报》，1999 年第 3 期。

⑩ 卓玛草：《藏汉双语教学模式初探》，《西北民族大学学报》，2003 年第 5 期。

⑪ 次旺：《关于我区的双语教学与存在的问题》，《西藏大学学报》，1995 年第 3 期。

能力的培养。[①]

谈及西藏的双语教学，一般都会涉及双语师资队伍问题。师资是西藏双语教学得以顺利进行的关键，是双语教学活动的核心之一。西藏的双语师资在培训上虽然取得了巨大的成绩，但数量上和质量上均不能满足双语教学发展的需要。对双语师资概念的理解也存在偏差，强调了用藏语授课的重要性和要求，忽视了对汉语文的学习和汉语授课能力的培养，双语师资大多是单语师资，专业知识和汉语文水平都很差。整个双语队伍过于年轻化，缺乏经验。[②]

西藏双语研究较少涉及教学宏观和经验方面的探讨，朱红[③]等人在拉萨市第一小学的个案研究对西藏双语教学过程进行了有益的调查，认为应组织科研力量加强双语教学的实验和分析研究，教师在教学中要注重培养学生的观察、描述和想象能力，提高双语师资的积极性。也有将西藏双语教学同国内其他民族的双语教学[④]或国外的双语教学[⑤]进行的对比研究，得出在双语教学的社会意义和组织方法等方面的有益结论。

在影响西藏双语教学和使用的社会因素研究中，社会文化心理机制以及对双语态度的调查认为[⑥]，影响双语儿童学习的社会文化心理机制有社区、学校、家庭环境等多个复杂的因素，其中有双语教育开始的年龄（以适当的方式越早越好）、父母的期待、师生关系、社会组织、家庭语言环境、交际用语、传媒所用语言等。西藏双语态度的调查研究表明，通晓藏汉双语的藏族人对母语有深厚的感情，对学习和使用汉语持积极的态度并更多的含有理性的认知成分。他们更多地

① 王红：《西藏双语教学综述（续）》，《西藏民族学院学报》，2003 年第 2 期。

② 课题组：《我区双语师资队伍现状及对策》，《西藏研究》，2001 年第 4 期。

③ 朱红：《藏汉双语教学实验的个案研究》，《西藏民族学院学报》，2000 年第 4 期。

④ 关辛秋：《中国少数民族双语教育实验调查与思考》，《民族教育研究》，1995 年第 4 期。

⑤ 黄乐：《美国印第安民族和中国藏族双语教育对比分析》，《阿坝师范高等专科学校学报》，2004 年第 2 期。

⑥ 万明刚：《藏族双语人双语态度的调查研究》，《心理学报》，1997 年第 3 期。

认为藏语和汉语同等重要，学校应使用藏汉两种语言进行教学。[①] 调查还表明，父母的文化程度对藏族大学生的藏族文化认同有显著的影响，汉语的学习，不同文化之间的交往与融合有助于形成藏族大学生多元文化的观点，增强他们对本民族文化和主流文化的认同。[②]

在西藏双语特点及其发展的原因研究方面，周炜[③]认为，西藏现代化进程中的双语特点主要表现在双语政策进一步完善，以藏语文为主的藏、汉双语授课体系逐步建立，双语发展中重视藏语文的发展，达到了以藏文为主，藏汉两种语文并用的目标，逐步形成了比较稳定的双语授课类型，藏族群众对双语必要性和重要性的认识开始从自发向自觉过渡，双语的学习和使用从无序走向有序地发展。与1980年前相比，西藏双语的发展速度加快，第二语言的普及率进一步提高，近几年双语状况有向第二语言汉语一端倾斜的趋势。对于1980年以后西藏双语现象增多的主要原因，周炜指出，这与广播电视普及的提高，双语教育的全面实施，人口的增长、流动性的增强及城市化过程的加快，民族语言政策和双语政策的制定与完善，民族关系的融合，经济形态的转变等密切相关。

三、汉语教学研究

在西藏的语言生活中，汉语是不可或缺的一部分。西藏的语言研究自然大多与汉语的使用问题相关联。从总体上看，西藏的汉语研究较少涉及汉语本体的研究，绝大多数是有关西藏地区的汉语教学问题的研究，包括汉语教学的总体状况、教学方法、影响因素、教材建设等方面。对于在以藏语为主体的社会环境中，汉语学习和使用受到的来自藏语方面的影响及其特点，母语藏语的学习和使用与汉语习得使用的不同

① 雷永生：《西藏中小学“双语态度”个案调查》，《西藏民族学院学报》，1999年第4期。

② 雍琳：《影响藏族大学生藏、汉文化认同的因素研究》，《心理与行为研究》，2003年第1期。

③ 周炜：《西藏的语言与社会》，第423页，北京：中国藏学出版社，2003年。

特点及其相互的影响较少论及，运用语言学理论进行的分析和探讨也不多见。因此，西藏的汉语问题的研究，依然处在经验型的层次，虽然其中也不乏较深刻的探讨。

（一）汉语教学中的文化因素

汉语和藏语负载着不同的民族文化，文化因素的影响在西藏的汉语学习和使用中有很大的影响。[①] 汉语是藏族学生的第二语言，教学的核心是培养学生的跨文化交际能力。在西藏的汉语教学中，不宜过多地教授单纯的语言和文化方面的内容。掌握汉语的语音、词汇、语法等基础知识是藏族学生习得汉语的基础，但这一切并不等同于对汉语言得体的运用。汉语所包含的文化因素或文化内容应该和对汉语的理解、运用和交际训练紧密结合，通过对语言中的文化传统、风俗习惯、社交准则、心理状态以及思维方式的体验和了解，达到准确运用汉语的目的。藏族学生将汉语作为第二语言习得使用的性质[②]决定了西藏的汉语教学活动必须以语言教学为主，在丰富的文化范围内确定汉语教学的文化内容是十分必要的。汉语的语义、语用等各个方面都蕴含着极其丰富的文化，应分阶段、分层次安排，以图片、实物等多样化的形式，在交际的实际场景中，逐步地掌握和使用。

目前，结构、功能、文化等在语言教学中的作用越来越受到关注，文化问题在藏族学生习得汉语中的意义的讨论也日渐增多，文化在语言因素的构成中，在不同的学习阶段，有着不同的重要作用。对藏族学生的汉语教学应当正确认识构成汉语言能力的诸多因素及其相互的关系，正确认识汉语言能力中的文化性，建立一个比较开放的汉语言教学观念，重视汉语言教学和文化教学相结合。[③] 显然，包括汉语文

---

① 苏红：《浅谈藏区中学汉语教学中的文化因素》，《青海师专学报》，2005 年第 3～4 期。

② 丁文楼：《试谈对我国少数民族学生汉语教学的性质和特点》，《语文建设》，1994 年第 4 期。

③ 白秀清：《论藏族学生汉语教学与文化教学结合的问题》，《青海民族研究》，2002 年第 1 期。

化和藏语文化等在内的西藏社会文化背景对西藏双语儿童的学业成绩有很大的影响，其中有对双语的态度、学习汉语文的动机、对汉语文成绩的归因等方面所起的作用。非智力因素对藏族儿童的汉语文学习的影响研究受到人们的关注。研究表明[①]，藏族双语儿童70%以上喜欢讲汉语，47. 9%的人希望用双语教学，约90%的学生认为汉语对将来的生活会有很大的帮助。双语的学习不仅仅是藏汉两种语言的学习，更重要的是两种文化的学习，对语言的态度实际上也是对文化的态度。文化教学是第二语言教学的关键。在西藏汉语教学识字的培养上，应针对藏族学生汉语基础差、历史文化知识贫乏、教材选用和教学方法等方面的问题和不足，选用和学生实际水平相适应的教材，因材施教，注重课文选择中儿童文学的重要地位，适应未来西藏小学汉语教学的实际需要，建立以能力训练为主的教学体系，听、说、读、写几方面都要循序渐进地着力进行，确保西藏汉语教学师资的质量。[②]

（二）汉语教学方法

在西藏汉语教学方法的研究上，有几个有代表性的方面，如：增加文史知识，着重提高学习兴趣，兼顾理论知识，着重实际运用，适当突破教材框架，扩大授课覆盖范围，强化课外阅读，调整一次性考试的难度，教学计划设置体现出层次性等。[③] 余惠邦则认为应突出第二语言教学特点，进行语言对比教学。如藏汉双语的语音、语法对比，汉语普通话和方言对比，并提出联系文学作品的教学和阅读进行比较的不同方法。[④] 关于西藏汉语教学方法的观点还有，通过藏语文优先发展的优势、学生学习汉语文的积极性、语文课中的形

① 邢强：《影响藏族双语儿童汉语文学习的非智力因素研究》，《青海师范大学学报》，2000年第3期。

② 李葵模：《针对师范专业培养目标》，《提高藏族学生汉语水平的思考与探索》，《西藏大学学报》，2005年第4期。

③ 华准：《双语系统中的汉语文教学管窥》，《西南民族学院学报》，1999年增刊。

④ 余惠邦：《谈谈对藏、彝族学生的现代汉语教学》，《西南民族学院学报》，1996年《藏语文教学与研究专辑》。

象教学和作文教学的方法，培养藏族学生的思维能力①；加强藏汉双语沟通方面的方法，有注重汉语教学的知识性、营造汉语的使用环境、加强基础知识的学习、培养汉语语感、加强汉语的课外阅读等。② 在灵活使用教学方法③、注重激发学生学习兴趣④、把握藏族小学生汉语教学的基本原则⑤、注重口语训练⑥以及增设汉语说话课⑦等方面的观点也很多。在教学语言的使用上，应注重从藏语到汉语的逐步过渡，从小学低年级以藏语为主，逐步增加汉语的比重，过渡到纯粹的汉语教学阶段，缩短对藏语母语的依赖过程。教学中，要加强听说训练，教学策略上要注重营造互动的课堂教学气氛，讲求汉语教学的质量和效率。⑧

（三）汉语教材研究

在对西藏汉语教学使用的教材的研究中，普遍认为西藏地区使用的汉语教材是第二语言学习使用的教材，因此，应该以语言教学为中心，以提高学生的言语技能为目的。汉语教材的每一部分内容，都要从汉语作为第二语言的学习规律出发，根据汉藏语的区别特征、藏族地区的需要和藏族学生的年龄等特点来安排。西藏汉语教材编写中，要关注西藏教育的特殊性⑨，了解宗教和寺院教育对现代学校教育的影响，教育基础的薄弱和不平衡、民族文化、地理位置等的

① 尼玛卓玛：《如何在语文教学中发展藏族学生思维——藏、汉两种语文的教法谈》，《青海教育》，2001 年第 5 期。

② 马文彦：《以藏为主类汉语课教学中藏汉双语的沟通》，《甘肃教育学院学报》，2001 年专辑（2）。

③ 左海波：《藏族中学汉语文教学方法小议》，《青海教育》，1998 年第 10 期。

④ 拉莫：《激发兴趣，提高质量——浅谈边缘藏区藏文中学如何提高汉语文的教学》，《中国民族教育》，2007 年第 4 期。

⑤ 白秀清：《浅议藏族小学汉语教学的主要原则》，《青海教育》，2006 年第 1 ~ 2 期。

⑥ 格玉梅：《提高藏民族学生汉语能力要做到口头语、书面语一起抓》，《青海师专学报》，2005 年第 3—4 期。

⑦ 杨万里：《关于小学增设汉语说话课的设想》，《西藏研究》，1997 年第 3 期。

⑧ 狄国伟：《关于藏族地区〈汉语〉教材使用中的几个问题》，《中小学教材教学》，2006 年第 3 期。

⑨ 杨万里：《西藏课程教材研究的特殊性及其对策》，《西藏研究》，1996 年第 1 期。

影响，关注经济发展和出版事业等的特殊性，同时注重教材内容贴近藏族的生活实际，反映藏族的文化特点，引进现代教育技术。[①] 在把握西藏汉语教材情况和特点的情况下，依据教材的性质、作用和相关原则，对西藏的汉语文教材进行改革。[②]

傅千吉撰文[③]谈到藏语对汉语语词的吸收问题。显然，汉语在西藏的习得和使用由来已久，自从有了汉藏文化的交流和接触，便有了汉语在西藏地区的不同程度的使用，也就有了因汉藏语言接触而产生的词语的吸收现象，主要反映在佛经、医药等典籍的翻译以及生产生活的各个方面，其间也有不少形式杂乱、搭配不当等问题。

四、社会语言学研究

（一）西藏社会语言学研究面临的形势

西藏有没有社会语言学的研究？长期以来人们对西藏自然环境和社会环境的陌生，尤其是对西藏社会生活的不熟悉，使西藏具有极强的神秘感，至于西藏的语言生活，也许只有一个概念，那就是人们使用的是藏语，并且藏语的概念在人们的印象中也是十分模糊的。西藏由于其自然地理的阻隔和语言的沟通问题，语言学的研究长期以来没能对西藏社会的语言，或者说语言在西藏的社会使用问题进行系统的专门研究。这是西藏语言研究发展条件的制约造成的。在我们对西藏、对藏语知之甚少的时候，最迫切的研究课题自然是对西藏语言的收集和整理，从历史的角度对藏语进行本体的尽可能全面的研究，丰富和健全对藏语的认识。这对于藏语及其负载的藏文化的传承和发展极为重要，具有划时代的意义。也正因为如此，相关语言学家为有关西藏

① 苏红：《编写藏族中小学汉语教材刍议》，《青海教育》，2004 年第 12 期。

② 刘延芳：《西藏中学汉语文教材改革的总体构想和思路》，《西藏大学学报》，1994 年第 4 期。

③ 傅千吉：《浅谈藏语对汉语词语的吸收及其规范问题》，《西北民族学院学报》，2000 年第 1 期。

语言的研究，或者说其实是对藏语的研究，付出了毕生的精力，藏语的语言学研究也由此兴盛和发达起来，取得了如前所述的举世瞩目的成就。不过，从总体上讲，西藏的语言研究在本世纪以前，其基本的研究对象是藏语本体，主要的方法是历史比较法，是静态的语言本身的研究。藏语在西藏社会生活中的使用状况、发展变化及其发展变化的趋势，不在西藏当时的语言研究范围之内。因此，上世纪末以来，以藏语为题的西藏语言研究在走过辉煌的年代之后，变得日益狭窄，研究的队伍也受到了很大的影响。

在人们关注西藏的语言问题时，老一代的语言学家关注的是藏语本身，其中也有不少藏学家看到了藏语研究乃至西藏语言研究的局限性，但真正着手从语言学的角度，使用社会学、民族学、心理学等方法，运用当代先进的统计和分析手段对西藏的藏语和汉语问题进行研究者，并不多见。如前述我们提到的有关西藏双语人对待汉藏双语的态度的研究，应该说具有某些社会语言学研究的成分，但主要的还是属于心理学范围的研究。

近些年的情况是，随着西藏社会的发展，藏民族自身发展的迫切需要，西藏和国内以及全世界一样，语言和文化的发展呈现多元趋势。加强和其他民族交往的渴望，吸纳当代先进科技、加速西藏发展的渴望，正逐步改变着西藏长期以来单一的语言使用局面。西藏语言研究的范围不是，也不可能只是藏语自身的研究。汉语的习得和使用已越来越普遍。作为我国的通用语，汉语重要的社会使用价值越来越受到人们的关注，汉语在西藏的使用更是日益广泛，对西藏汉语问题的研究也开始受到语言学界乃至各阶层人士的重视。当然，对西藏汉语问题的研究，目前主要是在汉语教学的范围内，还没有与语言学的理论和方法相结合。藏汉并用成为西藏目前语言使用的基本格局，汉藏语言的接触也达到了前所未有的程度。如何认识和把握这一语言使用的局面，需要我们给予足够的了解和分析，得出具有普遍意义的、前瞻性的结论来。

（二）西藏社会语言学研究的起步和发展

回顾上世纪末以来西藏的语言研究，社会语言学的研究成果并不多，具有代表性和开创性的研究者当中，最重要的有两位语言学家，一位是胡坦先生，另一位是他的学生周炜先生。

如前所述，胡坦先生对藏语的研究，尤其是对藏语拉萨话的研究取得了巨大成功，在词汇和语法方面的研究也十分精细。可以说，胡坦先生也是第一个关注西藏语言社会使用问题研究的藏语专家。1997年，由他亲自主持的“西藏现代化中的语言问题研究课题组”正式成立，可以看作是西藏社会语言学研究的开始，这也与当时中国的藏学研究转向对西藏现实问题的调查和研究相关联。显然，这一研究的视角已经不再是单纯的藏语本体研究，研究的范围扩大到了西藏现代化进程中的语言问题，语言的社会使用首次成为西藏语言研究关注的内容。这一课题主要分为西藏现代化中语言问题的基本情况和语言工作中存在的基本问题两大方面，分为西藏语言政策的制定、西藏的语言管理机构及藏语文工作、和平解放后藏语文功能的扩展与变化、新词术语的创制及词义的发展、西藏现代化中藏语语音的若干问题、词典编撰和藏语文图书的编译、藏文信息处理、中小学的藏语文教学、双语教育及其政策的变迁等14个子课题进行了较大规模的调查和研究。胡坦先生关于藏语科技术语创制①及其和西藏现代化建设②的几篇论文，反映了他对西藏语言现实问题的关注。他认为藏语文在历史上曾支撑了藏民族物质和精神文明的创造与传承，今天仍然起着重要作用，但在普及传播现代科技方面却落后于时代。除科技人才缺乏外，藏语词汇中缺少现代科技术语也是一个重要的制约因素。因此，还需要从基础学科入手，分门别类地系统创制大批的专业术语，同时规范已有的术语，使其标准化。同时，他也提出了藏语科技新词术语创制的八

---

① 胡坦：《藏语科技术语的创制与标准化问题》，《术语标准化与信息技术》，1998年第3期。

② 胡坦：《藏语科技术语的创制与西藏现代化建设》，《中国藏学》（汉），1998年第1期。

项原则，讨论了藏语新词术语创制的一些基本原则和理论问题。2001年，胡坦先生的论文《术语民族化——藏语科技术语的发展》[①] 发表，介绍了面向21世纪加强少数民族术语工作的紧迫性和藏语术语工作取得的经验和成果，论述了创制藏语新词术语的三条途径（利旧、创新、借用）以及参照汉语科技术语加以仿译时所采用的几种常用的方法。

周炜先后发表了《西藏的人口构成与语言互动》[②]、《影响拉萨城镇居民双语使用的若干因素》[③]、《西藏现代化过程中语言使用模式的分析和讨论》[④]、《西藏农村基础教育的现状调查》[⑤]、《西藏双语政策的形成和完善》[⑥] 等其有代表性的文章，西藏社会语言学的研究由此有了较系统的理论的阐述和使用实际的调查。周炜博士出版了他的第一部社会语言学专著《西藏的语言与社会》[⑦]。这本书是研究西藏语言问题的一部难得的佳作。该书是作者从1998年开始，先后3次入藏进行深入细致的实地考察的结果。调查中，周炜博士选取了对西藏的社会发展和社会稳定有重大影响的若干专题，主要有：西藏的人口分布和语言使用；50年来西藏语言政策变迁、西藏城镇居民日常生活中的语言使用；西藏农牧区人口的语言使用；西藏城镇及农牧区中小学的藏语文教育；汉语文教学模式和汉语文的吸收和使用；汉语文的吸收使用和西藏城镇居民信息的获得；西藏的双语教育及政策的变迁；拉萨地区双语现象调查及分析；西藏社会的发展和双语教育；西藏语言模式的变迁及语言政策的把握等等。

周炜博士认为，不同语言的互动是促使语言发生变化的重要原因，

① 胡坦：《术语民族化——藏语科技术语的发展》，《术语标准化与信息技术》，2001年第3期。

② 周炜：《西藏的人口构成与语言互动》，《西南民族学院学报》，2001年第11期。

③ 周炜：《影响拉萨城镇居民双语使用的若干因素》，《西藏民族学院学报》，2001年第4期。

④ 周炜：《西藏现代化过程中语言使用模式的分析和讨论》，《中国藏学》，2001年第4期。

⑤ 周炜：《西藏农村基础教育的现状调查》，《西藏研究》，2001年第1—2期。

⑥ 周炜：《西藏双语政策的形成和完善》，《青海民族研究》，2001年第4期。

⑦ 周炜：《西藏的语言与社会》，北京：中国藏学出版社，2003年。

而不同语言的互动又是通过不同民族的成员的语言接触来完成的。自吐蕃以来，经明、清和民国时期，西藏的汉族人口很少，汉藏语言的接触十分有限，几乎不构成对西藏语言使用的影响。和平解放以来，在西藏的主要城镇，汉藏语言的接触较为密切，90%的拉萨城镇被访户认为发展西藏要学习汉语文，并有80%的家庭希望孩子能达到汉藏兼通的程度。汉语文在西藏已经得到大多数藏族群众的接受和认同。但在单一藏民族聚居区的西藏的广大农牧区，汉藏语言的接触和互动极其有限，是传统的单一的藏语使用模式。西藏的语言政策在自1957年的初创到80年代的形成以及90年代的发展过程中，逐步形成了目前的以藏语文为主，藏汉两种语言文字并用的政策。这一政策符合国家的宪法和有关的法令，也符合藏民族自身发展的需要。

周炜博士的研究还表明，拉萨城关区已逐步成为一个以藏族为主、藏汉杂居、藏汉双语比较普及的地区，藏汉两种文化的交流与融合构成了这一地区的文化新特征，人们的语言使用已经处于多元共存的新局面。在西藏农牧区群众的语言使用情况调查中，发现汉、藏语言的综合能力都较低，70%以上的被访户是“不会者”。但他们希望在西藏发展汉语文的却占90%以上，希望孩子汉藏语兼通的也达80%以上。在对西藏农村基础教育制度的形成和变迁进行了大致的分期和阐释后，周炜认为，西藏农村小学的办学质量依然很差，教师量少质差，管理松散无序。如前所述，该书还对西藏双语的相关问题进行了深入的探讨。在西藏现代化过程中的语言使用模式的分析和讨论中，周炜博士认为，西藏城镇的双语化问题已实际存在，使用汉语的人越来越多，汉语的使用范围也越来越广泛，但西藏的市镇人口并未形成真正的规模，不能过早地认为西藏全区已经出现了良好的双语化的条件。农牧区藏语文的学习、使用和发展是重中之重，但汉语文的学习和使用也必须迎头赶上，尽快缩小市镇与农村的双语差距，使农牧区的发展受益于双语的发展。显然，这是周炜博士在完成他的博士论文

《〈米拉日巴传〉的语法特征及比较》[①] 之后的又一代表性作品。

五、存在的主要问题

在西藏，语言的研究不光指的是藏语研究，还有汉语的研究，也有其他少数民族语言的研究，如对藏族并用的另一语言嘉戎语的研究；藏语的研究，不仅在西藏，在青海、甘肃、四川、云南等地的藏族聚居区以及使用藏语的藏族和其他民族生活的地方，藏语的语言本身及其使用和变化同样需要研究。可以说，涉及藏语的研究随着时代的发展和生活的变化，已经和其他语言一样，显示出丰富的层次和多样性的特点。就本文所谈的西藏的语言研究状况来说，不只是对藏语的研究。

西藏已经发生了巨大的变化，人们的生活和社会的发展均有了很大的提高。西藏的语言状况也和当今世界的其他地区一样，在发生着不断变化，以满足人们适应现代化的需求以及民族发展的需要。毋庸置疑，对西藏语言的研究也必须适应这一变化。我们要关注语言自身的状况，也要关注因时代的变化而带来的人的和环境的变化所造成的语言变化。从这个角度出发，我们不难看出，西藏的语言研究，迄今为止，可以明显地划分出两个阶段：一个是和平解放到改革开放期间的成果纷呈，一个是改革开放以来的冷清寂寞。究其原因，我们认为，这其实也是社会发展的需要发生变化的结果。和平解放初期，藏语文的研究百废待兴，人们急需对藏语言有一个清晰全面的认识，国家对民族语言政策的制定和相关机构的建立，藏语研究队伍的不断扩大，使西藏的语言研究迎来了历史上的黄金时期，研究的范围从书面语扩大到口语研究、方言研究、藏族所使用的其他语言的研究，现代语言学理论的运用使藏语研究水平迅速提高，在藏语的结构研究和比较研究等方面取得了很大的成就。辞书编撰、语音研究、方言研究等方面在国际上都处于领先地位，对藏民族素质的提高、科学文化水平和教

① 周炜：《〈米拉日巴传〉的语法特征及比较》，北京：中国藏学出版社，2000 年。

育的发展以及西藏社会的全面进步都产生了十分重要的影响，由藏、汉等各民族组成的西藏语言的研究队伍也不断壮大。随着社会经济的不断发展，西藏语言的静态研究已经不能满足变化了的形势需要，一直以来的学院式的西藏语言研究不能直接为西藏的现代化建设提供既有学术价值，又有实际参考价值的报告，语言的研究和社会发展的要求相脱节，西藏语言研究空间变得日益狭窄，研究队伍也不断缩小，人才断层现象已存在多年。改革开放以来，西藏的语言研究长期在低谷中徘徊。

世纪之交，新一代学者们运用新的理论和方法，结合先进的统计和分析的手段，正将研究的视角转向西藏社会发展所急需的语言问题诸方面的研究。在西藏，藏语标准语问题、双语问题、西藏的语言政策问题、藏语文使用和发展趋势问题等专题，已越来越受到研究者的关注，出现了一批颇有见地、对西藏社会经济发展有重要参考价值的语言研究成果。但这些方面的研究，还缺乏足够的系统性，研究的深度和广度还有待进一步加强。比如，西藏的双语问题研究，已经不再需要讨论要不要双语，要不要进行双语教学的问题，而是要进行实际的考察和研究，将研究的理论和方法放在全球双语问题解决的大背景下，找出符合西藏实际的双语教学的思路和方法来，使西藏全社会的发展受益于双语的政策和双语教学的成果，其中如何营造宽松的双语环境，切实注重双语教学各个环节的组织和教学的质量，应是研究者和教学者共同关注的核心问题。了解西藏双语教学现状的研究者都知道，虽然大量的调查和研究都表明，无论是城区还是农牧区，西藏的广大居民对汉藏双语教学都给予了极大的期望，并希望自己的孩子能够成为汉藏兼通的双语人才，从而提高生活水平，但西藏的双语教学目前依然比较落后，滞后于其他民族地区，受益于双语教学的程度也很低。即使是把西藏和其他藏语区如甘南、玉树等地相比，也是比较落后的。调查的结果也表明，西藏城乡居民对西藏汉语教学的满意率很低。①

我们在讨论西藏的语言教学时，一方面，要强调藏语的重要性，这是藏民族自身发展和藏文化继承发展的必须；另一方面，我们也和广大的藏族居民一样，十分注重国家通用语汉语文的习得和使用，这两个方面不可偏颇于任何一方。具体到如何进行藏语和汉语的教与学，具体地说是如何提高藏族学生的藏、汉语言的实际水平，尚待理论界和教学界的进一步探讨。其主要的原因，是我们的调查不够深入和我们研究的方式和方法不够切合实际，甚至一部分人在处理藏语文的学习使用和汉语文的学习使用中还存在着一些模糊的和错误的认识，致使在藏、汉语文教学的具体组织上对一些基本问题的解决很不到位。如前所述，我们培养的双语师资实际上是单语师资，是藏语的师资，并且，藏语教学的水平也不高。在藏语、汉语或者说是双语教学的一系列环节上，还缺乏透彻的了解和精细的组织。

汉语和藏语在西藏的习得和使用是一个极其复杂的问题，在我们不必争论在西藏汉语和藏语的地位和作用的问题之后，需要研究如何促进语言的学习和使用，尽快提高藏族学生使用汉、藏语言的技能，使他们能尽快地从语言的技能上获得竞争的能力。民族和社会的发展和进步，或是说现代化，归根结底，是每一个人的发展和进步，是人的现代化。由于西藏是藏语区，藏语是西藏的区域语言，尤其是在广大的农牧区，基本上是藏语单语区。藏族学生生活在藏语的语境里，加上教学师资和各方面条件的制约，汉语的习得和使用受到很大限制。在农牧区，汉语几乎没有使用的场合和可能。那么，农牧区，包括在城镇的部分地区，藏族居民接受现代化信息，接受现代教育，更新观念，发展自己的空间就有很大局限性。这无论是从全国来看，还是从藏族群体来看，或是从西藏本区的范围来看，汉语习得使用的目前局面，造成了藏民族和其他民族、藏民族内部在藏语言使用水平、汉语言使用水平上的差异，造成他们因语言使用水平上的差异而产生的不

① 周炜：《西藏的语言与社会》，第146页，北京：中国藏学出版社，2003年。

同的受教育程度和不同的生活质量，不同的发展前景。有的成为藏族精英跻身于现代的社会潮流中，有的则仍处于相对封闭和落后的状态。我们要在汉语和藏语的习得这一环节上，围绕藏族学生这一中心，展开调查，使西藏的语言政策、语言教学策略更具有前瞻性和实际效果，在保证藏民族的语言习得使用机会的平等和语言水平的事实公平性上做出实际的努力。我们注意到，在西藏，汉语的习得和使用是时代使然和社会急需，但汉语习得使用的水平不高，相关的研究也很薄弱。周炜博士已率先在这方面进行了许多与藏语习得使用的比较研究，其中的许多问题还有待我们进一步做出语言学理论上的阐释、语言使用实际的调查，为促进汉语在西藏的习得质量和使用效率的提高提出合理化的建议。

六、小结

在我们对西藏的语言研究进行的梳理和概括中，主要讨论了西藏语言研究的几个主要方面，如藏语的研究、双语的研究、汉语的研究、社会语言学的研究等。西藏的语言研究问题不仅只是这几个方面，同时，我们对相关语言问题的讨论，如对藏语本体研究等的回顾，只是概要性的，并没能够完全展开。

我国在藏语研究方面的成就，主要集中在上个世纪新中国成立至80年代之间。这一时期同时也造就了于道泉、胡坦、格桑居冕、黄布凡、瞿霭堂、张济川、王尧等大师，他们的主要研究成就也集中在和平解放后的这一段时期。无论是语音、词汇、语法还是藏语方言的研究，无论是典籍的著述还是专题的文章，都达到了有史以来藏语研究的顶峰。我们认为，这些藏语研究所取得的辉煌成就，是当时社会发展的需要，符合国家和藏民族的需要和切身利益，也是一代藏语研究人努力的结晶。但藏语的研究到了改革开放的新时期，面对藏民族新的需求和西藏社会发展的新形势，以及藏学研究总体目标的转移，围绕藏语本体进行的一度辉煌的研究走入低谷。时代呼唤新的藏语研究的理论、思路和方法。

西藏社会语言使用问题的研究适应了当今西藏社会全面进步的需要，关注到了西藏居民语言生活的迫切需求，以过去丰富的藏语研究成果为基础，着力探讨西藏语言政策的相关问题和不可避免的汉、藏语言接触带来的双语问题，以及围绕西藏汉语习得问题而进行的相关研究。在这一西藏语言问题研究的新的变化里，胡坦先生和周炜博士无疑起到了开创性的作用，并为围绕社会问题对西藏语言问题的研究奠定了良好基础，出现了一批关注西藏社会语言问题的研究成果。由于研究队伍、研究者学术背景等方面的原因，西藏社会的语言问题研究，还处在起步阶段，系统理论的建立和语言事实的全面调查都有待进一步加强。

截至目前，双语的研究只是停留在教学的层面，对汉藏双语教学的研究也多是一些较浅层次的经验，没能深入地进行研讨。汉语问题的研究，由于同样的原因，仅限于汉语教学，有一些关于教法、教材等方面的讨论，理论基础和视野的范围还有很大的局限。

西藏社会语言学的研究，近年来有了很大发展，周炜博士的研究成果是这一研究走向繁荣的开端。我们认为在因汉、藏语言接触带来的藏语的、汉语的等语言变化，以及西藏居民普遍关注的汉、藏双语教学，尤其是汉语的习得使用等方面，应给予深入的调查研究，加之研究队伍不足以及经费等方面的问题，西藏的社会语言学研究任重而道远。

第三章　西藏汉语习得和使用的历史概况

我国是一个多民族的国家，除了回、满、畲、土家等民族外，其他的少数民族都使用本民族的语言。汉语是使用人数最多的语言。汉语的国际和国内地位使其成为各个少数民族之间最通用的交际语。藏族居民习得和使用汉语历史久远。西藏历史上的汉语习得和使用规模虽然仅限于少数贵族子弟和僧侣等翻译人员，规模也不大，但始终伴随着汉藏文化的交流和人员的往来，对汉藏两地社会经济的发展起到了积极的推动作用。西藏具有基础性、群众性的汉语习得和使用是在和平解放以后，主要是因为汉藏人口的接触增多和西藏社会全面发展的影响，汉语习得和使用的需求在藏族居民中日益增长。西藏和平解放以来的汉语习得和使用虽然还存在不少问题，但和过去比却是效果最好的时期。这一时期的汉语习得和使用是西藏双语体系的一部分，是在以藏语为主的前提下进行的。部分藏族居民在熟练掌握藏语的前提下，为实现和持汉语者的交流与合作，获得了对汉语不同程度的掌握。这方面已有较多的著述，本文的其他章节也有涉及，所以这部分我们主要谈谈和平解放前西藏汉语习得和使用的状况。这方面我们无法进行实地调查，主要是依据相关史料的线索进行大致的梳理。

第一节　我国各少数民族几乎都有学习汉语的历史

在我国，少数民族习得和使用汉语有着优良的传统。在中国的远古时代，随着部落的迁徙和华夏民族的扩展，不同地区不同民族开始互相交往。为了沟通，就必须学习对方的语言。汉藏语言的接触也是如此发生的。《礼记·王制》中记述："中国、夷、蛮、戎、狄……五方之民，言语不通，嗜欲不同，达其志，通其欲：东方曰寄，南方曰象，西方曰狄鞮，北方曰译。"虽然这里所示的"寄"、"象"、"狄"、"译"指的是四方的翻译官，但少数民族翻译官的产生正是汉语学习的结果。他们都是学汉语的翻译，也是语言教师。西汉以后，西域各国的贵族子弟到长安来学习汉语、汉文化的越来越多，到了唐代则掀起高潮，成为一个鼎盛时期。宋元时，西域的许多色目人学汉语读汉书，中进士的不少，出现了一大批用汉语创作的少数民族作者。到清代，满族人入主中原，从皇帝到平民，人人都学习汉语文，科举考试也只用汉文。① 这些学习汉语的少数民族里，也有属于今天西藏地区的藏族人。

第二节　西域考古发现的藏汉双语文献

用汉藏双语记载文献需要对汉语和藏语的熟练掌握。1900 年，在敦煌藏经洞内发现数以万计用不同文字和语言书写的文献，其中就有汉文和藏文，年代约在 5 世纪至 11 世纪初叶。人们根据考古发现的材料推知，汉语在西域流行的时间约自公元前 1 世纪至今，藏语则是在公元 8 到 10 世纪。人们在西域的考古中还发现了大量使用双语的文献，其中就有汉文藏文双语文献。这些发现表明，汉语和藏语有着十分悠久的接触历史，使用藏语的藏族人对汉语的习得和使用也在这些历史文献中得到证实。特别是持续了近千年的西域佛僧对佛经的翻译。② 这些佛僧在翻译的过程中，不断地提高对汉语的掌握程度，他们大多精通汉语。西藏历史上就有规模很大的佛经等书籍的翻译。当然，翻译的前提是对汉语的习得和使用，不懂汉语则无法进行。

---

① 方晓华：《少数民族汉语教学的性质和特点》，《新疆师范大学学报》，1996 年第 2 期。

② 牛汝极：《西域语言接触概说》，《中央民族大学学报》，2000 年第 4 期。

第三节　西藏历史上的汉藏翻译

进行汉藏翻译的同时也造就了一批汉藏兼通的人才。早在唐朝时期，藏族就开始从汉地引进翻译大量书籍，主要包括佛经、天文历算和医药等。在佛经方面，公元8世纪的赤德祖赞时期，占巴拉郭夏和聂札那古拉从唐朝翻译了《百业经》《金光明经》《律差别论》等。在天文历算方面，从公元7世纪起，内地的天文知识就开始传到吐蕃，文成公主进藏时也带来了多部天文星算的经典，如《博唐八十数理》《五行珍宝包罗》《密意根本之清》《珍宝之推》《黄历》推算法等。文成公主进藏后还派了4名藏族青年到汉地求学，向巴瓦学习《九部续》《三部释》《密图十五卷》等历算经文，并译成藏文。金城公主嫁到吐蕃后，把以《算学七续圣典》《八支》为重点的关于五曜、八卦、九宫、七曜和二十八宿的很多方法译成藏文。[①] 在医药方面，最著名的医著是《医学大典》，该书由汉地和尚马哈德瓦和达玛郭嘎等译成藏文。[②] 这些从事翻译的藏族人凭借很高的汉语水平，不断地将来自内地的技术和文化译介到吐蕃地区，极大地促进了当地社会、文化事业的发展。

赤松德赞执政时，佛教在吐蕃已经有了一定的发展。为了培养翻译经典的人才，赤松德赞采取派出去请进来的办法，不仅派人到印度留学，请印度僧人到吐蕃培养译经人才，还到内地请汉僧到吐蕃翻译佛经，并派弟子到长安等地学习汉语文、佛法，致力于佛经的研读翻译。当时，吐蕃翻译经典的主要场所在桑耶寺，称为译场。他们将所翻译的经典编成目录，并以所在译场及殿堂名冠以书目名称，有《庞唐目录》《秦浦目录》和《登伽目录》。这些佛经目录一直流传后世，为佛教在吐蕃的弘扬起了重要作用。吐蕃还从汉文翻译了许多其他种类的书籍，如

① 黄明信、陈久金：《藏历的原理与实践》，第313页，北京：民族出版社，1989年。
② 青海民院少语系编译室：《汉藏翻译教材》，第9页，1993年。

从汉文翻译成藏文的诗书，汉藏对照的《千字文》《汉公主大医典》等。到元代，藏传佛教已处于统治地位，宗教成为吐蕃文化的中心，此后吐蕃各种文化的发展是以同宗教密切联系的形式出现的。13 世纪 80 年代后，在元朝中央政府的主持下，吐蕃佛教学者同汉族等民族的学者一起，进行了一项规模宏大的文化活动，就是对藏汉两种不同文字的佛教经典，加以核对，勘察异同。他们前后花了三年时间，终于查清了汉藏经典两种不同文本的同异有无，编写出了一部藏汉文对勘的佛教大藏经目录——《至元法宝勘同总录》。在藏汉佛经对勘的过程中，吐蕃佛学大师会同其他民族的学者以萨迦寺收藏的藏文经典为主，用以与汉文佛经对勘。他们相互切磋，反复辩难，终于完成了这件规模宏大的典籍对勘工作，在藏汉文化交流史上树立了一座丰碑。① 诸如此类的翻译活动，不仅促进了部分藏族对汉语的学习，也培养了一批汉藏兼通的翻译人才，对促进藏汉两地的政治往来、技术传播、文化交流等意义十分重大。

西藏历史上医学书籍翻译受到各个朝代的重视，显然汉藏语言兼通的人才就十分珍贵。汉藏两地的高僧、医学家以及其他受过教育的汉藏居民无疑作出了重大的贡献，其意义十分深远。据有关史料记载，藏医与汉医之间有很多相互影响之处。这是因为它们各自在形成发展过程中相互学习、相互吸收、相互借鉴之故。远古名医噶切比齐和白噶拉泽兄妹长期在藏生活行医，他们先后到汉地、印度等地游学行医，他们著的《本释》《释述》《医学通论》《篇章引言》《实用操作》等因有临床经验性质，被吸收到《四部医典》中。文成公主入藏时带来了一批医学书籍，金城公主也带来了医学论著和医药人员，这些中原的医学论著和汉族医药人员对藏医的发展起到了一定的作用。特别是由藏、汉两组医学家联合翻译成藏文的《医学大全》，由藏、汉、印三地医生合编的遗著《无畏武器》是医学交流的一大成果。藏医对汉

① 何俊芳：《中国少数民族双语研究：历史与现实》，第 50 页，北京：中央民族大学出版社，1998 年。

民族的中医也有很大的影响，中医的诊断、药物配方、辨证施治、火灸疗法等，有些来源或借鉴于藏医，因而藏医对中医的发展也起到了推动作用。赤松德赞十分重视医学科学。史称的“四主九名医”不仅成为吐蕃王室的太医，更主要的是翻译了不少各自地区和国家的医药著作，编写有 68 部（也有称 74 部）医学著作汇集成册，藏语称《甲木拉杰布德木布》。这一时期组织译师毗卢遮那等迎请唐朝、大食等各方面的医师，把他们的成果译成藏文，便于吸收借鉴这些国家和地区医学的精华，促进了藏族医学科学的发展。这一时期的御医云丹贡布曾到内地向中医求教，听受了汉族医学理论。他结合汉地及其他各方的医学精华，撰写了医学巨著《四部医典》，使吐蕃医学达到了一个新的高度。《月王药珍》则是公元 8 世纪由汉地和尚玛哈金达和藏族医生合著的一部医书。这部书同样对藏族医药学的发展具有重要的价值。

自公元 4 世纪以来，藏汉医学就有密切的交往。汉族许多名医来藏行医采药，有些就定居在藏地从事医学工作。特别是公元 7 ~ 8 世纪间，唐朝的许多名医来藏从事医书翻译工作，与藏族医务工作者共同行医与著书立说，为藏汉医学理论相融合打下了基础。藏族许多名医也到汉地游学行医，与汉族医学界广泛交流，把藏医医学知识传授给中原，对藏汉医学知识的交流和相互影响提供了条件。

明朝时期，藏区许多高僧大德前往汉地，其中很多人在去内地的途中为汉民讲经传法和行医看病。李时珍的《本草纲目》中有相当一部分药物的名称、制剂法、用法等来源于藏族药物文献。公元 1410 年左右北京刻印铜版《甘珠尔》，1594 年补刻的《丹珠尔》，1744 年在北京建成的佛教寺院甘丹金切林（汉名雍和宫）以及后来创建的藏医医明学院，对藏族医学传入汉地，促进汉族医学的发展都起到了很大的作用。这一时期，藏族僧俗官员把藏地的佛像、绘画精品（唐卡）、僧衣、宗教用具和其他金银器皿等传统手工艺品带入内地，这对中原宗教文化、绘画艺术、手工业的发展和革新产生了影响。汉明帝时期，曾在宫廷内召集藏汉译师翻译佛经，成为藏汉宗教文化交流的一大佳话。

翻译也是将汉语作为第二语言教与学的不可或缺的手段。翻译既是汉语使用的目的，也是习得汉语的有效手段。在唐代，国力强盛，文化繁荣，与周围邻国的交往也更加广泛频繁。各国均有人来长安学习汉语和汉文化。唐朝也有不少人被派往邻国。《新唐书・选举志》上记载，贞观十三年，“四夷若高丽、百济、新罗、高昌、吐蕃，相继遣子弟入学，逐至八千人”。当时的吐蕃也派了不少人来内地学习汉语和汉文化。吐蕃王朝时期对于汉语的习得和使用一度十分重视，社会效果十分显著。

第四节 吐蕃时期的内地求学

从松赞干布开始，吐蕃派遣酋豪子弟赴中央王朝入国学，有较多的记载。《旧唐书・吐蕃传》记：吐蕃“仍遣酋豪子弟，请入国学以习诗书；有请中国识文之人入典其表疏”。《旧唐书・儒学》上又载：“……吐蕃等国酋长，以遣子弟请入国学之内……”《贞观政要》七记：“太宗又数幸国学，令祭酒、司业、博士讲议毕，各赐以束帛，四方儒生负书而至者盖以千计数。俄而吐蕃至高昌、高丽、新罗等诸夷酋长以遣子弟请入于学……儒学之兴，古昔未有也。”《资治通鉴》载：“贞观十年二月丁丑，上兴国子监。……乃至高丽……吐蕃诸尊长亦遣子弟请入国学。”《旧唐书・儒学传》序称：“俄而高丽及百济、新罗、高昌、吐蕃等诸国酋长亦遣子弟请入于国学之内……”《册府元龟》记载：“至遣子弟入国学而习业焉。”[①] 这些史料都表明吐蕃王朝时期派遣贵族子弟入唐朝学习国学的史实。他们去学习国学的目的正如王森教授所说：“许多贵族子弟留学长安，习儒书，通汉文。”[②] 这些入国学的吐蕃贵族子弟首要的任务就是学习汉语文。

① 杨明：《试论吐蕃王朝时期的藏族教育》，《西南民族学院学报》，1994 年第 1 期。
② 王森：《西藏佛教发展史略》，第 10 页，北京：中国社会科学出版社，1987 年。

唐代的国子学是贵族、官僚子弟学习的场所，以《周易》、《尚书》、《毛诗》、《左氏春秋》、《礼记》等五经为教学内容。“吐蕃王及可汗子弟，欲习学经业，宜附国子学读书”[①]。可见，吐蕃子弟还需要学习说汉话、学汉文，打下学习经书的基础，开始时还不具备入国子学的条件，但考虑到政治上的需要，才将吐蕃学生作为国子学附学。唐代的太学招收文武五品以上的子弟，以《礼记》、《左传》、《毛诗》、《周礼》、《仪礼》为必修课，以《周易》、《尚书》、《公羊传》、《谷梁传》为选修课。《册府元龟》说：“仲琮年少时，尝冲质入朝，诣太学生例读书”[②]，说明当时吐蕃的学生也入太学，他们学习汉语的任务也是同样的。入唐朝读中央官学的吐蕃贵族子弟，估计有一定的人数。见于史籍的一位是仲琮，另一位可能是名悉腊，他们学有成就，藏汉文造诣深，通史懂经，熟悉朝廷礼仪，后担任吐蕃的重臣，并成为吐蕃与中央王朝之间的重要使臣，为吐蕃与中央王朝的友好交往作出了卓越的贡献，得到唐王朝的赞扬与鼓励。《旧唐书·吐蕃传》称：高宗时，“吐蕃遣大臣入朝，仲琮少游太学，颇知书，帝召见问曰：‘赞普（芒松芒赞）孰与其摄（松赞干布）贤?’对曰：勇果善断不逮之，然勤以治国，下无敢欺，令（今）主也’……”《册府元龟》说：“仲琮为吐蕃大臣，咸亨三年，吐蕃遣仲琮来朝。……颇晓文字。至是，帝召入赐宴，甚优礼之。”[③] 名悉腊也可能是太学生，因为他熟知汉语文，多次入使，深受欢迎。《旧唐书·吐蕃传》记载：“（开元）十八年十月，名悉腊颇晓书记，先曾迎金城公主至长安，当时朝廷皆称其才辩。”《册府元龟》又记载说：“乃遣重臣名悉拉同惟明入朝。赞普亦赞宝物，公主有献金鸭、盘杂品等物。……”[④] 这些史料表明，吐蕃时期的贵族子弟入中央国学是吐蕃历史上的重要事件。这些通晓汉语文的藏族人才促进了吐蕃和唐王朝的良好关系，促进了双方在实

① 杨明：《试论吐蕃王朝时期的藏族教育》，《西南民族学院学报》，1994 年第 1 期。
② 同上。
③ 同上。
④ 同上。

用科学、文化、教育等方面取得成就，也促进了吐蕃内部的发展和进步。

“留学”在吐蕃时期十分流行，是接受教育、学习其他民族优秀文化的主要手段。语言则是重要的学习任务。《智者喜宴》载：“从东方汉地和木雅，引进工艺历算书籍……”[①] 当时松赞干布及其臣僚为了使藏民族成为一个富强繁荣的优秀民族，虚心学习和借鉴周边一切先进的政治制度、经济策略、文化理论、工艺技术、法律法规、生产行业等方面的知识和经验。唐朝的儒家文化则是其重点学习的内容。通过汉语的习得和使用，西藏吸收和利用内地先进技术经验加速本民族发展的做法是有历史传统的。吐蕃时期曾派许多人到唐朝首都长安学习。《新唐书》载：“（吐蕃）遣诸豪子弟入国学习诗书又请儒者典书孰。”[②]《资治通鉴》载：“贞观十五年正月丁丑，命礼部尚书江夏王道宗持节送文成公主于吐蕃。赞普大喜，见道宗，进子婿礼。慕中国衣服、仪卫之美，为公主别筑城郭宫室而处之，自服纨绮以见公主。其国人皆以赭涂面，公主恶之，赞普下令禁之，亦渐革其猜暴之性，遣子弟如国学，受诗、书。”[③]《汉藏史集》也载：“……若将印度和汉地的历算法在吐蕃推广，对社稷必定有益……”于是派人去内地学习，“你们到汉地去学习对我们吐蕃有益的学问……须与汉人接触……努力成为学者”，可见，吐蕃时期对于唐朝的儒家文化十分热爱，派出前往学习的人数比较多。他们不仅通过对汉语的学习掌握了先进的技术，回到吐蕃后，还将他们学来的技术传授给吐蕃民众，起到了重要的传播作用。他们在唐朝除了学习律学、书学、算学以外，主要是学儒家的经典。“唐太宗即位后，令颜师古等人考订五经，孔颖达等加以孰证，撰成《五经正义》171 卷，令世人诵习，作为官定的教科书”[④]。所有这些科目的学习自然需要先通汉语。当然他们也请唐朝

① 巴俄·祖拉陈瓦：《智者喜宴》（藏文），第 184 页，北京：民族出版社，1986 年。
② 编写组：《二十五史·新唐书·吐蕃传》，第 4778 页，上海：上海古籍出版社，1986 年。
③ 编写组：《通鉴吐蕃史料》，第 5 页，拉萨：西藏人民出版社，1982 年。
④ 赵毅、赵轶峰：《中国古代史》，第 468 页，北京：高等教育出版社，2002 年。

等的一些大学者到吐蕃翻译了很多佛经和一些历算、医药方面的典籍。如果没有相关语言的学习和培训，根本无法完成体系庞杂、思想深邃的佛经和历算、医药典籍的翻译工作。

到内地学习儒家文化、生产经验、天文历算、佛经翻译等是西藏历史上学习汉语文的主要方式。在当时的西藏社会，主要是通过学成归来的学者们在社会的、宗教的活动中，向当地的藏族居民传授相关的知识和技能。但学习汉语的只是部分贵族子弟和僧人，他们起到和内地在政治、文化等方面的沟通作用。汉语习得和使用的人数极少，甚至是可以忽略的，但他们的作用却不可忽略。正是他们使汉藏文化的沟通和交流成为可能，也使藏族文化在不断吸收、引进其他民族文化的过程中得到不断发展。

第五节　经济与文化往来

汉藏经济与文化的往来历史悠久，不仅是社会上层和机构间的往来，也有更多的民间往来。这些往来均以汉藏语言的沟通为前提。在历史上，不管是汉藏间的战争、通好、文化交流还是生产发展、唐蕃的八次和盟，都是如此。据藏族史料记载，吐蕃王朝在对外征战的过程中，对被俘的战俘无论是大唐还是其他国家、部落的，凡粗识文字有一技之长的人，均送往拉萨以供藏王使用。吐蕃朝廷中汉族等外族人员较多，特别是赞普身边从事科技工作的，如医药、天文、历算、建筑、纺织、翻译等行业。

吐蕃为了扩疆拓土和汉藏经济文化的交往，先后开通了自拉萨至唐都长安至拉萨西南各地的通道。其中比较繁忙的是拉萨到唐都长安的经安多地区的商道，后来汉文称之为“唐蕃古道”。唐朝用茶叶、棉布、丝绸来换取藏族的良马、耕牛、羊、药材、手工艺品。这就是历史上的藏汉商道与茶马互市。公元1270年，藏族与蒙古建立隶属关系后，元朝皇帝派员入藏，清查人口、物产、道路情况，设置驿站，开通了汉藏蒙古间的交通。

元朝时，西藏正式纳入中央政府的行政管辖之下，萨迦派的许多僧人在汉地做官，他们当中许多人精通医学，在汉地行医过程中将藏族的医学传入汉地，还有历算、绘画、雕塑等知识。藏族的石刻摩崖画（岩画）艺术对汉族影响深远，在留存至今的汉地石窟、摩崖刻经等艺术中留下了永不磨灭的藏汉文化交流的遗迹。其中最有代表性的甘肃石窟艺术、东北摩崖石刻、北京房山石刻、四川安岳石刻、云南剑川石刻，均留下了藏传佛教文化对汉族文化带来的巨大影响。汉地佛教名山五台山、普陀山、峨眉山的佛像、雕刻、绘画、建筑等广泛吸收、借鉴和融合了藏传佛教文化。有些庙堂则由藏族僧人建造或设计。

第六节　西藏汉语教学的萌生和发展

通过学校的途径学习汉语在西藏出现得很晚，其形成规模则是和平解放以后的事。清代至民国时期，西藏的汉语习得和使用有了些许变化，主要是有了学校的形式，为研究者所公认的史实大体上有以下几个方面：1906 年联豫任驻藏大臣后，于 1907 年在拉萨建了一所“汉文传习所”，入学的藏族子弟有 20 人，另有两所初级小学堂，招收藏汉子弟入学，同年 8 月又在达木（今当雄）设了两所小学，这些学校同时讲授汉藏两种语文。学生们在藏语母语的基础上，学习汉语，具有第二语言习得的性质。清末民初时期，拉萨有回民子弟小学，以相互学习的方式学习藏文、汉文等。该校毕业的学生都学习了汉藏两种语文。民国时期，在昌都、拉萨等地都设有小学校，其中尤其以 1938 年夏末开设的“拉萨国立小学”更为突出。该校在 1946 年前后的鼎盛时期有学生 300 人左右，藏族、回族、汉族等民族的子弟都有，主要是讲授汉藏两种语文，学生们毕业时会使用汉藏两种语言。这一时期习得和使用汉语的人数要多一些，但还很有限，处于萌生阶段。

西藏和平解放初期，拉萨、日喀则、昌都等地建立了一大批小学，接受汉语教学的人数也有了很大提高，举办了各种夜校、训练班，出现了学习藏语文和汉语文的高潮，藏族居民和汉族居民互相学习对方的语言，社会交际的性质越来越明显。随着西藏社会经济的不断发展变化，先进文化和现代科技的不断引进，汉语习得和使用需求在不断增长。“文革”时期出现了偏向汉语文的教学倾向，但汉语的教学效果并不理想，反而有所下降，这是违背语言教学规律造成的。上世纪70年代末以来，西藏的汉藏双语教学不断取得成效，汉语的习得和使用也得到了比较稳定的发展，无论是使用人数还是社会的实际效应都是历史上无法相提并论的。

不过，总的来看，西藏汉语习得和使用发展的程度，还远远不能和藏语母语的发展相比较。西藏汉语的习得和使用发展至今，仍落后于社会发展的实际需求，只是城镇中的一小部分受过较高教育的人经常使用，对于绝大多数的藏族居民来说，他们依然只会使用藏语一种语言。但他们的藏语水平已不是历史上的水平，藏语的发展在现代社会取得了令世人瞩目的成就，这些成就的取得当然也得益于汉语习得和使用水平的提高。有一点是肯定的，那就是西藏现在的各类建设事业的骨干基本上都具备一定的汉语水平，他们的汉语能力正是在西藏和平解放初期获得的。在他们的语言能力和语言结构中都有那个时代的影子。

第七节　小结

所有的民族都面临不断发展、进步的任务。要发展就必然存在借鉴和吸收其他民族先进技术、先进文化的问题。因此，所有的民族都面临第二语言的习得和使用的问题，不然就会陷入自我封闭和僵化。越是先进、发达的民族和地区越是注重学习另一民族的语言，从而达到借鉴、吸收，进而实现发展壮大和创新的目的。

西藏有史以来就有注重汉语习得和使用的传统。考古发现的汉藏双语文献，规模较大的汉藏翻译，以及吐蕃时期流行的赴内地求学热潮等史料中都有所反映。但历史上的汉语学习规模极小，并且只是极少贵族子弟的特权，虽然在客观上也起到一定的促进社会、文化发展的作用。清末至民国时期有了学校汉语教学的形式，由于条件和政治等原因，效果甚微。和平解放以后，受社会加快发展的影响，西藏的双语教学得到了较大的发展，汉语需求不断提高，汉语的习得和使用也得到了很大发展。但与社会不断提高的需求相比，西藏汉语习得和使用的程度和水平普遍不高，也仅仅是少数有机会接受高等教育的藏族居民才能够较为熟练地使用。

第四章　西藏汉语习得和使用现状

从藏族和汉族开始接触起，就有了汉藏语言的接触，也就有了藏族和汉族彼此学习对方语言的活动。语言的接触不可能是纯粹语言方面的问题。研究语言接触要注意民族关系、人口因素、文化因素、地理位置及民族分布、婚姻家庭以及表现在语言态度上的民族心理等方面。[①] 一个民族习得和使用另一个民族的语言，是与其所处的社会、经济、文化等因素密不可分的。

和平解放60年来，西藏发生了举世瞩目的巨大变化，社会发展实现了两个深刻的历史性转变：一是由封建农奴制到社会主义制度的社会经济转变；二是由贫穷落后到初步繁荣的历史性转变。经过几十年的发展，西藏工业从无到有，初步形成了以电力、采矿、建材、农畜天然产品加工和民族手工业为主的工业体系，国民生产总值达到了两位数的增长速度。基础设施建设和重点工程建设规模空前。已基本建成由航空、铁路、公路组成的交通运输网络，现代通讯业务也已基本上达到了现代化水平，西藏的经济实力在今天已经有了较大的提高。科技、教育、文化、卫生事业有了长足发展，基本建立起包括幼儿教育、小学教育、中学教育、中等专业技术教育、高等教育以及成人教育在内的具有西藏地方特色和民族特色的现代教育体系。优秀的民族传统文化得到发扬光大，与现代文明交融，极大地丰富了人民的精神生活。西藏人民的生活水平得到普遍提高。大多数农牧民的温饱问题

① 袁焱：《语言接触与语言演变——阿昌语个案调查研究》，第12页，北京：民族出版社，2001年。

得到解决，城乡居民的生活质量明显改善。人均收入和住房面积均有提高。几十年来，西藏在十分低的基点上，以惊人的速度，变贫穷落后为初步繁荣。

所有这些方面的发展和进步，都离不开与之相伴随的语言的使用和发展。在藏语为母语，以藏语文为主的西藏地区，汉语的习得和使用也随着不断加快的社会经济的发展，不断受到广大西藏居民的欢迎和重视。西藏的汉语习得和使用适应人们在社会经济活动中相互联系的需要，也和西藏社会能够为人们提供的习得和使用汉语的社会条件和各项服务设施的健全有关，与西藏语言政策的变迁和完善密不可分。在以下的阐述里，你会发现，并不是西藏所有的藏族都在习得和使用汉语，人们习得和使用汉语的水平和程度以及规范性也有着不同的层级。在这一章，我们要回答的问题是，在西藏到底有哪些藏族在习得和使用汉语，他们是通过什么样的方式和途径来习得和使用汉语的，在目前的西藏，人们习得和使用汉语的效果比如水平如何，西藏的广大居民习得和使用汉语都有哪些社会方面的作用和意义，会给他们的生活以及西藏未来的汉藏语言使用格局等社会问题带来哪些变化。我们将主要从社会发展的角度，结合在西藏部分地区的调查，对这些方面加以阐释，在一个大致的范围内，勾勒出西藏汉语习得和使用的基本轮廓。

第一节 汉语习得和使用的人群

本文研究的对象是西藏地区的以藏语为母语的藏族及其他少数民族在习得和使用汉语方面的诸多问题，不包括西藏地区的汉族以及其他以汉语为母语的民族。我们在这里对西藏人群的划分，是从语言习得和使用的角度进行的。这种划分，只是一个相对的划分，是为了研究和阐释的方便。如果是为了其他主题的研究，可能会有其他划分的方法。在分析藏族居民习得和使用汉语的时候，也要论及他们所接触到的汉族人群。在西藏，正是有了和汉族等以汉语为母语的人群各种交往的需求，为了实现和他们语言交流上的顺利，才有了西藏的汉语习得和使用。汉藏人口的接触是汉藏语言接触的基本前提。

一、藏汉人口概况

西藏是以藏族为主的地区，藏族人口占了人口总数的97%左右。这个数字表明，在西藏，除了藏族，还有其他的民族，汉族也包括在内。西藏人口的民族构成，有一个不断发展的历史过程，藏族人口过去没有现在这么多，汉族人口的数量也是这样。

（一）藏族人口

早在旧石器时代晚期，西藏地区即有人类居住，人类的活动一直延续不断。西藏历代的人口状况是随着本地区政治、经济的发展逐步演变的，语言的产生、发展和成熟始终与社会经济的发展相伴随。从公元6世纪的90万人①，到吐蕃时期的362万人②，再到元世祖时期对西藏人口的清查得出的56~64万人，再到清代西藏进行的历史上第一次较全面的人口清查结果的130万③，这些数字因无确切的资料记载，多为估算得来的。较为一致的看法是，清代至和平解放，西藏的人口呈下降的趋势，农奴制、贫苦的生活条件和落后的医疗条件是其重要原因。④ 和平解放以来，西藏的社会发生了根本的变化，人民生活日益得到改善，现代化的医疗卫生事业得到蓬勃发展，人口的死亡率不断下降，生育率稳定提高。特别是西藏自治区成立以后，西藏的人口以历史上从来没有的速度增长，1982年全国第三次人口普查显示，西藏有人口189.2万人，其中藏族人口178.65万，占人口总数的

---

① 多杰欧珠、李永胜：《跨世纪的中国人口·西藏卷》，第11~18页，北京：中国统计出版社，1994年。

② 多杰欧珠、李永胜：《跨世纪的中国人口·西藏卷》，第460页，北京：中国统计出版社，1994年。

③ 傅小锋、郑度：《论西藏自治区人口增长与社会经济发展》，《中国藏学》，1999年第4期。

④ 马戎：《西藏的人口与社会》，第30页，北京：同心出版社，1996年。

94.4%。到了上世纪末，西藏自治区的藏族人口达到了238.8万人。[①]到2004年年底，西藏自治区的总人口数为273.6万人，其中汉族干部职工及城镇居民8.52万人，藏族干部职工及城镇居民33.72万人，农牧民231万人。[②] 到2006年年末，西藏人口总数为281万。可见，和平解放以来，西藏的人口一直在不断地快速增长，社会各方面如经济、就业、资源等的压力也因人口的增长在不断地增加，提高人口素质，减轻社会压力，促进西藏社会的快速发展是人们一直思考的问题。人口的增加，自然也会带来人口的流动以及与汉族和以汉语为交际工具的其他民族的接触，语言的接触也在不断地增加，汉语成为西藏居民首先也是更多接触到的第二语言。

（二）汉族人口

西藏的汉族人口，历史上并没有多少明确的记载，基本可以认为自吐蕃到明代期间，汉族人口极少，可以忽略不计。据专家考证，清代在藏的汉族常住人口约有3000人，其中包括戍边的官兵、川陕滇一带的商人等。从辛亥革命到西藏和平解放前的40年里，国民政府在西藏设有办事处、邮局等办事机构，各地也居住着一些汉族商人、手工艺人和僧人等。另有很多对藏汉双语都较擅长的回族，正是他们，长期以来维系着西藏与内地的行政、经济和文化的联系。[③] 上世纪50年代以来，尤其是60到70年代，西藏自治区的汉族人口迅速增加，在1980年达到了12万人。占全区人口总数的6.6%，是历史上汉族人口最高的数字。1980年中央召开第一次西藏工作座谈会以后，西藏大批的汉族干部职工内调，两年后减少到9.2万人，占西藏总人口的4.85%。上世纪末的后5年，西藏自治区有户籍的汉族人口保持在6~7万人，比重占3%左右。2000年进行的中国第五次人口普查对西藏境内居住在5个月以上的不同民族的人数及其分布进行了非常详尽

---

① 达瓦顿珠：《西藏统计年鉴》，北京：中国统计出版社，2000年。

② 邱建华：《西藏发展与人口环境》，《中国统计》，2005年第10期。

③ 马戎：《西藏的人口与社会》，第57页，北京：同心出版社，1996年。

的调查，其中的汉族人口总量不到16万，占西藏自治区总人口的6.6%，比10年前有所增加，但汉族人口非常有限。西藏自治区境内藏族人口占绝大多数。另外，西藏的汉族人口主要居住在城镇，有超过一半的汉族人口居住在自治区首府拉萨市，约为8.1万人。这些居住在西藏的汉族人口绝大部分是非常住人口，没有西藏户籍。拉萨市的汉族人口又有约占95%的7.66万人居住在人口相对集中的城区，即行政区划中的城关区，这一比例占拉萨市总人口22.3万人的34.34%。居住在拉萨市城区的汉族人口几乎占了全西藏自治区汉族人口的近一半。相关的调查也显示，拉萨市城区是西藏汉族人口居住最集中的地区，但汉族人的总量包括流动人口在内仍然是少数，藏族人口还是占了绝对的大多数。从常住人口看，拉萨市的藏族人口数量更是远远超过汉族人口。2000年的第五次人口普查测算，拉萨市藏、汉常住人口的比例为3:1。[①] 此外，西藏的汉族人口中还有临时来藏旅游或出差的人员。尤其是青藏铁路开通以来，每天来藏旅游的人数达到4000以上。

以上分析表明，西藏的人口以藏族为主，藏族人口是西藏的主要人口，他们使用的藏语自然就成为西藏的主流语言，同时在西藏也居住着不少的汉族，主要分布在以拉萨为主的城镇。藏族人在和他们的不同形式的交往中，发生着不同形式的汉藏语言的交往。西藏的这种人口结构和分布格局，汉、藏民族间不同形式的交往，深刻地影响着西藏社会语言习得和使用的状况，也使西藏汉语的习得和使用有着不同类型的群体特征。这些习得和使用汉语的藏族人群会因人口数量、居住分布、职业特点、文化水平、家庭状况等因素的不同而不同。

二、西藏汉语习得和使用的不同人群

在西藏，农村地区的居民很少有和汉族接触的机会，城镇居民接触汉族的机会又不尽相同，大的城镇接触汉族的机会要多一些，小的

① 罗绒战堆：《西藏的汉族人口及相关问题研究》，《人口与经济》，2005年第4期。

城镇以及边远的城镇，汉族人口很少，接触的机会自然要少得多。这样，他们就会因和汉族接触机会的不同而在汉语的习得和使用上出现不同的人群特征。这是因为，藏语是西藏的主要交际用语，是使用得最熟练、最自然的语言，也是思维的工具。习得汉语或是使用汉语知识在于对外交往时的需要。和汉族等使用汉语的人群交往的机会越多，习得和使用汉语的需求和场合就越多，水平也就越高。汉族人口的数量，可以看作藏族居民习得和使用汉语的一个评价指标。不过，还有一个需求的主导因素，即使是在汉族人口相对较多的地区，如拉萨市，也并不是所有的藏族人都会去接触汉族人，习得和使用汉语。在与汉族人接触机会均等，和汉语接触机会均等的地方，藏族人群又有各自不同需求，各自出于生活的、工作的、兴趣的不同等缘由，与汉族或汉语进行着不同层级的接触，我们可以对此进行一个大致的划分，这样就能大致回答西藏地区习得和使用汉语的人群特征，也就是有哪些人在习得和使用汉语。根据周炜博士调查西藏城镇居民以藏语文为主的语言使用和语言能力时的人群划分，结合汉语在西藏地区习得和使用上的特点以及我们在西藏以汉语习得和使用为主题的调查情况，对西藏汉语习得和使用的人群进行归类和分析。[①]

（一）农村居民

我们这里所说的农村居民，指长年生活在西藏农区或牧区除小学教学点学生的所有藏族居民，也不包括原在西藏农牧区的外出流动人员（他们以特有的方式习得和使用汉语，但不在西藏的农村使用，下文会论及他们的情况）。西藏农牧区的人口中极少有其他的民族，可以说是纯粹的藏族生活和居住的地方。西藏农牧区的人口约是西藏总人口的80%，其中又有75%从事农牧业生产，和外界的联系很少，是一个相对封闭的纯藏族地区，也是一个基本使用藏语的地区（小学教学点或村镇的完全小学课堂上使用汉语是例外，我们将在其他的人群

① 本文的数据、资料除注明外，均来自在西藏相关区域的实际调查。

类别里阐释)。这是我们在调查中看到的实际情况。我们认为，西藏农村是一个基本没有汉语习得和使用的地区，没有藏族和汉族人际上的交往，也没有汉语和藏语接触的主观和客观条件。即使是学了点汉语的小学生，也只是在汉语课的课堂上有限地使用，在其他的课堂以及校园环境里，还是藏语的氛围，听不到也见不到使用汉语的教师和学生。

我们在下面即将谈到的农村小学汉语习得和使用状况的分析里，将专门把它作为一个对象来分析。农村小学师生习得和使用汉语的情况不在西藏社会语言使用的范围内，教汉语的老师基本上也都是藏族。西藏中学以上的学校设在城镇，那里的语言习得和使用的局面和农村的区别很大。

因此，汉语的习得和使用只是在占藏族人口约20%的西藏城镇居民中间，在这20%生活在城镇的藏族中，也只有约30%的城镇居民，能够有较多的和汉族交往的机会，拥有较多的习得和使用汉语的可能，较为熟练地掌握和使用汉语。这30%的西藏城镇居民其实又是以藏语为母语的，是能够熟练使用藏语和汉语两种语言的双语人，藏语是他们使用的最为熟练的语言，是思维和交际的主要工具。汉语在西藏的城镇，只是在某种场合下，对藏语使用上的一种补充，是藏民族扩大对外交往、满足一部分藏族人交际交流的需要。

西藏农村地区的汉语习得和使用的这一状况，说明藏语能完全满足农村藏族居民，也能完全满足城镇藏族居民间交际的需要，具有极强的生命力和活力。藏语在西藏居民的当今生活和未来发展中，起着越来越重要的作用，也说明藏语在西藏的社会发展中，得到了不断的发展和完善，有着不断加强的承载藏族文化发展和社会发展的巨大潜力。

当然，西藏的农牧区要在各方面得到进一步发展，汉语的习得和使用也是十分必要的。当前，西藏农村的语言使用格局与城镇比较起来，有它的特殊性。西藏农村在自然、资源、经济、人际、教育、文化等方面的差距都制约了语言习得和使用能力的扩展和加强。如上所述，西藏农村居民在主观上是希望习得和使用汉语的，普遍认为汉语的习得和使用在西藏的社会发展中有着十分重要的意义，希望自己的子女成为汉藏语兼通人才的达到了95%左右。

不同语言的互动是促使语言发生变化的重要原因，而不同语言的互动又是通过不同民族的成员的语言接触来完成的。[①] 我们可以从客观的藏汉民族的接触状况上，寻找到汉语的习得和使用在西藏农村几乎为零的原因。

西藏处在我国的西南边陲，面积很大，有120多万平方公里，人口却只有200多万，每平方公里只有约两个人，并且大多分布在以拉萨为中心的“一江两河”和以昌都为中心的“三江流域”一带，辽阔的藏北高原很少有人居住。西藏有约半数的面积是荒漠、裸露石山和永久性冰雪地带，目前的生产力水平还无法利用。西藏86%以上的面积在海拔4000米以上，海拔4000米以下的面积只有14%左右，地势高亢，空气稀薄缺氧，气候寒冷干燥，作物生长困难，以牧业为主的经济十分脆弱。社会经济发展缓慢，市场化程度低，处于十分封闭的自给自足的经济形态，靠天种地、放牧。加上农牧民的思想观念比较陈旧，城市化水平低，社会各方面的基础条件差，导致大量的剩余劳动力滞留在农牧区，没有吸纳外来人口的能力。近年来，西藏农牧区的人口持续增长，年增长率在2%以上，高于全国的人口年均增长率。据2000年人口普查统计，农牧区15岁及15岁以上的人口中，文盲比例高达54.24%，未上过学的农牧区人口占了52.96% 小学文化程度的居民就占了34.58%。[②] 西藏农牧区的教育水平低，人口的科技文化素质低，经济发展落后，人们的生活还不富裕。因此，农牧区的居民自身缺少和外界交往的能力，他们使用的基本上是靠自然习得的藏语，形成整个西藏农牧区语言习得和使用上的单一藏语局面。西藏农村地区的汉语习得和使用状况的改善，需要当地社会经济的进一步发展。

---

① 周炜：《西藏的语言与社会》，第64页，北京：中国藏学出版社，2003年。

② 德吉：《略谈西藏经济社会的可持续发展》，《西藏大学学报》，2004年第4期。

从目前看，寄希望于现在在读的小学生们。如果从藏汉民族交往的未来发展上看，西藏农村地区汉语习得和使用局面在一个相当长的时期里，不会得到改变。

我们知道，历史发展至今，总有为数不等的汉族等其他民族的人口进入西藏，包括驻边、援藏、经贸等不同方式。但是由于西藏地处高原，空气稀薄，交通不便，自然条件和语言、宗教、文化、生活习俗和其他省区有很大差别，经济相对落后，西藏的人口迁移较少，主要以西藏区内的人口迁移为主，从其他省区迁入西藏的人口并不多。西藏区内的人口迁移不会带来语言使用上的根本变化，不存在汉藏语言的接触。其他省区迁入的以汉族为主的人口又基本上分布在城镇。即使是进藏旅游的外来人口也主要是在城镇地区，去偏远落后的农村地区的游客极少。所以，西藏农村的语言使用格局始终没有变化，藏语是农村地区唯一的交际工具。

（二）城镇居民

西藏自治区现有 6 个地区、1 个地级市、1 个县级市和 71 个县。其中拉萨市有 7 个县和 1 个县级城关区；昌都地区辖有 11 个县，行署设在昌都县；山南地区辖 12 个县，行署设在乃东县泽当镇；日喀则地区辖 17 个县和 1 个县级市，行署设在日喀则市；那曲地区辖 10 个县和 1 个特别区，行署设在那曲县；阿里地区辖 7 个县，行署设在狮泉河镇；林芝地区辖 7 个县，行署设在八一镇。自治区首府设在拉萨市，是西藏政治、经济、文化中心。

我们所关注的西藏城镇居民，主要指的是自治区首府拉萨市及其所属的各县、镇机关所在地的居民；西藏各地区行署及其所属县、镇机关所在地的居民。从西藏全区来看，拉萨是整个自治区的核心，那曲地区和日喀则地区在拉萨的西部，阿里则在西藏的最西部，拉萨的东部和南部有林芝和山南地区，昌都则处于西藏的东北部边远地区。西藏的汉族人口不到 16 万，其中有一半以上居住在拉萨市，居住在拉萨市城关区的又占了拉萨市汉族人口的 95% 以上。以拉萨市为中心，西藏其他地区行署、县、镇所在地的汉族人口，随着地理位置的偏远而递减。我们在调查中发现，在林芝、那曲、日喀则、山南地区和与拉萨市较为接近的地方，汉族人口较多，主要是从事餐饮、运输等服务行业，机关、学校等事业单位也有少量的汉族人口。与拉萨市的距离越来越远，汉族人口就越来越少。即使同属拉萨市，离城关区越近，汉族人口就越多，汉语的习得和使用就多些。这一方面是自然条件的原因，也与当地社会经济的状况包括藏族语言文化上的单一局面有关。到了阿里、昌都这些最偏远的地区，汉族的人口就极少了，自然和经济的条件也越来越艰苦，在当地小城镇的语言使用里，汉语的成分日渐消失。西藏的汉族人口是随着行政机关所在的城镇而集中居住的，主要在拉萨城关区和 6 个地区行署所在的城镇。自然，藏族和汉族在语言上的接触也主要在这些地方的城镇里。在西藏边境地区的部分城镇，人们的语言习得和使用情况要更为复杂些，这主要是为了边境市场贸易中与持不同语言的人交往的需要。一般来说，随着交往对象的变化，人们会使用对方最为熟悉的语言，而市场中的其他各民族，也会说一些简单的藏语或汉语。可见，边境城镇的藏族居民习得和使用的语言较为复杂，有些从业人员同时会说一些汉语和英语。这是西藏汉语习得和使用的特殊情况，在习得和使用的途径一节，我们会谈到这种情况。从汉语习得和使用的人群角度来看，代表性不强。

依据对西藏不同城镇地理和人口的相关分析，我们将拉萨市作为调查和研究的对象。无论是社会经济状况，还是当地的汉族人口数量，拉萨市都具有相当的代表性。拉萨市汉语习得和使用的局面，与拉萨市汉族人口迁入规模最大有关，语言接触的首要条件是人群的接触。拉萨市有关汉语习得和使用的诸多特点代表着西藏汉语习得和使用的未来发展方向。拉萨市习得和使用汉语的人群可作以下的分类：

1. 干部职工

干部职工是指生活在西藏各城镇的机关、企业、事业单位的职工。西藏的城镇从拉萨市向各地区行署所在地、县和各乡镇的机关所在地在城镇的规模上不断缩小，人口上也不断减少，城镇的各项事业的发展程度一般来说也随之减低，当地所居住的汉族人口的分布状况也是同样的情况。当然，某个地方的发展规模可能会比大一级的城镇发展得快些，但总的来说，拉萨市是城市规模最大、人口最多、发展程度最高的。拉萨市干部职工习得和使用汉语的水平在总体上也应该是最高的。干部职工在城镇居民里，是习得和使用汉语较大的人群。依据我们对西藏大学、《西藏日报》、西藏藏医学院、人民医院、西藏社科院、自治区广播电台、电视台、自治区编译局、自治区教育厅、西藏人民出版社、新华书店等单位的走访和调查，他们当中大多数人（90%以上）能够不同程度地使用汉语，在交际中能够根据交谈对象使用的藏语或汉语的不同而选择和对方一致的语言。这就是说，在我们所随机调查的对象中，几乎所有的干部职工都能讲汉语。周炜博士的结论是，有92%的干部职工能够熟练地使用汉藏双语。[①] 他们在语音上均显示出受藏语母语语音影响的特点（本文将在后面的章节里对汉藏语言接触中的语音特点作出对比分析）。干部职工使用汉语的水平也并不是完全相同的。根据调查的数据显示，文化程度越高，汉语习得和使用的水平就越高。因为，不同教育程度的干部职工，熟练使用汉语的人数的比例不太一样。如大学文化程度者中几乎人人都能熟练地讲汉语，并且大多不是拉萨本地人（约70%）；中专文化程度的干部职工使用汉语的水平要略低一些（10%左右），他们大多是拉萨本地人。这表明，教育程度的高低对于干部职工的汉语习得和使用是有影响的，非本地人与本地人比较起来，汉语习得和使用的水平要高些。如前所示，在拉萨的干部职工中，从外地来拉萨的职工（包括从西藏其他地区来的藏族人）与拉萨当地的职工比较起来，习得和使用汉语的水平要高些。我们认为，这和他们在当地使用母方言的机会受限制有关。他们在几乎所有的场合下都得使用汉语普通话来交流，因为拉萨当地的居民大多数听不懂他们的母方言，如拉萨话以外的其他方言（包括藏语的或汉语的），普通话是他们与拉萨本地居民交流的

① 周炜：《西藏的语言与社会》，第185页，北京：中国藏学出版社，2003年。

重要工具。拉萨本地的职工则不同，他们使用拉萨话的机会很多，只要他们的交谈对象是拉萨人，或基本能听懂拉萨话的藏族，他们必然会使用拉萨话来交谈。这是一般的情况，也有个别高手，拉萨话地道，汉语普通话说得也十分标准，如拉萨本地的广播电视播音员，大学或研究机构的少数高级知识分子。当然，我们也注意到，这个看法和周炜博士的判断不太一样，他认为，城市因素对双语的熟练程度的影响不如文化教育的影响大。[①] 他的这一观点，我们认为可以做这样的解释：教育对于人们的第二语言的习得和使用有着大于城镇等地缘因素的影响，也就是说，某个人是不是拉萨人，和他能否熟练地习得和使用汉语没有必然的关系，但必然和他所接受教育的程度成正比；但在同样的教育程度上，比如拉萨这样的城市，非拉萨人的藏族在第二语言汉语的表达水平上要略高些。在内地某个城市（北京除外），外地迁移来居住的人也往往比当地人的普通话要好些。同样，与接受的教育程度相关，在拉萨市干部职工里，男性习得和使用汉语的水平要高于女性，但使用汉语的准确程度却不如女性。也就是说，干部职工中的女性熟练使用汉语的比例要低些，但说得要更标准（这一现象需要更进一步的社会语言学调查）。

城镇如拉萨市的干部职工习得和使用汉语的水平是比较高的，其人数的比例可以说是最高的。在上文介绍过，我们对西藏汉语习得和使用的调查分析，对象是藏族，不包括以汉语为母语的汉族等其他的民族。所以，较高的习得和使用汉语的干部职工在藏族里是有代表性的一部分人。经过调查，我们觉得可以这样认为，西藏城镇的干部职工都是熟练的汉藏双语人。他们一方面是藏语习得和使用的最高水平的代表，也是藏族中汉语习得和使用最高水平的代表。他们是西藏现代化和藏民族现代化发展的主力军，也可以说是主要的依靠。正是这些熟练地掌握了汉藏双语的藏族人群引领着西藏社会发展的各项事业。他们和藏族其他群体的最主要区别，也是最更根本的区别，不是他们

① 周炜：《西藏的语言与社会》，第185页，北京：中国藏学出版社，2003年。

今天所处的较高的社会地位，也不是他们能够为西藏社会的发展所能做出贡献的大小。我们深深地感觉到，他们是藏族人群里接受教育程度最高的一部分人，因此他们具备了和其他的藏族人群不一样的和外界交往的能力和进一步接受现代化成果的能力。他们接受了更高级别的教育，获得了个人素质和事业发展的更好机会，同时也在事业的发展机会里得到了更进一步提高汉语能力的可能。汉语的习得和使用起到了至关重要的作用。语言的工具性质在这一方面尤显突出。学校教学考虑的是语言文字的实质应用性，目的是使下一代能够有效地学习最新的知识，能够有效地与他人交流。[①] 越是更高层次的教育，对汉语的要求就会越高。所以我们发现越是高级藏族知识分子，他们的汉语习得和使用的水平就越高。就这一方面而言，我们认为，教育的机会就显得十分重要。但教育的机会应该是平等的，接授高等教育的机会也应是平等的。在西藏，拥有不断提高的汉语习得使用水平，个人的发展就有了可依赖的现实基础。否则由个人构成的藏民族群体的发展以及西藏社会、经济、文化的发展就会受到极大的制约。这是我们在西藏干部职工汉语习得和使用水平调查中深有感触的方面。由于本文讨论主体的约束，藏族个体间教育机会均等，以及其中的汉语习得和使用机会的均等问题我们将另文专论。

城镇干部职工汉语习得和使用的状况，值得我们进行更多更为细致的调查和研究，它能够带给我们的思考是多方面的。比如我们可以从年龄上对干部职工进行分层，他们在汉语的习得和使用的年龄层面上的不同，能够折射出不同时代教育等方面的印记。在西藏汉语习得和使用的历史发展概况一章，我们对此作了一些探讨。相关的结论在人群这一部分的讨论中将得到进一步的呼应。城镇干部职工使用汉语的具体能力、使用的场合、在不同媒体中汉语的选择等方面，我们在其他章节作了回顾和讨论，这里不再赘述。

① 马戎：《民族社会学》，第 384 页，北京：北京大学出版社，2004 年。

2. **商贸人员**

商贸人员指的是处于流通领域的各类服务业从业人员，就是常说的生意人，服务的范围在拉萨市的城市区域范围内，比如宾馆、商场、各类门店、农贸市场、各类批发市场、公交运输、建筑等场所的从业人员，是流通环节中的具有自主经营性质的人群，不是生产和管理环节的人群，其中也包括从西藏各地来拉萨务工经商的各类暂住人群（5个月以上）。具体地说有各类商店的售货员、汽车人力车等公交司乘人员、电子工程类的技术人员、各类摊点的货主、大小饭馆酒店的经营人员等，他们主要依赖自己的经营活动来挣钱过活。

上一节里，我们认为干部职工基本上都能熟练使用汉语，是汉藏兼通的人群。商贸人员熟练使用汉语的人数不会太多。

商贸人员大多能够使用与他们所从事的工作相关的部分汉语语词，如商品的名称、价格，和顾客交谈的一些基本句子。我们的调查结论是，商贸人员都不同程度地习得和使用汉语，而且很多人是在工作的实际中习得的许多实用的汉语语句，并且随着日积月累，他们的相关汉语水平也在不断提高，有的商贸人员如售货员能说一口比较流利的汉语普通话。不过从总体上看，他们一般没有接受过较高的学校教育，在从事社会活动以前，获得的汉语基础普遍不高。说白了，是为了挣钱的需要，为了在商贸活动中和说汉语的顾客顺利地交流，在不断的积累中，不断地习得和使用着汉语。这也从一个侧面反映出西藏地区习得和使用汉语是一种实际的需要，有不以人的意志为转移的性质。他们必须在和不同的顾客的交往中，使用和适应部分顾客使用的语言。在西藏的居民构成中，藏族和汉族居多，所以，汉语的习得和使用自然是藏语外首先要选择的。有的藏族商贸人员，有和其他国家的居民交往的机会，比如在边境地区，他们中少数人能简单地说一些邻国的语言，如英语、印度语、尼泊尔语等，但一般极为简单，使用的场合也不是太多。拉萨市的商贸人员有的也能说较好的英语，但最主要的还是汉语。虽然他们使用汉语的水平不算太高，准确性也不高，但满足商贸活动中的基本的语言交流还是不成问题的。我们在八廓街一带的市场以及公交车、出租车包括鲁固、团结新村等地分布不均的各类店铺里，都能感受到这一特点。

从事商贸活动的藏族居民，一般是富余劳动力和有一技之长的居民。他们大多教育水平不高，很多甚至是没有上过几年学的居民，认不了多少汉文或藏文。但他们的拉萨话和别的藏族居民一样熟练，普通话也说得马马虎虎。所以，他们不是通过学校教育习得和使用汉语的代表，而是胡坦先生所说的所谓“自学成材”的典型。实际情况确实是这样。可以说没有人专门教他们，他们也不知道所谓的语音、词汇、语法，也谈不上一下子能说出多长和多少句的汉语，但人们基本能听懂，他们自己倒也基本满足。他们在生活里、社会中习得和使用的汉语水平在一天天提高，因为他们交往的人群每天都在变化，语言也在每天的使用里发生着不为人们察觉的变化，而他们却都能适应，每天的汉语使用中也不见有多大的困难。他们是除了熟练使用汉语的40%拉萨藏族居民以外的汉语习得和使用者的社会主体人群，人们在市场上所能听到的讲汉语的人群大多就是以这个人群为代表的。如拉三轮车的藏族车夫可能就只会说出和听懂两句话：到某某地方多少钱和钱的具体数目。我们在从布达拉宫到团结新村时就专门坐过一次三轮。那位藏族车夫始终微笑着，十分友好。我们问他这段路程需要多少钱时，他只说出两个字“十块”，很不标准，仔细分辨才能听懂。但在当时谈价钱的场合里，我和其他人一样，还是听得很明白，这也是他们觉得很满足的地方，乘客听得懂就行。我当时还跟他说了其他的一些话，他只是一直微笑、点头，我认为他没能理解我所说的。到达我们居住的接待站后，我们试着和他讨价还价，他同样只是微笑、点头，重复着一句话“十块”。这位车夫说的汉语极简单，但达到了目的，如果没有这两句话，那就没了这笔生意。这也是汉语在藏族生活中重要性的反映。

我们在和其他进藏游客的交流中，都认为拉萨的藏族司乘人员服务态度是最好的，他们会始终微笑着和你说每一句话，回答你的每一个问题。如果你在拉萨遇到的出租车是汉族人开的，情况可能就会大大的不同。我们认为这与汉语使用程度有关。

在拉萨的大街小巷，在语言的整体面貌上，我们发现很少能够听见说汉语的藏族居民，老老少少说的都是藏语。只是到了某个店铺，有交易发生时，才会听到一些简单的汉语。换言之，只是在藏族和汉族有生意上的来往时，才会有藏族使用汉语的可能，除此以外，这些市场中的藏族居民始终使用的都是藏语，或拉萨话，或日喀则话，整个是个藏语的世界，买方和卖方都是这样。在拉萨的街头巷尾，也能见到不少从其他省区来的生意人（多是四川人），他们能听懂一些简单的藏语，如卖土豆等的吆喝（这是我们住所的厨师唯一可以听懂的一句藏语），但他们不会说藏语，当他们和藏族居民有生意或生活上的来往时，都是藏族居民使用简单的汉语来沟通。在现实生活中，常用的汉语语句是比较有限的，特别是从事商贸业的藏族居民，他们说一些简单的汉语是没有问题的。在商贸这一占有拉萨主要生活空间的领域，汉语的习得和使用并没有多么大的比率，汉语实质上还只是藏语习得使用的一种有限的补充，从孩童到老人都是这样。原因很简单，在拉萨，藏族和汉族接触的机会毕竟有限，实际接触的内容更是十分简单，就是为了具体的某一件事的交谈成功。除非是接受过较高等级的教育，在普通藏族居民中，使用汉语聊天和较长时间谈话的可能还不大。在拉萨的干部职工人群中，汉藏双语的使用则确实比较普遍，而且已是比较熟练。藏族干部职工都接受过相当级别的教育，他们都能在几乎所有的场合里，包括学术报告这样的场合，熟练地用汉语来表达。但他们毕竟人数太少，是最高水平的代表，不能作为拉萨这样的城市的整体语言面貌的代表。其他人数较少、规模较小的城镇情况更是这样。

商贸人员的汉语习得使用情况，其代表的不仅仅是一类人群，而且更代表着拉萨市使用汉语进行交际和百姓生活紧密相连的大多数场合。所以，我们认为，商贸人员的汉语习得和使用还处在较低的层次，还不能认定商贸领域有成熟的双语存在。随着市场化的进一步发展，藏族受教育程度的提高，商贸领域的双语发育程度会有所提高。但在相当长的时期里，商贸领域里使用的语言将依然主要是藏语，汉语依然只是交流的一种辅助工具。根本的原因在于，藏族居民使用藏语和汉语的语言感觉不同，他们只要有可能，还是愿意选择使用藏语。另一个原因是，随着西藏社会开放程度的加大，现在商贸市场中，藏族居民人数越来越多，使用汉语的其他民族的人数不少但还是少数，这必然带来藏语使用场合的增多，而且，随着新词术语的不断使用和完善，藏语的表达功能也越来越强，降低了夹杂使用汉语的程度。我们将在后面的章节对这一点进行分析。如果我们将视线从商贸人员和干部职工这两个人群移开，去考察拉萨其他的人群，汉语的习得和使用程度就更低了。

3. 部分居民

拉萨是西藏自治区的首府，是政治、经济、文化中心。地方各级行署、县镇机关所在地的城镇虽然没有拉萨市的规模大、人口多，但也只是在发展规模上小一些而已。我们对拉萨市城区汉语习得和使用情况的调查结论，在方式和方法上也应适合于其他的城镇。但在各方面的数据上，其他城镇都要小于或落后于拉萨市。我们得出了中心城市拉萨的结论，其他小一些的城镇以及比较边远的城镇就可以适用同样的视角进行分析。

我们认为，拉萨居民，除了干部职工、商贸人员，以及我们以下要专门讨论的学生人群，还包括其他的一部分人群。他们和外界没有太多的交往，也没有明显的职业特征，如从事经营活动等。这部分人居住在城镇，和外界的交往不多或很少。他们主要的活动在家庭和居住的社区，和其他人不发生多少经济事务上的往来，交往面相对狭窄。如退休职工、家庭主妇、无业或自由职业者等等。这些藏族城镇居民，以年长者居多，也有部分其他类型的成年人，在拉萨市的数量还是比较多的。就目前的情况来看，他们主要使用藏语，交往的对象也以藏族为主。他们在交往中一般是聊天、娱乐、休闲等。他们和汉族的交往是十分零星的交往。这部分人习得和使用汉语的水平都很低。他们的家庭成员或社区的邻居都是藏族，不需要也不可能使用汉语来交流，偶尔和汉族的交流也只是只言片语。

不过，这部分人和农村的居民不同，他们虽然自己习得和使用汉语的几率极低，但他们生活在城镇，城镇的社会语言使用的氛围对他们还是有影响的，比如，他们会接触到汉语的广播、电视节目，看到汉文版的报纸、图书、杂志、广告，听到别人在用汉语进行交流等等。即使是在家庭的环境里，他们的其他家庭成员也会不同程度地使用一些汉语。所以，他们也会在环境的影响下，获得一些汉语使用的知识和技能。在大多数情况下，他们听不懂也看不懂，但他们对汉语并不十分陌生，对于汉语及其在拉萨社会生活中的作用也很清楚。我们在对这些居民的调查中发现，在他们的家庭生活场合里，如闲聊、吃饭、玩耍、做家务等，大多会有一些零星的汉语使用（不是夹杂使用汉语词），达到1% ~5% 的样子。这部分城镇居民，不是汉语习得和使用的主要参与者，但却是汉语习得和使用的见证者和支持者，他们自然地生活在程度不同的汉语习得和使用的氛围中，和谐相处，相安无事。他们自己对于汉语的习得和使用没有太大的积极性，一来可能是年轻时接受的汉语方面的影响很小，二来也确是他们没有和持汉语者交往和交流的压力和必需。汉语的习得和使用，在这时候，和藏语比较起来，就显示出地位的次要和使用的局限。藏语是所有藏族人都熟练使用的语言，像这部分与外界往来不多的人群，藏语则是他们赖以使用的唯一的语言。藏语是深入到藏族人群精神和骨髓的语言，具有民族特征和文化内涵。在西藏，藏语使用的普遍性是其他任何语言无可比拟的。

（三）学生

学生是个十分特殊的群体，学生习得和使用汉语的状况具有桥梁和纽带的作用。一方面他们是藏文化传承的寄托，同时又是藏文化发展的寄托。藏文化包含了太多和藏民族相关的方方面面的民族特性和面貌。所以，学生永远都是文化继承的主体和文化发展的希望。这里要说明的一点是，藏文化的继承和发展，仅靠藏语的习得和使用是不够的，必须拥有使藏文化和其他民族文化接触和交流的媒介，要有使藏文化紧随时代的步伐，不断发展壮大实现现代化的媒介。特别是在现代科学技术条件下，人们深深感到适应现代科学技术的发展光掌握一种语言是不够的。① 这一点，也是西藏的各个阶层都十分认可的。学生的重要性，在于他们是西藏未来发展赖以寄托的生力军，他们的个人素质和参与现代化建设的能力维系着藏民族的兴盛和发达。汉语的习得和使用是他们整体素质的一部分，也是他们成长的不可或缺的基本能力，是西藏各项事业增加科技含量，增强区域沟通能力必要的也是必需的条件。

我们这里所说的学生，指的是中小学的在校学生，也就是小学生、初中生和高中生，是一个整体的概念，包括西藏全区城镇和农村的所有中小学生。大学生不在我们这次的调研范围内。我们认为，西藏的大学生人数较少，其中属于西藏自治区本地的藏族学生只是其中的一小部分。他们中间的一部分是西藏本地的藏族学生，在汉语的习得和使用上和现在的高中生的相关特点是类似的，而且他们的语言面貌已经基本定型，他们对于汉语的进一步习得和使用，和干部职工又有相似之处。上述干部职工汉语习得和使用特点以及本节要探讨的学生的这方面特点，可以从总体上代表大学生的汉语习得和使用情况。西藏本地藏族大学生习得和使用汉语的状况也应有其自己的一些区别于其他群体的特点，比如他们会因专业学习的需要更重视理论性和技术性的汉文版书籍的阅读，他们对于难度较大、技术性较强的汉语素材的习得和使用水平要求要高，效果也会更好。不过，高中生也具有些许这样的特点，只不过层次会低一些；干部职工也会有这样的特点，层次还可能会高一些。加上这部分大学生人数确实不多。如在西藏大学，校内西藏本地的藏族学生基本都是汉藏双语人，他们的基本语言习得和使用能力是在中小学阶段形成的，已经能基本满足接受高等教育对汉语水平的需要，也只有这样他们才可能考入大学，受到较好的现代

① 马学良：《民族语文教学文集》，第 277 页，成都：四川民族出版社，1988 年。

科技、现代化理念的教育和影响。高校同样存在汉语的继续习得和使用，普遍性不强，可作为一个特例来加以研究，我们没有单独对他们进行调查和分析。处于基本积累阶段的中小学生的汉语习得和使用上的特点尤其值得关注。

中小学生正处于人生观、世界观不断发展成熟的时期，还没有完全定型。他们对周围事物的看法，包括对语言等许多问题的看法还很不成熟。所以他们对涉及语言方面的一些问题的回答也具有局限性，也就是说他们可能并不十分清楚，比较模糊。他们的看法也可能是受了周围其他人的影响而作出的。教育和引导的作用这时候就显得十分重要，其中教师的作用和教育策略的使用尤显重要。因为教育策略是指导性的条件，教师是他们最直接的环境，至少在汉语的习得和使用方面是这样。因此，在城镇，比如在拉萨，中小学生在汉语的习得和使用上就要比偏远的城镇好得多，和农村的学生们比较起来会更好。拉萨市的中小学生之所以在汉语方面好于其他的同类人群，主要在于学校教学各方面的条件优越，教育的思想观念先进，教师的素质相对要高，社会的汉语习得和使用环境要好。学校和学校之间，城镇和农村之间，确实存在着这方面的差距。我们在对拉萨市、曲水县、山南地区进行调查时，就深深地体会到这一点。在拉萨一中和一小，虽然总体上听不到说汉语的声音，但如果你和其中的任何一个学生交谈，向他提出一些相关的问题，那里的学生大多都能较轻松地做出回答，藏族老师也是这样。不过他们使用汉语的场合并不多。当我们和这些藏族老师和学生在一起的时候，学生们和我们交谈时会使用汉语，只要和其他的藏族老师和学生说话，马上就会使用藏语，尤其是学生，因为他们使用汉语虽都有了一定的基础，但水平还不是太高，彼此间使用非母语汉语的环境和氛围也还很缺乏。他们的汉语是从老师那学来的，也从日常的交流中得到一些提高。按周炜博士的结论，熟练使用汉语的达到了55%左右，这个数字是比较客观的。

总体上讲，拉萨市的中小学生在基本的语言交流上基本能够使用汉语。到了乃东中学和山南中学，情况就不太一样了。那里的中小学生，尤其是小学生，说不了几句像样的汉语，听懂的机会可能大于自己表达的机会。在老师中间，汉语的习得和使用层次也不太一致。个别的很流利，其他的就说得不太清楚。这一方面是藏语的社会环境造成的，他们使用汉语交流的场合不多，和汉族接触的机会更少，当地的汉族本来就比拉萨等大城镇少得多。校园里是没有人使用汉语的，个别有汉族老师的学校如山南中学，大多不会使用藏语，他们和藏族学生的交流仅限于汉语课或其他使用汉语的课堂，如化学、物理等，离开课堂，这种交流就几乎没了。我们从藏区使用的小学汉语文教材1—3 册里选取了 50 个常用的词语让当地四年级的学生来读，通过录音分析，发现认识率和准确率差别很大，拉萨市的小学生达到了 92% 以上，而其他城镇的小学生只有 40% 左右，到了村级的教学点，这一比例只有不到 20%，个别学校的小学生甚至只能认识其中的一两个词语。出现这种情况的原因是多方面的。可以肯定，这些小学生到了初中，在学习上会比其他城镇的学生更困难。初中的许多课程需要使用汉语来学习，即使有藏文版的相应教材，学习中对汉语的依赖也还是很大。不过也有个别情况，比如，在山南地区乃东县的果莎教学点（鱼水小学，1998 年 6 月命名），全校有三个年级 37 名学生，两个老师，师生全部是藏族。所在的果莎村也是个纯藏族的村子。这是我们所见到的条件最差的学校，是一片民居区里的几间旧房子。刚下过雨，道路和院子里满是泥水和杂草。这里没有四年级的学生，我们就试着选择了当时在午休的 11 名二年级的孩子来读词表，结果却令我们十分意外。这 11 个孩子虽然只读到二年级，但他们的识读率和准确率却高于拉萨一小以外的其他几所小学四年级的学生（当然，他们的汉语口头表达能力和其他的几个县镇小学并无不同）。后来我们在使用汉语进行的交流中了解到，达瓦卓嘎（女）和罗顿老师是夫妇俩，住在这个教学点里，他们的敬业和朴实的品格给我们留下了极其深刻的印象。为了这 37 个孩子，他们早上 6 点就要陪着来学校早读的学生，中午就和孩子们一起学习、休息，一直到晚上 9 点、10 点，大多数孩子因为家里照顾不了，全天基本上就待在学校。两位老师都是汉藏双语人，与我们的交谈十分流利。他们用汉藏双语教汉语文，数学、美术、自然等课都用藏语教。所有的课都由他们俩来教，教学的效果很好。他们还告诉我们，村子里的人大多不会说汉语，只有个别在外打过工的年轻人和上过几年学的孩子会说几句汉语。可见，偏远落后并不完全是影响学生汉语习得和使用水平的根本原因，教师各方面的素质是主要的。

我们已经谈过学生时期尤其是中小学时期汉语习得和使用的重要性。西藏城镇和农村的小学或中学之间，因为社会语言环境（主要是汉族人口的多寡、成人汉语习得和使用的水平）、学校条件（主要是师资力量等）的影响，学生群体内部会有汉语习得和使用上的差异，由中心城市向边远城镇、农村递减。小学、中学、高中三个阶段的学生都有这个特点。小学是最重要的汉语习得和使用阶段。小学阶段汉语习得和使用的状况，直接影响到初中到高中各门课程的学习，影响到汉语水平的进一步提高。学业成绩和汉语水平在初中和高中始终都是结伴而生的，两者都不可偏废。因此，人们在调查学生群体的汉语状况时，一般都是考查初、高中生的汉语能力和使用情况，如场合、观念、期待等。对于汉语的习得诸方面问题的调查研究，则主要集中在小学生这一群体。研究者对于诸如汉语习得和使用的起始年级、教学模式和使用藏语的课程的关系处理等问题的讨论都锁定在小学阶段，并且观点不一，看法各异。在下面的相关章节里，我们将展开这方面的讨论。这至少证明小学生汉语习得使用的基础性、关键性。在汉、藏语言的习得方面，对初中生，我们说的是语言的接轨，强调初中生要有适应初中汉文版课程的变化和汉语言的能力，寻找这一问题解决的根本在小学；对高中生，我们强调对他们科技素养、人文精神的培养、职业技能的获得，这时候再进行汉语的基本训练已经不可能了。没有汉语习得使用的基本能力，高中生的学习是不可想象的。人们自然还会寻找小学时期的缘由。所以，作为一个群体的划分，学生的汉语习得和使用在小学阶段至关重要。从基础方面来看，在小学阶段，汉语的习得和使用基础已经奠定或定型。后来的高一级别的学习都以此为基础，在语言上是基于小学汉语水平的进一步使用和提高，汉语的工具性更显著；在学习内容上是借助汉语提高各方面知识和能力的。所以，关注小学生这一群体的汉语习得和使用，更具有现实的指导意义。有了小学阶段的基础，才会有后来在汉语习得和使用上自我提高的可能，包括在初中和高中、大学以及在社会大环境中对汉语的进一步习得和使用。在西藏，小学阶段的汉语习得和使用水平对于大多数藏族居民来说具有类似规定性的意义。小学生习得和使用汉语的许多方面的问题，我们将在下面的相关章节展开分析。

学生作为一个尚未定型的、可塑的、充满了许多不确定因素的群体，容易接受新鲜事物的影响。这也是学生所共有的特点。他们对自己的未来都会有些许的规划或是设想。这些设想其实在很多时候是比较模糊的。比如通过他们对习得和使用汉语是为了未来的工作需要等类似问题的回答，可以得出一些具有普遍性的也是正确的结论，但他们是受了家长、教师等社会因素的影响后做出的。他们自己并没有具体的社会工作经历，不会拥有像大学生那样的参与社会实践如兼职的机会，还没有多少独立思考和创造的成分。这也是我们在讨论时，将西藏的藏族大学生从这一类人群里分离出去的原因之一。汉语的习得和使用对于他们的将来具有的重大作用毋庸置疑，他们的主要交往对象如家长、老师、同学也都这样认为，这就会对他们形成影响。他们自己也在有限范围的对社会的观察和思考中，印证和形成他们对有关汉语习得和使用问题的看法。

学生是习得和使用汉语的比较集中的群体，他们相互之间也存在着所在小集体的不同而产生的差异。如农村小学和城镇小学有差异，师资好的学校和师资差的学校之间的差异，重点班和非重点班的差异，他们所在的居住区域如八廓街和新建小区的差异等等。在汉语的习得和使用上，学生所处的外在各方面条件的影响是第一位的，也是我们需要格外关注的。假如不开设汉语课，没有家长、老师的督促，没有与汉语的接触，他们自己产生习得和使用汉语的渴望的可能性极小，尤其是小学生。没有小学、中学阶段汉语习得和使用的积累，现在西藏的人才数量和取得成就也许就会打折扣。现在西藏社会经济建设的主导人群大多得益于他们汉语习得和使用的水平。换句话说，西藏需要汉语；西藏的汉语需要小学生这个群体的习得和使用的积累。

在对上述人群的分析中，我们是依据他们的一般社会特征进行的大致划分，没有进行数字上的比较，不能将西藏所有的藏族居民都包括在内，还有一些比较特殊的居民没能概括在内，比如僧侣、外地来藏务工人员等短暂居住的藏族等。在这些不同的人群之间，我们可以发现一些相关的特征，有相同的，也有不同的。

三、汉语习得和使用人群的相关特征

现在，我们已经把西藏的藏族居民按照聚类的不同作了大致的划分，对各自的习得和使用汉语的相关状况作了分析和讨论。西藏的藏族居民作为习得和使用汉语的整体人群，从总体上来看，也可以做一些简单的粗线条的梳理，从而获得对这一大的人群的总体印象。

教育程度的高低是衡量西藏藏族居民汉语习得和使用水平的一个比较明显的特征。而教育程度的高低在目前的人群分布格局里又是这一人群处于不同社会阶层的标志之一。教育程度越高，汉语就越好。接受教育的程度，不能仅仅看教育的结果，而要分析其受教育的过程。较好的汉语水平，不是一日蹴就的。他们较好的汉语水平一般来自系统的基础阶段的教育，在小学时就有了比其他人好的汉语水平。好的汉语水平，又能够使他们获得更高级的教育，并且大多接受了高等教育，汉语的水平也在不断提高的教育过程里，不断得到提高。而那些小时候没有得到较好的教育，没有获得比较扎实的汉语基础的居民，则很难获得接受高等教育的机会，汉语的水平更是没能从中得到提高。在西藏至今的发展历程中，对于藏族本民族科技、管理等高级人才的需求一直很高，这些已有了较高的汉语水平从而受到高等教育的一部分居民就有了进入社会上层的机会，并且也由此获得事业的成功。由此可见，汉语对于藏族居民接受教育尤其是高等级的教育、提升人生的层次是有着重要的积极意义的。

汉语习得和使用水平的重要性，在干部职工人群中有着上述的比较明显的反映。然而在商贸人群里，汉语的重要性要更加的现实和直接。在经济活动中，如果没有汉语这一媒介，藏族商人只能和本民族的人打交道。如果真是这样，那就谈不上经济和贸易活动。西藏市场的商品多是从外省区引进的，即使是本民族特色的产品，也需要使用现代的科学技术，没有汉语的作用，市场规模就会停留在过去的时代。我们在上述的分析里，认为商贸人员的汉语水平要低于干部职工，但并不排除那些大的企业家、大的业主和那些有着优越经济条件的一部分人，他们凭借自己的聪明才智，在宽松的政策环境里，用自己漂亮的汉语，不断加深着自己和外界的联系，扩大着企业经营效益和规模。那些创新能力强，能主动适应现代化社会要求，积极采用新技术、新观念、新思维的农牧民，将率先治穷致富。保守和被动则难以适应。① 商贸人员正是凭借自己优秀的语言能力，立足于西藏本民族的文化基础，实现和外界的沟通合作。也正是因为汉语习得和使用水平的不断提高，本地的藏族生意人不断增加，市场份额不断加大，西藏市场中的经商者以外地人为主的局面正在发生改变。工程、电子、建筑等行业的从业人员也有了越来越多的藏族人。他们一头连着西藏，连着藏族的传统，一头连着日新月异的社会发展。我们在拉萨街头，到处可以见到藏族人自己开设的商铺、商店，如颇具特色的装饰店、甜茶馆、特产店、书店、水果摊等，生意十分红火，他们的经营对象自然是不分藏族或其他民族的。汉语的规范性在这里是次要的，主要的是基本能够使用汉语，完成市场交易。

截至今天，西藏的汉语习得和使用已经有了多年的历史，至少是和平解放以来，西藏出了不少熟练使用汉语的藏族人才。不过，个体之间的差距也是较为明显的。从区域来看，城镇好于农村，农村对于汉语习得和使用的需求在藏族个人身上不够明显，他们的生活和作业的方式和城镇很不一样；从家庭环境来看，汉语的习得和使用水平在

---

① 周炜主编：《21世纪西藏社会发展论坛》，第119页，北京：中国藏学出版社，2004年。

个体的掌握上差距大，但在实际生活中的使用则区别不大。在家庭环境里，藏族居民不分老少，基本使用的都是藏语，汉语用得很少，如果家庭成员中有汉族等只会讲汉语的成员，情况就会好一些；即使是熟练使用汉藏双语的高端人才，他们在家庭中，也只使用藏语。所以，汉语水平的高低和使用机会的多寡并无必然的联系，关键是要看与其他民族成员交往的需要，即使是和会说藏语的汉族人群交往，他们也会使用汉语。藏语一般只用于藏民族内部人群之间。一般来说，在一个家庭中，汉语水平好的多是文化程度高，和外界接触广泛的人，并且家庭的经济状况也比较好；在年龄或代际上，汉语的习得和使用也有差异。在接受教育程度和个人交往范围一定的情况下，中年人群的汉语是最好的，然后是年青的一代。从一般的生活交往来看，中年以下的人群在汉语的习得和使用上看不出太大的区别。而中年以上的人群能够熟练使用或基本使用汉语的人群数量就比较少，如爷爷奶奶。到目前为止，在我们的调查中，还没有遇到过一位。对于学生个体来说，他们的汉语水平往往与教师和家庭成员有关，教师的汉语水平越高，他们的汉语水平也会越好，家里有汉语水平高的，孩子的汉语一般也不错。学校教师和家人是学生接触最多的，受到的影响自然也很大，否则就是相反的情况。如果把家庭扩大到某个学校或地区，情况也类似，那些师资力量雄厚、社会语言环境较好的地方，汉语的习得和使用水平就会高些。在提高学生汉语习得和使用水平方面，教师的素质和相关的语言环境不容忽视。

本文不过多地涉及语言本体方面的问题，但需要提及的是，在西藏，比如拉萨市，四川人很多，所以藏族人接触到的汉族有许多是四川人，我们在调查中也有察觉。按说，四川话对当地藏族的汉语面貌是有些许影响的，但当地的藏族人说的都是受藏语不同程度影响的汉语普通话，听起来并没有四川方言的影子。

第二节　汉语习得和使用的途径

在西藏，藏族儿童首先习得的是藏语，他们发出的第一个音节就是藏语的音节。在入学前，他们已经能够熟练地使用藏语进行交流。在伦布岗村，那些还没有进入教学点上学的孩子，藏话已经说得相当的流利，和大人的交流不存在任何问题，日常生活中常用的词语和句子他们已经完全掌握。当然，这时候他们还不认识或极少认识藏文，就是还不识字，这和所有地方没入学的孩子一样。他们这时也已经使用藏语来思考问题，藏语已经成为他们思维的工具。汉语的习得和使用对他们来说，是第二语言的习得和使用，是在藏语已经熟练之后通过有意识的方式进行的。汉语的习得和使用需要借助藏语作为工具来进行。①

在讨论西藏居民汉语习得和使用途径的时候，我们站在语言习得和使用者的角度来分析。比如，教育不再作为一种途径，而是作为一种综合的现象，是作为语言习得和使用中的一种相关的影响因素而涉及的。所以，我们谈学校教学这一途径，不偏离语言习得者自身。他们是自主通过学校教学的途径来完成基础阶段的汉语习得和使用的。语言政策或教育政策是强制性的，同时也是服务性的、保证性的，但不是具体的某种途径，我们将这些方面作为汉语习得和使用的影响因素在下面的章节里讨论。

接受学校的汉语教学是习得和使用汉语的基础，也是最重要的途径。绝大多数藏族居民是通过这一途径才有汉语基础的。在学校这一途径外也还有其他的一些途径，如社交、商贸、传媒、娱乐、家庭等等。这些途径不像学校那样正规、系统、全面，但也是不少藏族居民习得和使用汉语的重要途径，也是对学校教学途径的有效补充。

---

① 在语言教学理论中，直接法认为第二语言的习得不需要母语的参与，而应通过情境的方式直接导入，并且在实验中获得成功。这样的方法在西藏显然不太现实，因为没有实施这种教学的师资和环境。西藏的汉语习得和使用不大可能离开藏语直接进行。

一、学校教学

汉语作为第二语言，在西藏的各级各类学校，目前是处于名副其实的“第二”的地位。这只是和藏语的教学在规模和使用的程度上作的一个对比，并不意味着汉语的习得和使用在西藏自治区不受重视。实际上，西藏的各级学校在保证藏语文教学的前提下，都尽了最大的努力，保证学生对汉语的习得和使用。在调查中我们得知，西藏各地的汉语文教学并不十分一致。各个学校都要开设汉语文课，进行不同形式的汉语教学，只是各个学校所处的社会环境不同，教学各方面的条件也不一样，有的发达些、先进些，有的则落后些。如拉萨市就是全西藏教学条件最好的城市，拥有较好的社会语言使用环境，拥有较好的甚至是最好的师资力量。所以全西藏的汉语教学存在着地区之间的差异。同一个城市，也会因学校条件的不同或者是班级之间因为汉语教师水平的不同，而产生不同的汉语教学方式、方法或模式。在汉语教学方面，学校之间各方面条件的差别是造成汉语习得和使用不同水平的最主要的原因。无论是使用谈话的方式还是录音测试的办法，都能表现出这种差异。那些条件比较好的学校如拉萨一小、一中，汉语水平要比处于同一城市的其他学校的学生要好。而拉萨市的学校的汉语教学则普遍要比其他地市高，尤其是比边远地区学校的汉语教学效果好。城市的发达程度会造成这一差异，城市和乡村这方面的比较更是明显。和社会语言使用的环境比较起来，学校教学的影响要大得多。这也就可以解释同在拉萨市，却会有因学校不同而出现的学生汉语水平的不同。在学校内部，汉语师资的情况又是最主要的，漂亮的房子和花园替代不了教师的关键作用。

西藏的汉语教学，有一个特别突出的特点，那就是灵活、自主。汉语教学涉及教师、教材、教法，在这几个方面，西藏并没有统一的要求和规定。各地根据自己的条件自主决定。比如，拉萨市小学使用的汉语教材是内地统编的汉语教材，和汉族学生使用的版本是一样的，进度也一样。而在其他地方，有的使用内地统编教材，有的使用的是五省区统编的藏区通用汉语教材。两种教材在难度上差异较大，不同的选择源于孩子们基础的不同。当然，使用两种不同版本汉语教材的结果，也使得孩子们之间的汉语水平的差距进一步加大。在从小学几年级开始开设汉语课上，各地方也不一致。拉萨市全市都从小学一年级开始开设汉语课，偏远地区如农牧区，师资力量好的，开设得早一些，也有开设得晚一些的，由当地的有关部门自己决定。至于如何来教孩子们学习汉语，方法上则更是五花八门，各有招数。但有一点是相同的，那就是各个地方，不管条件多么艰苦，学校都要进行汉语教学，为学生们提供汉语基础教学。在部分城市，有专门的汉族教师来教汉语，但绝大多数是由藏族老师来教，个别地方也有短期的内地来的志愿者教孩子们学汉语。有了一定的汉语基础，才会有更大的可能、更多的机会通过其他途径去提高汉语习得和使用的能力。不过，这种较为自主的汉语教学方式、地区和学校之间的不同，教育主管部门并没有一个较为详细的统计。这种教学的组织方式及其效果也需要研究者给予实际的调查、分析和评价。

西藏的汉语教学始终是和藏语的教学相联系的。西藏并没有独立意义上的汉语单语教学，因此研究者大多不单独来谈西藏的汉语教学，而是从双语教学的角度来研究。我们从汉语的角度来看看藏汉两种课程的设置状况，也就是所谓的教学模式。实际上就是两个方面，一是汉语作为一门课如何设置，二是汉语作为教学的语言如何使用。大多数的调查报告和我们自己的调查都表明，在这些方面，并没有一个统一的格式，也就是说在这两个方面和其他的方面一样是比较灵活的，原因也在于教学条件的差异，这样做也应该是实事求是的。在小学，几乎所有的学校都是将汉语作为一门课来教，其他的课都用藏语教，这些课的教材也是自编或翻译的藏文版。教师除个别是汉族外，大多是藏族（城市里的汉族班情况不同，他们与内地情况相似，不属于我们的讨论范围）。汉语作为一门课程，只使用汉语作为教学语言的较少，大多是藏汉语兼用，使用藏语作为汉语教学的辅助语言，这在农村的小学十分普遍。2004 年由人民教育出版社出版的藏区通用汉语教材，也将词语翻译成藏语供老师和学生们使用。为了能够和初中阶段使用汉语教数学接轨的问题，西藏许多地方的小学已经开始用汉语来教数学。在调查中我们发现，无论是现在的小学生，还是高一级学校的学生甚至是大学生都认为这样做会更有利于数学的学习，老师们也大多表示欢迎。这就有一个教材编写和教学语言组织的问题，难度要适中，教学使用的汉语和藏语也要有利于孩子们的理解。

小学生必须在小学阶段得到较好的汉语教学，获得较高的习得和使用汉语的水平，才能适应汉语水平相对较高的初、高中甚至是大学教学。但是，初、高中或是大学同样以各自的方式进行着对学生的汉语教学，只是少了许多基础的语言训练，更多的则是汉语的运用，包括作为阅读、写作、思维的工具。在初中和高中，汉语对于藏族的学生来说，依然是作为一门课程来学的，课程的难度和要求在小学的基础上，有了不断的提高，特别是对一些复杂问题的理解和运用能力的培养，以适应学习专业性质较强的、科技含量较高的学科需要。除此以外，在初、高中阶段，汉语适用的范围在逐步括大，其他课程使用汉文教材或使用汉语来教的比例要比小学阶段大一些。但使用汉语来教汉语以外的其他课程，同样需要使用藏语作为教学的辅助工具。由此，在整个基础教育阶段，藏语文的教学也要不断地加强。大学比如西藏大学，与其他的大学一样，实行专业分工，学生们接受不同的专业教育。由于专业的不同，汉藏语言的使用会有差别。但除了藏语文的相关专业外，几乎所有的专业都要借助汉文版的图书，使用汉语作为教学的工具，无论文、理科都是这样。接受大学教育对于汉语的要求是十分高的。西藏对于发展高等教育的要求同样越来越高。大学前的汉语教学是必须要跨越的阶梯，使年轻的一代能够拥有接受高等教育的机会。中小学教学作为藏族学生习得和使用汉语的最主要途径，对于他们离开校园，在其他的条件下通过其他途径使用和进一步提高汉语的水平，都具有奠基意义，起着启蒙的作用。对于缺乏汉语社会语境的边远地方，这一意义就更大。

二、社会交往

学校教学是汉语习得和使用的主要阵地，是藏族居民个人特别是学生提高汉语水平的主要途径。在西藏城镇，能够熟练和基本流利地使用汉语的藏族占了40%左右。这群人所拥有的汉语水平大多来自小学阶段的积累和后来的学校教学，但仅仅依靠学校教学显然是不够的。接受学校教育的时间越短，汉语的积累就越少，就越是需要通过其他途径来继续提高。西藏学校教学的发展有一个渐进的过程。对于那些上学时间不长的人来说，社会交往更是他们汉语习得和使用的最重要途径。和学校教学相比，社会交往是没有期限的，也无止境可言，更不存在所谓的难度、大纲、规定等问题。在社会交往中，人们需要什么就会主动地去学习什么。习得和使用是结伴而行的，看着无序，实际上却是新鲜和富有成效的。我们有时候无法理解那些生意人的汉语能力是如何得来的，有时也会惊叹极少数藏族知识分子等同母语的汉语程度。对于有了一定基础的藏族人来说，他们可以借助图书、资料等来提高自己，而对于那些文化水平不太高甚至文盲的人来说，他们是仅靠听觉来逐步提高自己的汉语水平的，比如那位车夫，这对于所有正在学习第二语言的人来说，都有着重要的启发意义。

我们这里所说的社会交往，指的是藏族和持汉语者的交往，实际上多是指和汉族的交往。一方面汉族人口在西藏不多，并且主要在拉萨这样的城镇，所以有和汉族接触机会的藏族人口也不多，城市优于农村，中心地区优于边远地区；另一方面，在和汉族的交往中，那些有一定汉语基础的藏族居民，会凭借其拥有的汉语基础能力，在和汉族的交往中提高汉语的习得和使用水平。所以，即使是在拥有同样社会交往环境的拉萨市，也不是所用的藏族都能够充分利用环境的优势，来提高自己的汉语水平的。其中的原因，一是交往面不同，没用太多的与汉族交往的机会，比如上述其他类型的藏族人群，二是机会多，并没有太多的个人需求的推动。可见，通过社会交往的途径习得和使用汉语的西藏居民，只是藏族人口的少数。在藏族人和藏族人的各种类型的交往中，不存在汉藏语言的接触，也就没有汉语的习得和使用。因此，在同样的客观条件下，不同的藏族居民习得第二语言的情况往往有相当大的区别，这只能说明差别的产生是由于主观条件不同；在不同的客观条件下，同一个人习得第二语言的情况也有很大差别，差别产生是由于客观条件的不同。①

但仅从有利于习得和使用第二语言的社会交往环境也就是客观条件来看，西藏，主要是在拉萨，要比内地的汉语区优越得多。汉族学生，包括从事不同社会工作的各类人群，他们多数没有第二语言使用的具体社会环境，没有和比如以英语为母语的人群交往的太多条件。即使有，也因为社会生活的需求动力不足，绝大多数是出于升学的压力来学的，实际使用的就更少见，所以第二语言的习得和使用水平要比西藏地区低得多。不要说基础如何，即使是基础较好的人比如较高级别的知识分子，绝大部分也没有通过社会交往的途径来接触第二语言的机会。藏族居民在习得第二语言方面优势特别明显。现在西藏能够熟练使用第二语言的人口比例还比较低，只有40%。但如果汉语区的十几亿人口中有这样一个熟练使用第二语言的人口比例，那将是令人振奋的，但实际上是不太可能的事情。而西藏人口中第二语言的习得和使用的水平和比例还会不断提高。这一发展趋势，无论是对于西藏社会，还是对于藏民族，意义和作用都是不可估量的。

显然，通过社会交往的途径来习得和使用汉语，干部职工和商贸人员是主体人群，在个体之间会有许多的差异，水平不同，特点也有所不同。每个人都有自己相对固定的交往范围，拥有较稳定的交往人群。对于藏族来说，影响他们汉语习得和使用水平的是那些经常往来的人群。如高级知识分子所接触到的汉族大多也是这一领域的人士。经商的藏族人习得和使用的汉语都和生意有关。工作或生活中急需掌握的汉语交往能力是他们汉语水平的主体部分。如藏族之间的交往，

① 西藏自治区藏语文工作指导委员会办公室：《区直部门和新闻、文化、科技、教育、司法、邮电等系统藏语文工作开展情况的调查报告》，见周炜、格桑坚村：《西藏的藏语文工作》，第431页，北京：中国藏学出版社，2004年。

用不着汉语，汉语的习得和使用也就没有了必要性。当然，纯粹的工作场合和生活场合有时分得不是太清楚，所以，只要存在着和汉族的社会交往，汉语习得和使用水平就会不断提高。不过，在生活中，基本的汉语能力方面他们是基本一样的。

学生除了接受学校的汉语教学，通过学校的环境来习得和使用汉语外，也会受到来自社会其他方面的影响，不过，不像干部职工那样具有显著的职业特点。他们的交往面较小，主要集中在教师、学生、同龄人和家庭成员之间。这些社会交往的影响，对他们的汉语习得和使用的影响不大，因为这些人以藏族为主，汉族及其他使用汉语的人很少或者没有。其他居民和学生的情况类似，他们没有太多和汉族人在工作和业务上的来往，汉族的朋友也极少，经常来往的主要是多年结交的藏族朋友以及邻居。他们不怎么和汉语接触，只是偶尔与汉族交往，他们属于基本不使用汉语的人。

因此，社会交往可以看作是成人以后习得和使用汉语的主要途径，藏族居民也因在社会交往中和汉族等的交往产生了习得和使用汉语的需求。只要有越来越多的与汉语接触的机会，就会有越来越多的习得和使用汉语的人群；只要有在社会交往中越来越高的习得和使用汉语的需求，就会有越来越高的汉语水平。拉萨市新华书店的图书综合楼，是西藏最大的书店，我们在和书店里的藏族人交谈时发现，收银台的员工和业务科等处室的干部，汉语使用得较熟练，如果不是他们相互之间用藏语交流，看不出他们是藏族。而书店内部负责图书上架和整理的员工，就说不了几句汉语，在忙着将新书分类的几位藏族姑娘则一句汉语也不会说。同是书店工作人员，他们就因和汉族交往程度的不同而产生汉语水平上的不同（也可能是依据汉语水平的不同所作的不同分工，那就更显示出汉语习得和使用的重要性了）。正如我们以上所论，就目前而言，能够较顺利地使用汉语交谈的多是干部职工，学生次之，年长者则基本只使用藏语。我们见到了几位藏族僧人，曾试着与他们用汉语进行交流，但他们只会使用藏语。与他们的情况不同，我们在从拉萨回北京的火车上，见到几位青海化隆县夏琼寺的本太等僧人，他们都能较好地使用汉语与我们交谈。某一类人群会有社会交往上的基本特征，但因区域等情况也有个体之间的差异。

三、大众传媒

语言在传播媒介中的具体使用，历来受到研究者的高度关注。西藏的大众媒体中使用的语言主要是藏语和汉语，这标志着汉、藏语言在西藏的使用地位。从语言习得和使用的角度看，这也为藏语和汉语的习得和使用提供了得天独厚的便利途径。

西藏的大众传媒，自其诞生之日起就是藏汉双语并用的，并且是以藏语文为主的。新闻、出版和广播电视等大众传媒语言有着极强的群众性和广泛性，对于西藏文化事业的发展和民族文化的传播，对于汉语或藏语的习得和使用都具有导向作用和促进作用，对于西藏政治、经济、社会等诸方面的作用自然也是不可替代的。

自从有了汉藏民族的交往，就有了以汉文为载体的传播媒体在西藏的出现。和平解放前的相关情况我们在历史回顾一章里已做了简要的介绍。和平解放以后，和藏文版同时出版的汉文版的杂志《新闻简讯》在西藏当地是最早的杂志，分量不是太大，后改为半月刊或月刊，刊登重要的新闻和西藏时事。同日创刊的还有使用汉、藏两种文字出版的《西藏日报》。《西藏统计年鉴》（1998）的数据显示，改革开放以来，西藏出版的报纸、杂志、图书在种类、数量上是大体均衡的，其中汉文版的杂志略多，在图书上藏文版的则要多得多。尤其是上世纪 90 年代以来，西藏出版的藏文图书日益增多，到 1995 年，藏文版的图书已经是汉文版图书的约 4 倍。西藏的广播创建于 1959 年，开始时，节目使用汉语和藏语交替轮流播出，1973 年，西藏人民广播电台改为两套，分别用汉语和藏语播出，播出的时间也延长到全天，现在的人口覆盖率达到了 80%。西藏广播信息量大、富于口语化的特点，深受当地广大居民的欢迎。西藏电视台则要晚得多，成立于 1985 年。目前总的人口覆盖率约为 50%，有线电视的人口覆盖率约为 10%。在电影电视剧方面，媒体播出的主要是将汉语版译制成藏语版的作品，尤其是农牧区，基本上藏语化了。大众传媒途径里面有一个特殊的情况，那就是，广播、电视、报纸（指《西藏日报》等机关报）是由政府组织举办的，受市场的影响相对较小，而图书、杂志和其他类型的报纸（主要是图书）则不同。它们受市场的影响大，经营的行为也会随着市场的需求有所变化，在总体数量上，使用汉语的数量和类型要比使用藏语的多。尤其是图书，书店里卖的书大多是汉文版的。这方面的调查情况我们将在下一章介绍。当然，以科普、信息为内容的科普读物，则多是汉藏文兼用，或汉藏文对照的。

所谓的大众传媒，为大众所共有，是社会中所有人共有的资源。但实际上，在西藏地区，并不是所有的人都能享受和利用这些资源。利用传媒资源，进行汉语的习得和使用也同样如此。不同的人群、不同的区域会有所不同，甚至有巨大的差别。我们来讨论一下使用汉语文传播媒介的情况。

首先，人们受制于自身的汉语习得和使用水平。汉语的现有水平不同，对公共的媒体资源的使用程度也不同，通过这一途径习得和使用汉语的途径、效果也会不同。在西藏，覆盖人口比率最大的传播方式是广播，不仅是在城镇，在较为偏僻的农村能够使用的人数也很多。广播信息量大，使用费用低廉，受时间、地点等条件的限制不大，所以使用这一途径了解时事、增长见识的藏族居民还是非常普遍的。不过也有一些不同。上面我们已经谈到，在西藏，广大的农村居民收听的主要是藏语广播，达到85%，农村地区的人口又占西藏地区藏族人口的85%，个人拥有收音机的人数也在70%以上。所以使用广播（指汉语广播）来习得和使用汉语的人数并不多。即使是在拉萨市，收听广播（包括藏语广播和汉语广播）的人也主要是在一些公共场合，比如乘车等不便使用其他途径的地方，所占比例约为20%。在条件允许和可能的地方，人们还是倾向于选择使用其他的传媒途径。其他的传媒方式因为条件等的制约，并不是所有的人都能够使用的，最主要的是经济条件的制约和技术力量的制约。调查表明，在城镇，使用汉语版电视、报纸、图书的人较多，约占到了70%。在农村地区，电视的覆盖面小，能够使用闭路电视的很少，只是在靠近城镇的地方才有，家庭拥有电视的比例也只占约2%。农村地区的人口在汉语方面的基础偏低，基本上还属于单语人口，所以汉文版的图书、杂志、报纸在当地很少有人看。即使是他们拥有电视，用上闭路系统，也不会选择汉语节目，他们只懂藏语，是藏语的单语人群。农村人口对于现代传媒使用的机会和水平极低，同时也制约了他们接受现代化知识和技术，生活方式和思想意识比较封闭，即使是本民族的语言文化的素养也偏低。他们在主观上对于汉语习得和使用的强烈渴望和现实条件的可能存在极大的差距，这尤其对于孩子和未来的一代人影响更加深刻。总而言之，在农村地区，藏族居民通过传媒的途径习得和使用汉语，主要依赖于广播，但收听汉语广播的人数不足农村人口的10%。在西藏的广大农村，是一个基本上没有汉语的使用、也没有汉语传播的藏语区。

在城镇地区，使用传媒工具的条件要好得多，能收听到广播，看到丰富的西藏地区的藏语、汉语节目，并可以通过闭路系统，收看和收听到中央和全国各地的广播、电视节目，《西藏日报》《西藏科技报》《西藏青年报》《日喀则晚报》《拉萨晚报》《西藏广播电视报》《昌都报》等报纸近在手边，供应充足，书店里的图书更是十分丰富。城镇人口在选择传播媒介时，除了广播外，主要选择汉语类的传媒服务，尤其是报纸、杂志和图书这些书面媒介。显然，城镇人口在传媒服务上可选择和接受的途径很多，他们通过这些途径来习得和使用汉语的机会也就很多。他们每天都有很多机会来习得和使用汉语，加上与汉族人群的交往也比较多，所以城镇人口的汉语水平要远远高于边远地区和农村地区。上面我们已经介绍过，西藏出版的图书、杂志和报纸，提供的广播、电视服务，在使用藏语和汉语的比例上是大体均衡的。但多数能够使用这些途径的城镇居民主要选择的是汉语媒介。我们在拉萨新华书店调查时见到的也是同样的情况：藏文版的图书约有800多种，和西藏出版的汉文图书种类相当。但从书店所出售的图书的总量上看，汉文版的图书占了大多数，约占70%。这种以大众的需求来决定服务内容的场所，最能反映出当时当地的需求状况。这种较高的对于汉语媒介的需求，一方面反映了城镇居民较好的汉语水平和使用要求，另一方面也显示出通过汉语媒介所能获得的收益，其中也包括通过这些途径在汉语的习得和使用方面的水平的提高。如果从总的媒体使用特点来看，和藏语相比较，西藏居民在口语媒介上大多选择藏语，如广播电视类，在书面媒介上大多选择汉语，如图书类。至于人与人之间交往中语言的使用，要看交往的对象，这一点上文已有讨论。

四、娱乐生活

藏族是能歌善舞的民族，在许多娱乐生活、节日庆典里，都有许多不同的娱乐方式，其中最主要的是歌舞，还有其他的一些方式如藏球、藏棋等等。在藏历年、过林卡以及一些宗教节日，都有许多的娱乐活动，有些娱乐活动还要持续很多天。在节日里，人们尽情地唱歌、跳舞、玩耍。除了藏族传统的娱乐方式外，还有其他一些常见的方式，如听音乐会、踢足球、打篮球、踢毽子、游泳、爬山、远足等等，包括收听收看广播电视节目，看报纸杂志等等。不过，我们更关注的是语言类的娱乐方式。那些不需要说话如跳舞或其他很少需要说话的娱乐形式如下棋等，一般没有对第二语言太多的依赖，开口说话的机会不多。但唱歌却是语言和音乐结合的典范。歌曲中的歌词，实际上就是一首诗、一篇词，人们在咏唱歌曲的时候，自然就有一个语言使用的问题。我们就以歌曲为例来讨论这一娱乐途径汉语的习得和使用。

在西藏，小学生在选择歌曲语言的时候，主要选择藏语，而中学生及其以上的学生多选择汉语歌曲，城镇的其他居民也有这一特点，约为80%。在娱乐活动中，使用汉语方式，就意味着在活动中能够有机会提高习得和使用汉语的水平，并且一般已经有了一定的汉语基础。在农村地区，使用汉语的娱乐活动极少，因此通过娱乐活动习得和使用汉语的情况在农村地区和比较偏远的地方可以基本排除。这一使用的途径主要指的是城镇地区的居民和在校学生。

我们可以把西藏的歌曲分成两类，一是藏语歌曲，一是汉语歌曲。经过调查，我们认为，藏语歌曲，是反映藏族文化的歌曲，而汉语歌曲，则包括了汉藏民族在内的各个民族的歌曲，有纯民歌的，也有创作的艺术类歌曲。在当今传媒手段较为发达的西藏城镇以及广大的农牧区，人们不同程度地拥有接触到不同风格、不同民族歌曲的机会。深受大家喜爱的歌曲在西藏也同样受到藏族人民的欢迎。为了向全国和世界各地传播藏族文化，西藏的歌舞也在各类的文化交流中受到其他民族的赞扬和热爱。在这一传播过程中，很多藏族歌曲被翻译成了汉语或其他语言。而其他民族的歌曲被翻译成藏语的情况并不多见。对于当地的藏族居民来说，他们不仅能够唱其他民族的歌曲，也能唱翻译成汉语的藏族歌曲。在传唱这些歌曲的过程中，歌词也会为歌唱者所理解。于是，歌曲变成部分藏族居民习得和使用语言的途径之一。藏族歌曲被翻译成汉语后，经藏族及其他民族歌唱家的演唱，以其高原特有的气质和旋律，以其悠扬的曲调，为人们所喜爱、传唱。汉语在其中的桥梁作用功不可没。

藏族文化的传播和发展需要汉语，汉语在这一传播过程中，也具有精细的表达作用，能够传达出藏民族文化的内涵，所以这些翻译的作品包括经典图书同样受到藏族居民的喜爱。这些作品，既充分保持了藏民族的文化特色，又通过汉语的作用为其他各个民族所认可和接受。这也是各个民族的传统文化不断发展、实现现代化的必由之路。

五、婚姻和家庭生活

家庭也是汉语习得和使用的重要途径之一。家庭的语言使用环境对于儿童的语言习得和使用更有着不可忽视的影响，无论是藏语还是汉语都是这样。家庭中汉语的使用程度往往是家庭成员汉语使用水平的一个标志。其中主要的影响因素是人和所使用的相关语言媒介。

家庭成员的组成是从缔结婚姻开始的。对于藏族家庭来说，如果有一方是汉族，则必然存在汉、藏语言的频繁接触，藏族和汉族双方都会不同程度地受到对方的影响，从而习得和使用对方的语言。丈夫或妻子一方在和汉族一方的长期生活中，会出现一般是两种语言的使用结果：学会对方的语言，对方学会自己的语言。但丈夫或妻子在学会对方的语言后，不会忘记自己的母语，会成为地地道道的汉藏双语使用者。藏族一方在和爱人的家庭生活里，习得和使用汉语的情况也属于这一范畴。通过这一途径掌握的汉语，多以口头表达为主，以实现生活中的语言交往为主要目的。但在结婚以前两人在语言上存在巨大的障碍，互相无任何汉藏语言沟通可能的情况较少，大多是有了一定的汉语基础，在家庭生活中，包括在结婚前的相处阶段，汉语的习得和使用水平会因对方的影响有所提高，在以后的生活里会有更大的提高。这种提高，不仅体现在夫妻中的一方，同时也会给下一代带来习得和使用汉语的机会，从而有利于孩子汉语能力的自然获得。对于家庭中的老一辈来说，这种影响几乎是不存在的。在家庭的日常交流中，下一代会主动地使用年长者的语言，更何况年长者属于藏语单语人群。

在一个家庭里，如果夫妻双方均是藏族，即使其中一方或双方都是汉藏双语使用者，他们在家庭场合使用的主要还是藏语母语，汉语是对外交流时使用的。这时候，家庭范围内的习得和使用汉语的途径就得靠其他的媒介进行，比如上述的各种大众传播媒介。汉语媒介使用得多的有利于汉语的习得和使用，反之则相反。

另外，在电信业比较发达的拉萨等城镇地区，网络也是重要的传播媒介之一。不同网站的各类信息，使用许多不同的文字，有英汉版本的，也有汉藏版本的，也有英汉藏版本的，使用其他国家和民族语言的网站也大多可以查阅得到。我们在调查中发现，在拉萨，机关、学校、大的宾馆、饭店等大都有网络服务。大街上的网吧也很多。部分居民的家庭中也装有计算机和网络。拉萨市的网络使用还是比较普遍的，网络设施也很发达。不过，和其他传播媒介相比，经常使用网络的人群还比较小，并且大多是汉语比较熟练的人。网络对他们习得和使用汉语的作用，与其他的文字媒介如报纸、杂志、图书等相似。计算机和网络对于资金和技术的要求高，如果不是出于办公、商业目的，居民自己配备的情况还不多。但对于有机会使用网络的人来说，网络也是他们习得和使用汉语的途径之一。

六、不同途径的主要特点

第二语言习得理论强调语言使用环境的巨大影响。也就是说，作为语言的习得者，他们通过什么途径、在什么场合习得和使用这一语言。对于西藏的汉语习得和使用的途径，我们进行了粗略的划分和讨论。总的来看，这些途径具有以下的主要特点：

（一）藏语语境中的汉语媒介

能有和汉语媒介接触的机会，是汉语习得和使用的基本条件。这种接触可以是直接的，面对面的；也可以是间接的，如打电话、听广播、看电视等。使用汉语的媒介又可分为两种：一是使用汉语的人：汉、藏双语人（包括教师）、其他民族操汉语的人（含家庭内外各种场合可能接触到的人）；二是使用汉语的物：报纸、杂志、图书、牌匾、各类资料等等。这些汉语媒介是西藏当地居民和汉语接触的具体对象，也就是接触点。没有这些媒介，就没有物质的和现实的可能。

（二）教学或自学

教学是由教与学两方面组成的，教为学服务，学是活动的主体。教学的途径主要使用于在校的各类学生，他们在老师的指导下，获得第二语言汉语的基础知识和技能，为工作和日常交往打下汉语的基础。在西藏，教学是学生习得和使用汉语的最主要途径。在接受汉语教学的过程中，随着教学级别的不断提高，汉语习得和使用的层次和水平也随之不断提高。到了高中和大学阶段，汉语已经不再仅仅是作为一门语言课程，而是不断地成为其他课程的教材语言和教学语言，理解和表达的语言，吸收人文和科技知识的载体。成年以后，人们习得和使用汉语的途径主要依赖于语言学上所说的社会环境，通过自我学习进一步地提高和完善。既有人的因素，也有物的因素。对于那些没有机会进入学校，或没有机会进入高一级学校学习的人来说，通过社会的各个层面的交往来习得和使用汉语就成了主要途径。

（三）口语的或书面的

在西藏，汉语的习得和使用途径也具有口语和书面这两个方面的特点。通过口语的途径，习得和使用的是汉语的口头表达能力，依赖于和持汉语者的交往，在拉萨，这样的途径对于大多数人来说都是十分方便的，社会生活的许多方面都有和说汉语者交往的需要和可能，是一个比较自主的行为过程。书面的途径就是使用汉文的途径。所有使用汉文的对象都可以成为习得和使用汉语的条件。这一途径，对于提高汉文能力和汉语的书面表达能力是必不可缺的。各类图书是主要的，同时也包括日常所接触的汉文，如商标、衣服上的词句，甚至菜的名称等等。

（四）主要的或次要的

其实这里所说的途径，是指习得者个人以外的可能接触的和汉语相关的对象，与人的活动范围和区域关系很大。农村居民和汉族接触的机会很少，他们点滴习得和使用汉语的途径的是次数不多的收听广播，他们学习和阅读汉文资料的可能性不大。所以，其他的途径对于农村居民来说都是次要的，甚至没有任何意义。而对于城镇居民来说，教学以外的其他途径都是具有重要意义的，尤其是和持汉语者的社会交往的途径、广播电视的途径。他们使用教学的途径来习得汉语的可能要小得多，即使再进课堂，语言的目的也是次要的。对于那些汉语基础好，水平较高的人来说，书面的途径如各类书刊则会是主要的途径，这些人往往是极其熟练的藏汉双语人，在汉语的具体运用或创作上和汉族往往没有区别，甚至比大多数汉族人使用汉语的能力还高。对于西藏全区的学生来说，教学的途径是第一位的。他们和社会交往的不断增多，会使其他习得和使用汉语的途径日显重要。娱乐如唱汉语歌曲主要是年轻人习得和使用汉语的补充途径，婚姻和家庭的途径在藏族家庭中也为数不多，是比较少见的汉语习得和使用途径。

第三节　汉语习得和使用的水平和状况

西藏的居民中藏族占大多数，还有汉族等其他民族。西藏的非藏族人群又可分为两类：一是汉族，另一类是其他的少数民族，如门巴、珞巴、纳西等民族。汉语是汉族的母语，虽然也有少数在藏的汉族从小习得的不是汉语，而是其他少数民族的语言。西藏的汉语习得和使用研究的主要对象是藏族，对于西藏地区的汉族而言，可以基本将汉语看做是他们的第一语言，是母语，和藏族将汉语作为第二语言来习得有着本质的不同，不属于本文研究的对象。至于西藏地区的其他少数民族，他们大多从小习得的是藏语，藏语是他们的第一语言，是母语，和藏族相似，西藏地区的藏族习得和使用汉语的特点和规律同样也适合于他们。

本节对藏族居民汉语习得和使用水平和状况的分析主要针对的是语言社会方面的使用能力。语词方面的特点我们将在后面的章节里涉及。在讨论中，我们还要结合藏族居民的藏语能力，在比较中获得比较全面的认识。

一、不同人群汉语习得和使用水平分析

依据目前的研究成果和本文陈述的方便，我们将西藏的人群划分为城镇居民、学生、干部职工、农村居民几个大类。从事商贸活动的藏族在语言的使用特点上和城镇居民相近，可归为一类。本节内容的部分数据来自周炜博士1999年在拉萨市的调查①，主要见于他的专著《西藏的语言和社会》一书，其他数据来自我们2006年以来在西藏的语言调查。

① 针对西藏各类人群习得和使用汉藏语言的调查，周炜博士是第一人，他在这方面的成果具有代表性。

（一）城镇居民

相对来说，城镇居民使用汉藏语言的能力是比较高的。从藏文、汉语、汉文三者的综合平均能力来看，城镇居民三者都不会的占26%，都会一点儿的占36%，都很好的占38%。显然，藏文文盲还占有一定的比例，他们同时也不会说汉语、识汉文。不同程度地兼通藏语文的还是占了大多数的，有74%。他们首先精通藏语，然后是藏文，对汉语和汉文也有不同程度的掌握，达到了汉藏兼通的程度，虽然两种语言的熟练使用程度不一致。习得和使用是相关的，语言习得的水平制约着使用的水平，而语言的使用又会促进对语言的习得。所谓对某种语言如汉语精通与否，来自和反映着对汉语的习得和使用水平的高低。调查还显示，城镇居民在公共场所使用汉藏双语的人数占55.3%，使用藏语的占了27.45%，使用汉语的占17.4%。因此，在公共场所语言的使用上，城镇居民主要是汉藏并用，其次是藏语，最后是汉语，单独使用藏语或汉语占了44.85%。这里反映的是汉藏两种语言在公用场合使用的比较，城镇居民掌握汉语的人数要高于这个比例。城镇居民在不同的家庭场合里，60%使用藏语，38.6%使用的是汉藏双语，单独使用汉语的几乎没有，主要原因是城镇藏族居民家庭成员的母语为藏语，他们使用汉语仅限于与外界交往的部分场合。在媒体语言，如新闻、出版、影视语言的选择上，56%的家庭选择汉藏双语。只选择藏语的家庭占了27%，只选择汉语的只有17%。在媒体语言的选择上，城镇居民首先选择的还是母语藏语，选择汉语的几率不高。除了交往和特殊的需要外，藏语使用起来更觉得自然、自在。但城镇居民和汉族等其他民族接触和交往的机会在不断增加，西藏城镇如拉萨市的汉族人口也在不断增加，约80%的城镇藏族居民和汉族有着经常的交往和联系。日益频繁的交往的需要，是城镇居民习得和使用汉语的根本原因，他们中间有90%以上的人认为西藏需要习得汉语文，并有80%的人希望自己的孩子能达到汉藏兼通的程度。西藏社会经济的发展变化，需要也离不开对汉语的习得和使用，汉藏兼通是他们基本一致的共同愿望。[①]

（二）农村居民

对于农村来说，语言使用的环境不如城镇，日常交往的人群也大多是藏族，是典型的乡里乡亲，尤其是在人口流动不大，民族成分单一的过去，这种情况在全国的大部分地区基本都一样。在农村某个地方居住，习得和使用的必然是当地的方言，和本民族的外地人以及其他民族的成员交往，会有语言上不同程度的障碍。不过最近的调查显示，西藏农村的居民有约 70% 的人和汉族有过接触，一般是外出接触，本地几乎没有汉族人。这说明现在的农村已经不是过去那种过于单一和封闭的地区，至少在思想方面。农村地区的居民和城市里的居民一样，也在不断地改变着生活方式，以他们自己独有的方式加强着与其他地区和民族的交往。当然，他们和其他民族交往的程度又有不同。这一方面源于语言的使用，一方面又源于教育和原有生活方式的不同。西藏农村居民的母语为藏语，据调查，作为母语，西藏农村居民的藏语都很好，而藏文的水平很高的只有不到 40%，他们的藏文习得和使用的水平还较低，文盲还是不少的。他们中，极少的人（6%）会说点汉语，会点汉文的就更少（3%，主要是在校学生），能熟练使用汉语或汉文的一个也没有（包括在农村读小学或初中的学生）。爷爷、奶奶辈的则只会说藏话，会藏文或汉语文的几乎没有。藏文、汉语、汉文都不会的达到了 70% 以上。显然，农村居民，习得的和使用的都是藏语，藏文的水平不高，汉语文的习得和使用在这些地方还处在更低的水平。我们在调查中也发现，在西藏农村，除了学校，生活中几乎听不到汉语也看不到汉文，只是偶尔能见到几个汉字，像个别单位的牌子，有些广告用语等等。西藏农村居民在公共场所用得都是藏语，汉语只在机关、医院零星地使用（也不过是几个简单的字词），即使是在学校里，也是 100% 的使用藏语。他们在家庭成员之间使用

① 周炜：《西藏的语言与社会》，第 143 页，北京：中国藏学出版社，2003 年。

的一律是藏语，在有条件使用电视、广播、报纸、图书、电影等媒体的农村家庭里，选择藏语的也占大多数，尤其是广播语言，100%选择的是藏语节目。如果将所有农村居民使用语言的情况加在一起来看，使用藏语的家庭占到了80%以上。虽然目前西藏农村使用汉语的程度极低，但农村居民对汉语的态度却十分积极，90%以上的人认为西藏的发展需要汉语，希望自己的子女能够做到汉藏兼通。因此，目前农村居民的汉语水平和他们对汉语的需求有着极大的反差。

（三）干部职工

城镇干部职工的语言面貌已经成熟，他们的语言习得和使用在汉藏语言使用的现实状况里是具有代表性的。在干部职工人群中，又可根据不同的指标分出不同的层次和类别，如接受教育的程度、男女性别、工作的性质、习得的母方言的状况等等。也正是由于影响城镇干部职工语言习得和使用因素的复杂性，我们分析和总结城镇干部职工汉藏语言习得和使用的规律时，往往较难得出一个具有较强代表性的结论来，但较为突出的方面还是可以比较的，无论是新近的相关研究还是我们所作的具体调查，都反映出这个特点。

干部职工工作在人群相对稳定的政府机关、各类学校、企业和事业单位，也生活在和所有城镇居民大体一样的社区环境里，他们的语言习得和使用状况，和城镇的其他居民会有所不同。调查显示，事业单位职工中熟练掌握汉藏双语的人数比较多，占了约90%，不过其中的工商从业人员熟练掌握藏汉语言的只有约60%。这里又有性别上的差异。一般来说，男子的汉藏双语的熟练程度比女子的要高，大学文化程度的干部职工比中专层次的干部职工要高，平均都达到了约20%。在男女汉藏语言习得和使用的熟练程度的比较中，接受教育的程度的不同也是其中的主要原因。我们发现，在现有的社会环境里，接受教育程度的高低，是城镇居民使用汉藏语言熟练程度的主要原因，对于汉语或者藏语来说，都是这样。城市环境对语言习得和使用的影响不如教育的影响程度高。我们没能调查因接受教育程度的不同而引起的语言习得和使用上的不同带来的个人生活质量上的差别，如事业成功的程度、对外交往的能力、事业发展的前途等，不过，一般来说，接受教育的程度越高，使用汉语和藏语的水平越高，事业也越成功。几乎所有在事业上取得成功的藏族知识分子，都与汉族一样，能熟练地使用汉语，有的还能熟练地使用英语、日语或俄语等其他国家的语言。在城镇干部职工的社会用语方面，他们在和家庭相关人员的交往中使用的主要是藏语，约占95%，在社会的公共场所使用的也主要是藏语，约为80%，只是在看病的时候使用汉语的比率略高，为50%。不过他们在选择媒体语言的时候，与其他类的城镇居民一样，大多都以汉语为主，达到70%以上，汉语的习得和使用在西藏还是有着较好的社会基础和良好的社会氛围的，汉藏双语的习得和使用也同样受到城镇干部职工的欢迎（有80%以上）。

（四）学生

学生是一个十分特殊的群体，他们是开始习得和使用藏语或汉语的主要人群，是西藏地区未来语言发展的决定力量，又是未来西藏语言使用局面的主导，研究西藏语言的习得和使用，无论从哪个角度来看，学生都是不可忽视的重要部分。小学以前，儿童的语言习得和使用取决于其生活的环境，是在自然的环境里获得的。进入学校以后，社会的影响力起到了最主要的作用，社会中的不同语言影响因素，包括学校因素，深刻地塑造着自小学到高中的学习过程。在从小学到高中的学习阶段或年龄阶段，基本奠定了个人的语言面貌。

1．**小学生**

研究者对拉萨市的调查表明，小学生有95%能熟练地讲拉萨话，55%能熟练地讲汉语普通话，能熟练地使用汉藏双语的有55%。他们首先习得的是藏语，通过课堂的学习和家庭、社会等周围环境的影响，习得了汉语。掌握了第二语言汉语的小学生自然就成了双语人。占双语人口55%的小学生，随着学习的不断深入和年级的不断提高，数量会不断增加，并且是汉藏双语人群里最稳定的部分。和95%的能够熟练使用藏语的比例比较来看，藏语依然是未来也必定是孩子们最熟练的语言，藏语已经在一代又一代的小学生的语言使用中得到传承和发扬，他们既保持着传统的语言习惯，又有不少的小学生掌握了国家通用的语言汉语，这是西藏语言习得和使用等方面的发展应有的也是必然的选择。从语言的流利和准确度看，藏语的使用占了82%，汉语则只有40%（依笔者的调查反映，这个数字可能会低一些），西藏汉语的习得和使用受到藏语母语的影响很大，在基本满足交际需要的情况下，人们不再注意语音、用词和一些语法上的差别，特别是一些细微的差别。由于汉藏语言具有同源的关系，语音上的元辅音相近，所以，实际上听起来，西藏当地人如学生说的汉语比起其他内地方言区和少数民族地区的汉语使用状况相比要准确得多。但在不同的语言使用场合，汉藏语言使用的情况又有所不同，如在生活中，包括与老师、同学、家庭成员的交谈，小学生几乎（92%）使用的都是藏语而不是汉语，这个比例也说明生活里小学生交往的对象也几乎是使用藏语的藏族，交往对象如果有所变化，这个比例会小一些，那样使用汉语的水平和比例也会有所提高。要提高使用汉语的水平，显然是要在使用汉语的语境如学校等的语言环境上有所改进。比如，课堂这种语境的变化上就有所反映，藏语课上主要使用的是藏语（85%，实际上高于这个比例），汉语课和数学课上主要使用的是汉语（70%以上），在公共场所里使用汉语的比例达到约50%，这个数字和小学生的双语比例大体一致。这表明，双语人使用第二语言大多是在和其他民族交往的一些场合。在媒体语言的选择上，电视、广播、电影、图书、报纸中使用汉语的占了80%左右，当然这些媒体使用的语言客观上也多是汉语。但在歌曲的选择上，选择汉语的只有40%左右。能歌善舞的藏族儿童还是大多喜爱藏语歌曲。需要加以注意的是，小学生中有90%左右希望数学课用汉语来讲。现在拉萨市以及西藏其他大多地方从小学一年级起就鼓励并开始使用汉语讲授汉文版的数学，称为“汉数”（使用藏语讲授藏文版的称为“藏数”），我们应对此作一些调查，予以科学合理的解释。关于小学生学习汉语目的的调查主要有交往需要、工作需要、获取信息、找好工作、学校要求等几个方面，其中因学校要求而学习的有 7%，是客观的外在要求。其他各项则是个人的自主需求，共占了 93%，应适应、满足、扩大人们因个人需求而产生的习得和使用语言的渴望。

2. **初中生**

初中生的语言习得和使用能力，是在小学的基础上发展起来的，学校、人群、个人等影响语言习得和使用的因素较小学阶段发生了不小的变化。在汉藏两种语言的使用上，初中生能熟练使用汉语的只有 6%，使用得不太熟练的占了 60% 左右，和小学生相比低了许多。这和他们小学阶段的基础和各种语言影响因素有关，也和目前正在发生影响的初中学习环境密不可分。调查表明，初中生说汉语的场合减少，母语的影响增加是主要原因。他们的语言面貌已经有了稳定性的特点，周围的环境对语言的影响减小。这种自主学习语言的成分的增加，实际上有利于汉语的习得和使用。他们对于汉语习得和使用的目的的回答，表明 94% 的中学生出于自主的需要而学习汉语，他们和小学生处于同样的社会环境中，这方面是一致的。不过，初中生使用汉语的课程要比小学生多得多，课堂上运用汉语的机会要多一些。初中生和同学、老师、家庭成员交谈使用的主要还是藏语，达 95% 左右，在公共场合使用藏语的比重增加，达 70% 左右，购物时使用汉语的比例达到了 90% 以上（与市场中主要使用汉语有关）。初中生在媒体语言的选择上，与小学生比，藏语有所增加，汉语有所减少，汉藏两种语言几乎各占 50%。差别较大的是，在电视、电影、杂志方面大多选择汉语文，约占 70%，在广播语言的选择上主要是藏语，有 60% 左右。初中生希望实行汉藏双语教学的占到了 90% 左右。

3. **高中生**

高中生的语言面貌已趋于成熟，他们的语言习得和使用程度，已初具成人语言的特点。藏语依然是他们最熟练的语言，达到 95% 左右，熟练讲汉语的约有 70%，在准确度上，藏语拉萨话达到约 80%，汉语普通话则只有 30%。调查表明，他们学习汉语主要是在学校里，平时大家使用的主要是藏语，讲汉语的机会和环境很少，藏语的影响很大。他们习得和使用汉语的目的更自主，几乎都是出于交际、信息和工作的需要。高中生与老师、同学、家庭成员交谈主要使用藏语，有90%以上，公共场所使用汉语约占60%。有一点不同的是，在比较正规的场合如小组会议上，约70%的同学使用汉语。他们更多地希望课堂上使用汉语讲授，尤其是数学、物理、化学等理科，他们对媒体语言的选择更多地倾向于使用汉语，平均达到75%左右，语言选择的变化反映出他们了解外部世界的强烈渴望。高中生掌握和熟练使用汉语的人数都要比小学生和初中生多，而三者共同的特点是藏语为母语，无论是熟练的程度、准确流利的程度、使用的人数、使用的场合等都要高于汉语。汉语的习得和使用程度在西藏（包括拉萨）的中小学生中还不高。

二、西藏城镇居民和农村居民汉语习得使用水平的比较分析

如果对西藏社会从区域的分布上进行划分的话，就会分出城市和农村。目前，西藏的城市和农村在社会生活的许多方面都存在很大的差异，这些差异反映到语言的习得和使用水平上，也产生了许多方面的差别。我们通过对西藏城镇和农村在语言习得和使用水平的比较，可以反映出在社会生活方面的一些差别。这不仅可以为语言习得和使用的不同找到社会诸方面的影响因素，也可以通过语言的习得和使用这一视角为西藏城镇和农村的全面进步，缩短西藏城镇和农村的差距，寻找解决问题的办法。

在以上的阐释中，我们发现，城镇居民的汉藏语言习得和使用的水平虽然不是太高，低于学生和干部职工这两类人群，能熟练使用的只达到40%左右，但和农村地区比较起来，还是要高得多。农村地区居民能够熟练使用汉语的人数为零，略会一点汉语的也只有6%，这两者的差异可以说是极大的。从总体上看，城镇居民里还有一些习得和使用汉语的人群，而农村居民里则不存在习得和使用汉语的人群。

但这并不是说城镇居民有习得和使用汉语的需求，农村居民就没有这方面的需求。实际的情况是，无论是城镇居民还是农村居民，他们都渴望能够像使用藏语一样熟练地使用汉语，90%以上认为汉语在当地的社会经济发展中是实际和迫切的需要，在习得和使用汉藏语文方面都对自己的子女寄予了很高的期望。两类居民最大的共同点是，他们的母语都是藏语，他们在大多数的场合包括公共场合、家庭场合、社交场合等使用的都是藏语。尤其是农村居民，他们在所有的场合里，所选择的媒体语言，均是藏语。城镇居民在一些对外交往的场合如机关、公共场所、大市场、医院等地方，会不同程度地使用汉语。城镇居民在媒体语言的选择和使用上虽然主要还是藏语，但也有约30%的人选择汉语。在两类居民中，爷爷、奶奶辈人几乎都只会说藏话，藏文、汉语、汉文的习得和使用几乎为零。

造成城镇居民和农村居民在汉藏语言习得和使用上的不同有许多原因。城市比农村的教育发达，城镇居民接受的教育尤其是汉语习得的水平要比农村居民高得多，使用的水平自然也会高得多。语言的习得不仅仅依靠学校教育，人际交往也是十分重要的方面，也就是人们常说的语言使用的环境。通过与不同人的交往，特别是通过与其他民族人群的交往来习得汉语。城镇的开放程度远比农村高，人口的组成、居住的分布也呈多样化的特点。城镇居民和其他民族交往的机会比较多，他们习得和使用汉语的机会和场合也比较多，提高的相对来说要快一些。农村则是比较封闭的地区，其他民族的人口极少，从居住特点上看也是比较单一的藏族聚居地方。农村的居民和其他民族如汉族经常交往的机会几乎没有，所以缺少像城镇那样的习得汉语和使用汉语的机会。农村各方面的教育也赶不上城镇，人口在各方面的素质也要低一些。所以，无论在学校的教育上，还是社会的人际交往上，农村居民都不如城镇居民，所以他们习得和使用藏语文和汉语文的水平都很低。

三、西藏的汉语普通话水平测试情况

使用全国通用的汉语普通话水平测试手段对汉语使用水平的评价，在西藏已经起步。

普通话水平测试开始于1994年，是对我国公民汉语口语水平的测试。掌握和使用普通话，是进行现代化建设的各行各业人员，特别是播音员、节目主持人、教师、影视话剧演员以及国家机关工作人员必备的职业素质。对相关职业的从业人员进行普通话测试，实行普通话等级证书上岗制度是十分必要的。

《国家通用语言文字法》规定普通话和规范汉字是我国的通用语言文字，它的推广和使用对增强我国的民族凝聚力、增强民族交流和团结、维护国家统一、促进经济和社会发展、创建社会主义和谐社会都将发挥重要作用。西藏作为一个少数民族自治区，在做好藏语文的使用和发展的前提下，也要积极推广和使用国家通用的语言文字。不过，《国家通用语言文字法》的颁布已经有4年了，和其他省区相比，西藏在这方面的宣传和贯彻力度要小得多。自治区国家语言文字工作委员会（以下称自治区国家语委）是2005年4月由自治区人民政府批准成立的，挂靠自治区教育厅，由教育厅主持自治区国家语委办公室的工作。普通话测试的相关工作也是从2005年启动和实施的。

西藏自治区国家语委第一次会议要求①，西藏推广普通话的工作要紧紧围绕社会需求，从西藏的区情出发，遵循语言自身发展的规律，强化政府行为，以城镇为重点，以学校为基础，以党政机关为龙头，以新闻媒体为榜样，以公共行业为窗口，带动全社会的国家通用语言文字推广使用工作。教育部门和学校是推广国家通用语言文字的主阵地。除以藏语为教学语言的学校外，其他学校和教育机构都要以普通话为教学用语，以藏语言为教学用语的学校，汉语文教学也必须使用普通话，从事汉语文教学和用汉语教学的教师，普通话的水平必须达

---

① 西藏自治区国家语委办：《西藏自治区国家通用语言文字工作简报》，2005年第1期。

到国家或自治区规定的标准，持证上岗。教育行政部门要把提高学生国家通用语言文字规范意识和应用能力的要求纳入各级各类学校的培养目标和有关课程标准，纳入学校日常工作和常规管理，渗透到德育、智育、体育、美育和社会实践等教育活动中。各级党政机关以普通话和规范汉字为基本的公务用语用字。公务员在公务活动中要自觉说普通话，并不断提高普通话水平。党政机关要在推广和使用国家通用语言方面率先垂范，督促和带动全社会推广普通话和规范汉字。广播影视和报纸杂志等媒体要使用普通话和规范汉字，提倡商业、旅游、邮电、交通、民航、金融、卫生等行业以普通话为服务用语，工作人员要努力提高普通话水平。

我们在西藏自治区教育厅了解到，目前已成立了西藏自治区普通话测试中心和西藏大学、西藏民族学院、拉萨师范学校三个普通话培训测试站，以及日喀则、林芝、山南、昌都、那曲、拉萨等六地市的普通话培训和测试工作站。普通话测试的对象包括[①]：大中专院校的教师和应届毕业生；教授汉语文的中小学、幼儿园教师；用汉语进行教学的中小学教师；广播、银行、旅游、电信等窗口行业的工作人员；党政机关的工作人员；社会人员。共有国家级测试员 23 名，省级测试员 38 名。西藏第一期颁发国家普通话等级证书的普通话培训班是在拉萨师范学校举行的，共参加 180 人，其中教师 72 人，学生 108 人，有 100 人获得等级证书。[②] 到 2005 年年底，共完成了 1300 多人的普通话培训和测试任务。2005 年 7 月底，受教育部语用司委托，举办了第二期少数民族汉语教师普通话培训班。在参加培训的 80 人中，经测试，普通话水平达到一级乙等的有 10 人，二级甲等的有 39 人，二级乙等的 27 人，还有三级甲等 1 人。各地市举行了共 405 人的普通话培训测试，主要对象是中小学教师，也有部分教育行政干部。

为扩大普通话的社会影响，2005 年西藏自治区国家语委做了不少

① 西藏自治区国家语委办：《西藏自治区国家通用语言文字工作简报》，2005 年第 2 期。
② 同上。

的工作，如普通话测试员的培训、少数民族汉语课骨干教师的培训、第八届全国推普周中进行的校内外的宣传，还有和西藏的相关媒体如西藏电视台、西藏教育台、《西藏日报》、新华社西藏分社、《西藏商报》、《拉萨晚报》等进行的报道。

由于西藏的普通话测试工作刚刚开始，还没有多大的社会效应，参加测试的人员也比较少，特别是还没有结合西藏语言使用实际的比较充分的调查和研究。普通话培训和测试的理论和策略还不是太成熟，或者说普通话的相关工作在西藏只是开了个头，具体的实施方面还没有来得及充分讨论。

普通话测试的对象是那些将普通话作为职业能力一部分的人。人们参加普通话测试，主要是源于职业上对普通话水平的要求。换言之，普通话是职业用语，在一些职业中，具有一定的强制性，有相应的等级要求。人们的普通话说得怎么样，则可以通过普通话测试的等级得到较为准确的反映。在生活中，个人与其他人的交往中是否使用普通话，使用何种水平和层次的普通话，并没有任何可以制约的可能，是完全自由的。这一点在内地的各个方言区，在各个少数民族地区，都一样。人们学习和使用普通话就是为了与持不同语言或方言的人进行交流。如果不是这样，就没有学习和使用普通话的可能。但汉语在内地是人们的母语，是第一语言，而在少数民族地区如西藏地区，则是第二语言。因此，普通话测试的目的、作用、技术、过程等都应该和内地有所不同，各少数民族地区之间也应有所不同。

我们认为，西藏既然要进行普通话测试，就要讲科学性，不能照搬其他省区的做法。西藏有特殊的语言环境，需要使用普通话测试的理论，结合对西藏普通话语音的录音分析、藏汉语言在西藏的接触而产生的变异现象等问题进行科学调研，制定出符合西藏实际的测试用卷、评分标准、培训教材，对各个普通话等级的划分和评定给出可操作的规范。对于普通话测试中出现的一些涉及策略、技术的问题也应给予语言理论上的阐释和实施措施上的调整。

第四节 小结

在周炜博士看来，西藏的城镇尤其像拉萨这样的政治、经济、文化、宗教、人口、交通中心，民族语藏语和国家通用语汉语交织在一起，人们的语言使用已经处于一元和二元共存的新阶段。[①] 藏语母语的使用和汉语共同语的习得和使用共同存在于拉萨的语言生活里。在以上的分析里，我们不难看出，从西藏整个社会的角度来看，语言的习得和使用还是有区域、人群、途径、方法等方面的很大差异的，呈现出多样的也是极其复杂的特点。

在西藏各地，藏语的使用有着极其扎实和广泛的社会基础，藏语在不同代际得到传承和发展，是西藏社会各界最主要、使用场合最多的交际语言，使用的水平也是最高的。汉语在西藏的习得和使用虽然受到了各类人群的欢迎，西藏社会的进步和藏民族的发展也迫切地需要汉语，但就目前的情况来看，还不尽如人意。制约西藏汉语习得和使用水平的原因不是观念问题，而在教育的发展水平和社会语言使用环境方面。从西藏城镇和农村汉藏语言习得和使用的比较中，我们也看到了环境和教育的巨大影响。教育相对滞后，人群结构比较单一，交往比较封闭的农村地区，汉藏语言的习得和使用水平都比较低，他们在汉语、汉文的习得和使用上，更是处在零星使用的阶段。大力提高中小学教学质量，丰富和扩大汉藏民族的交往，应是解决这些问题的主要途径。

另外，汉语习得和使用在城镇内部也不尽相同，藏语母语的影响还很大。交际场合的不同也造成了个体之间习得和使用汉语水平的差异。西藏的广大居民对于使用汉藏双语既然有着极大的渴望，社会交往的变化和发展又是缓慢和长期的，教育问题应得到优先解决。

① 周炜：《西藏的语言与社会》，第 181 页，北京：中国藏学出版社，2003 年。

第五章　影响西藏汉语习得和使用的主要因素

语言是人类交际的工具，语言因为人的使用而产生和发展。人们习得和使用某种语言，如藏语和汉语，都是出于交际的需要。人是个体的人，交际中的语言个体在习得和使用语言的时候总会受到社会的以及个人的许多因素的影响，从而产生出个体之间以及群体之间语言上的诸多特点的不同。藏语是首先在西藏使用的语言，人们习得的也首先是藏语。普遍意义上的汉语的习得和使用在西藏地区出现的较晚，是在西藏社会各方面发展变化、藏民族个体及群体需求的情况下才出现的。因此，我们认为，无论是和平解放前规模很小的汉语习得和使用，还是新的时期不断受到社会和个人重视的汉语文，西藏的汉语习得和使用始终受到来自主客观许多因素的影响。这些影响因素，与过去不同，今后也会发生变化。但有一点是可以肯定的，藏语永远都是西藏最主要的语言，都是对西藏社会生活各个方面影响最大的语言，也是藏民族的文化财富和民族特色。语言的发展和使用具有独立性，吸收、借鉴、使用第二语言，并不会影响民族特色，只会提高民族发展能力和适应能力。[①] 汉语在西藏的习得和使用始终是和藏语的习得和使用结伴而行的。作为西藏地区的藏族居民，习得和使用汉语要受到许多因素的影响和制约。这些方面的因素或促进汉语的习得和使用，或起到阻碍作用。结合其他学者的研究，我们将从以下几个方面进行讨论：

---

① 戴庆厦：《语言和民族》，第66页，北京：中央民族大学出版社，1994年。

第一节　语言规划的重要影响

语言的产生和发展最终受制于社会的需要和使用语言的人的需要，有着自身的发展规律。语言不是自然现象，而是社会现象，这其中又有许多社会方面的因素。比如，在用工方面，企业要求员工熟练地使用汉语，汉语文能力不强在就业中就会不利。[①] 语言规划是国家行为，它对语言习得和使用的影响是巨大的。语言规划虽然基于翔实的使用某种语言的社会调查，但对于语言的社会地位和语言使用的格局会产生激励或制约作用。我们将在后面的章节讨论这一问题。

一、汉语在西藏语言规划中的状况

1951 年以来，西藏的语言政策有一个不断发展、不断成熟的过程。现在我们说，在西藏实行的是汉藏双语的政策，很明确，不过，在上世纪 90 年代以前，还没有这么明确的表达，只是根据实际工作、生活的需要，汉藏两种语言习得和使用的要求一直贯穿于西藏的有关法令和重要的文件中。《宪法》、西藏和平解放《十七条协议》、《民族区域自治法》、《西藏自治区学习、使用和发展藏语文的若干规定（试行）》及其实施细则等政策法规都有民族平等、语言平等，各民族自由学习、使用和发展本民族语言文字的权利的原则和规定。藏族居民，实际上是藏族的干部职工在学好藏语文的同时，习得和使用汉语。关于西藏的法律法规实际上是保障和扩大了藏语文的习得和使用，藏语在西藏的政治、经济、文化等的发展中起着越来越重要的主导作用。藏语文的习得和使用从来没有像今天这样紧跟时代的步伐，渗透进社会生活的各个方面。不仅使藏族文盲率大幅度下降，而且得益于多年来西藏的现代化发展。藏语文拓展了在许多领域的使用，如广播、电

① 吴德刚：《西藏农牧区教育综合改革——来自农牧区第一线的实践》，第 11 页，北京：中央广播电视大学出版社，2002 年。

视、报纸、商标、网络、印刷、金融、电信等等方面藏语文都是一路高歌，在当今的信息化时代大放异彩。这些在西藏过去是无法想象的。这些成就与和平解放后大力发展藏语文有关，也和汉语文在西藏的习得和使用有关，和多年来西藏科学的语言规划政策密不可分。

二、汉语在西藏语言规划中的变化和发展

上世纪60年代以前，只是提倡学习汉语，没有明确的规划要求，但西藏的干部职工对汉语的习得和使用非常认真，掌握的速度也很快，西藏各方面的工作也因此更加快捷高效。1987年，西藏自治区第四届人民代表大会通过的《西藏自治区学习、使用和发展藏语文的若干规定（试行）》中才有了较明确的汉语习得和使用的要求。[①] 如实行“以藏语文为主，藏汉并用”的方针；在校学生在学习藏语文的同时，学习汉语文，学习汉语普通话；对于能熟练使用汉藏两种语言文字的公民优先录用和晋级；为群众服务的部门以使用藏语文为主，同时使用汉语文；各个单位、团体在会议、行文中使用藏语文的同时，使用汉语文等等。这些政策都使得汉语文在西藏的习得和使用得到协调和稳定发展。西藏语言方面的规划对于汉语的习得和使用更明确的要求是在上世纪90年代，其核心是“重视藏语文教学，做到汉、藏兼通”的语言教学方针。1994年，西藏自治区六届人大通过的《西藏自治区实施〈中华人民共和国义务教育法〉办法》规定：自治区逐步完善以藏语文授课体系为主的藏汉两种教学用语体系，学校应当保证少数民族学生首先学习当地通用的民族语言文字，同时学好汉语文。学校在所有使用汉语文的场合，推广、使用全国通用的普通话和规范的文字。这是西藏自治区1993年以来最为明确的双语政策，藏语为主，汉语也要加强。1994年的西藏自治区第五次教育工作会议、中央第三次西藏工作座谈会以及1996年以后的西藏教育政策（如《西藏自治区教育事业“九五”计划和2010年发展规划》）等都对此予以了明确和强

① 周炜、格桑坚村：《西藏的藏语文工作》，第51页，北京：中国藏学出版社，2004年。

调，课时、年级、教师、教材、教学语言等都有较细致的汉语教学规定。[①] 这些有关汉语的语言政策适应了西藏社会对于汉语习得和使用的要求，从政策上保证了汉语在西藏的使用地位。西藏与汉语相关的语言政策的明确其实是和西藏社会不断提高的汉语习得和使用需求相一致的，是社会对汉语习得和使用需求的变化促成了这些政策上的变化，也是这一需求的反映。社会中的群体或个体在某一场合使用哪种语言作为交际工具，依据的是实际需要。对汉语习得和使用的需求是西藏社会综合发展的必然需求，语言政策只能对此予以引导，为它服务。对于学校里教什么语言，用什么语言教学来说，语言规划政策一旦确定，则是绝对权威、有力，有强制性、有社会导向作用的。因为政府对教育语言的决定对下一代的语言习得内容有直接的影响，而下一代习得结果反过来又影响到未来的语言地位。[②] 它涉及整个社会的语言格局，关系着下一代的语言主流。

第二节　社会、经济发展的需要和发展的程度

一、藏族居民在社会经济发展中语言需求的变化

社会对于语言的需求，说白了，就是人的群体的需求。藏民族是开放的民族，适应性和包容性极强。西藏和平解放不过几十年，从基本单一藏语的社会形态发展到今天汉藏兼通需求普遍的语言使用格局，是西藏快速发展的写照。在这一快速发展过程中，藏族和汉族的接触在不断增加，西藏的人口结构和流动也发生着变化。人的接触是语言接触的前提，由此也才会有接触中的语言的习得和使用，西藏的汉语习得和使用也是这样。我们讨论过，西藏的汉族人口主要在城镇，农牧区极少。藏汉民族的接触也就主要发生在城镇地区，城镇地区的汉

---

① 详见吴德刚主编：《西藏自治区教育法律法规选编》，西藏人民出版社，1999 年。

② 徐大明、陶红印、姚远：《当代社会语言学》，北京：中国社会科学出版社，第 214 页，1997 年。

语习得和使用的水平也远远高于农村地区。农牧民主观上是有和汉族交往、提高汉语水平渴望的，只是受到社会条件的制约。这一制约也刺激着农村居民向城镇迁移。这是西藏地区内部的迁移，是藏民族自身的迁移。随着汉藏民族间经济文化交流的增加，人口的流动也有很大的增加。据统计，西藏的汉族人口约有6%左右，不到16万人。但这些为数不多的汉族人口，主要居住在西藏的城镇，又主要居住在拉萨市，所以对于拉萨这样的城市来说，藏族居民和汉族的接触机会还是比较多的。汉族人口迁入西藏，有许多社会经济因素。随着改革开放和市场经济的发展，到拉萨投资、经商的企业和个人不断增加，市区的流动人口和暂住人口不断增多，仅1993年上半年就有外省市个体户4600多个。[①] 加上从西藏各地迁入的大量人口，拉萨市的人口数量在近年来急剧增加。城市人口的增加必然会加快西藏人口的城市化进程，其带来的不仅仅是大量的农村人口涌入城市，更主要的是工业的进步、商业的发达、产业的发展和交通的便利，标志着西藏市场经济的发展和社会文化的进步。人口的数量增加和人口成分的变化，带来人口居住格局的变化，加快了语言传播和信息传递，人与人之间的交往也越来越密切，和汉族的交往和与汉语的接触也在不断地增加。人口的流动促进城市化，城市化改变着人们的思想行为和社会观念，改变着人们对于语言的习得和使用。在拉萨市，在彼此的交往中，人们要克服藏语方言的隔阂、汉藏语言的不同，克服找工作和挣钱过程中语言的诸多不便。人们对于汉语习得和使用的需求便由此产生，并且越来越强烈。这不仅是人口流动带来的语言沟通的需要，同时也与西藏的汉语语言环境相关。语言将不仅作为民族内部思想和感情交流的工具，同时也将作为超越民族界限而与外界发生广泛联系和获得现代最新科学文化知识的必要工具。[②] 汉语是国家通用语，是全国包括西

① 格勒：《中国国情丛书——百县市经济社会调查·拉萨卷》，第50页，北京：中国大百科全书出版社，1995年。

② 周玉忠、王辉：《语言规划与语言政策：理论与国别研究》，第165页，北京：中国社会科学出版社，2004年。

藏在内的官方语言，是人们离开方言区后自主的语言选择，在习得和使用中相对简单、方便。在西藏，习得和使用汉语也具有便利、快捷、实用的性质。西藏的广大农村与城镇相比却是大相径庭。因此，人口的流动及其带来的城市化发展对于西藏汉语的习得和使用有很大的影响。

二、对汉藏民族关系的影响

在西藏社会的不断发展中，汉藏民族的关系也会对汉语的习得和使用造成影响。在汉语需求和社会作用日益高涨的今天，汉藏民族的关系也更加和谐和融洽。这种融洽的民族关系又会进一步促进西藏人口的流动和汉藏民族间的交往，从而促进汉语的习得和使用，最终是藏族居民在汉语的习得和使用中，增强人际交往能力，获得人际和经济上的诸多收益。西藏民族关系的融洽和谐，来自西藏社会的稳定，民族的团结进步，经济的持续、快速、健康发展。因此，西藏社会、经济发展的需要和发展程度，会影响到汉语在西藏的习得和使用，反过来看也一样。

第三节　教学条件

作为母语是汉语的汉族人来说，一般无法体会在西藏，在以母语为藏语的西藏地区，提高习得和使用汉语水平的困难程度。即使对那些正在学习英语等其他国家语言的学生们来说，也会有着不同的感受。因为，西藏在汉语的习得和使用上，存在着一个巨大的反差，也是长期以来没能得到解决的巨大反差：一边是对于汉语习得和使用需求的要求越来越高，另一边是十分落后的教学条件。我们认为，西藏的整体汉语水平不高，口头表达和书面表达均远远低于藏语。但西藏今天能有这样的汉语基础和为数不少的程度不一的使用汉语的人群，其功劳主要不在教学，而在语言的社会使用，来自西藏日益变化的语言环境。换言之，是人们通过自己的不断积累，在使用中，逐步习得的。

我们并不否认像拉萨这样的城市在汉语教学上所付出的努力和取得的成绩，但和其他方式相比，教学却并不是整体影响西藏汉语习得和使用的主要因素，教学对于过去的和现在的在校学生来说，尤其是基础教育阶段的中小学生来说，影响是主要的和巨大的，但却不一定是积极的。对于现在的一个能够熟练使用汉藏双语的藏族人来说，教学对他的汉语水平有很大影响，并且主要是在读中小学的时候。我们所接触到的那些汉藏兼通的藏族高级人才，一般都在基础教学阶段接受过较好的学校汉语教学，经过后来的高等教育和长期的汉语实践，才有了今天的等同于母语的熟练的汉语水平。我们这里说的教学条件，不是指硬件，不是楼房的数量、花园的鲜艳等学校的资产和景色，而主要指的是教师以及教师的教学行为、学校的组织行为。

一、汉语教学概况

在教学上，西藏地区之间、学校之间的差距很大，学生们所能利用的教学资源和所能接受的汉语教学质量差距也很大。西藏的学校教学是以藏语文为主的，汉语文的教学要根据各校的实际情况来安排，没有统一的规定，也没有统一的标准。在教师的数量、教材的使用、教法的选择、课程的安排、教学语言的选择以及考试的办法上都不一样，是以某一校或某一地区的实际情况来定的。最突出的不同是，在西藏的各个中小学，存在着教学模式的不同。不同的教学模式之间的差异是，在确保藏语文教学的前提下，通过改变汉语文的授课方式来确定。这就意味着，条件好的，汉语的教学可以加强些，条件不好的，汉语的教学可以缩小规模和要求。采用不同的教学模式，依据的是学校的不同条件。不同的教学模式下，汉语文的教学存在着极大的差距，学生们所能接受到的汉语教学也因此而不同。造成不同学校汉语教学差异的最根本原因在于学校条件的不同，也即汉语教学的师资力量不同。所以，当地所能提供的汉语教学的条件是造成学生们之间接受汉语教学不同的主要的、根本的原因。对于西藏的学校教学来说，首先确保的是藏语文这个重点，学校的一切力量都要服从和服务于这个重点。这是正确的，藏语毕竟是母语，语言的环境也主要是藏语的，同时也涉及教学质量等方面的问题。这同时也反映出藏语文在西藏教育中的重点和优先地位，反映出藏语在西藏巨大的社会功能。

二、汉语教学模式

这些模式被称为双语教学模式，没有专门的汉语教学模式，研究者也没对此总结过，不过可以分析一下其中的汉语教学成分。西藏教学的模式应划分为几个类型并不重要，重要的是实行不同教学模式造成的学校汉语教学的差异。周炜博士将西藏的双语教学类型（模式）划分为以下四类：[①]

（一）藏语文授课加汉语文双语教学类型

采取这种模式的学校，各年级的各门课程全部使用藏语文教材，使用藏语文授课，汉语文只作为一门课程学习到中学毕业。

农牧区的小学自和平解放直到现在采取的都是这一类型。城镇的小学在藏汉分班后，藏族班一直都采取这一类型。汉语作为一门课，有的从小学一年级就开设，有的从二年级开始开设，也有从四年级开始开设的。不管是农村还是城镇，汉语课开设的年级都不统一。农村地区也有早的，从一年级开始开设，城镇也有晚的，从四年级开始开设。可以肯定地说，在汉语的习得和使用上，从一年级就开始学习的学生一般要比从四年级才开始学习的学生水平高。当然，从几年级开始开设汉语文，学校一般都充分考虑了学生的接受能力。在这一点上，农村和城镇的差别并不是绝对的。总体上，城镇好于农村，但农村也有个别学校开始早，效果也比城镇好。这里说的藏汉分班，指的是，藏族学生编班一起上课，汉族学生另编班一起上课。也有藏族学生在汉族班上课的，但十分少见。这种分班的方法，照顾了学生在藏、汉语言基础上的不同，不过，在组织上，没有给学生们自由选择的机会。

① 周炜：《西藏的语言与社会》，第 375 页，北京：中国藏学出版社，2003 年。

一来有群体的意识，藏族学生一般乐于在一起上课，语言沟通（使用的是藏语）方便，文化习俗相同，这样汉语就仅仅在课堂上学习，只有那些和汉族学生有较多联系的藏族学生才有使用汉语交流的可能，但数量很少；二来也只有那些汉语较好的学生才会选择和汉族班的学生一起上课，他们也因此获得了在藏族班所没有的与汉族学生接触、使用汉语交流的机会。这些藏族学生的汉语水平提高得更快，达到和汉族小学生一样的水平。他们在小学毕业进入中学以后，在学习的接受能力上要远远高于藏族班毕业的学生，这一影响是十分深远的。可以说，他们会成为最有希望接受高等教育的学生。这样看来，入学前的汉语习得和基础就显得十分重要，可实际上在西藏的语言环境里，对于孩子们来说，这几乎是不可能的事情。他们开始第二语言的习得只能从小学开始，入学前一般没有汉语的语言环境。所以，在小学阶段，汉语文的教学还是应该尽量早一些。

这一教学模式，在 1987 年以前的中学里很少有，1988 年以后，这种教学模式在初中进行了成功的试点和推广，所占的比例也有所增加，约为 20%。这种教学模式主要在农村的小学实行，它对于汉语习得和使用的影响在于，在学校的整体教学中，汉语的比重十分小，所占的时间也很短。农村本身又缺少汉语的社会使用环境，所以造成农村小学生汉语水平普遍很低的状况。他们到了初中阶段，对于汉语的要求又比较高，学习的效果自然会因此受到很大影响。要提高西藏广大农村中小学的教学质量，必须重视提高汉语的教学质量。农村汉语的社会环境是不可能在短期内改变的，但提高那里的汉语教学水平，尽快提高中小学生，主要是小学生的汉语教学质量是可以做到的。初中以小学为基础，又是高中的基础，不能让农村的孩子们因为小学汉语学得不好，在初中阶段落得太远。这并不是所谓的民族感情和地方感情困扰的问题。[①] 在民族现代化发展的时代背景下，藏民族的团结协作和开放务实精神是有目共睹的。就当前来看，西藏当地的居民和

---

① 陈恩泉：《双语双方言与现代中国》，第 42 页，北京：北京语言大学出版社，1999 年。

广大的教育工作者为提高学生的汉语水平是尽了最大努力的。教学条件主要是师资力量是制约的关键因素，只是其改善和提高还需要相当长的时间。

（二）汉语授课加授藏语型

在这种教学类型中，各年级的各门课程全部使用汉文教材，使用汉语讲授，藏语文仅仅作为一门课程，从小学学到大学毕业。西藏中小学的汉族班大多采用的是这种类型。这种类型的教学主要针对的是汉族班。目前城镇小学属于这种类型的比较多，西藏的中学也大多属于这种类型，但 1988 年以后，这种类型的学校和班级逐年减少。内地的西藏班也属于这种类型。

西藏的中专和大学不按民族分班，教学上也属于这种类型。不过藏语文也是必须要学的。

这种类型的教学和第一类的影响作用正好相反。这种教学类型是以学生一定的汉语水平为基础而实行的，无论是小学的汉族班，还是中学及其以上的年级，学生在入学的时候都有了相当的基础。以汉语文为主的教学，能大大促进学生习得和使用汉语的速度和质量，尤其是在理科课程的学习中，意义更加重要。大学教学对于汉语的依赖是最大的。大学文理科的理论著作、各专业的教材，多以汉文为主，技术类的学科更是这样，教学语言也主要是汉语。大学的藏族教师占大多数，但他们大都是高层次的汉藏兼通人才，汉藏语言的使用几乎到了同样熟练的程度。以汉语文为主的教学类型，适用于西藏较高层次的教学，进一步巩固和提高了汉语习得和使用的水平。

（三）藏语文汉语文混用型

此类型的特点是，学校中有的课程使用藏语讲授，有的课程使用汉语讲授。藏语文和汉语文作为两门课程来学习。使用这种类型的主要是西藏的部分大学和中专的一些专业。如西藏医药学校、西藏卫生学校、西藏藏医学院、西藏大学藏语系和一些地方中师的藏语文专业，这种类型使用于一些特殊的层次较高专业的教学，汉语使用于其中的一些公共课程，西藏传统的一些专业则使用藏语讲授。这一类型的作用相当于第二类，只是对于特殊专业进行了区别对待。藏语在西藏传统专业教学中的作用是不可替代的。

（四）汉语授课藏语辅助型

此类型的主要特点是，把藏语文和汉语文作为一门单独的课程开设，其余课程都使用汉语文教材。授课以汉语为主，藏语作为辅助教学用语。这种类型和第二种教学类型相似，只是多了藏语辅助这一教学语言的使用环节。通过比较可以发现，此类型实际上是针对汉语基础不是太好的学生进入小学或中学以后顺利适应以汉语文为主的教学的一种形式。学生的汉语基础差，但又必须适应教学中对于汉语文的需要，所以使用藏语作为教学的辅助语言。部分城镇的小学和农牧区中学使用这一教学类型，在农牧区中学中占了总数的约85%。① 这种教学类型，有利于上述地区学生的汉语教学，但对于教师的汉藏语言素质有较高的要求。

三、汉语教师状况

无论采用哪种教学模式，汉语的教学最终要由教师来完成。教师直接关系着学生汉语习得和使用的前途。西藏地区的汉语教师主要由藏族教师来担任，也有少数从内地来的汉族等其他民族的教师。藏语是西藏地区的通用语言，藏语的教学以及使用藏语进行教学是西藏学校特别是小学的主体，汉语教学以及使用汉语的教学次于前者。对于占教师绝大多数的藏族教师来说，藏语是他们的母语，是最熟练的语言。汉语对于这些藏族教师来说，同样也是第二语言，极少达到藏语那样的同等熟练程度。所以，西藏的汉语教师大多需要汉语言本身的

---

① 西藏自治区教委双语教学调研组：《我区双语教学的基本现状及其对策探讨》，《西藏教育》，1999年增刊，第34页。

学习和提高，同时也需要教学理论、教学技能等方面的训练。而汉语教师的所有素质均需要以汉语的习得和使用水平为基础。教师汉语自身水平不高，就谈不上汉语教法、技能等。西藏的广大农村，包括城镇，很少有学生有学校以外的接受汉语教学的机会，所以，教师的汉语水平就至关重要，教师的汉语水平就是学生们可能学来的最高水平。教师在学生汉语习得和使用中的作用可见一斑。依据大多数调查者和我们的实地考察，内地来藏进行汉语教学的教师很少，他们几乎不懂藏语，加上西藏自然、社会的环境和文化氛围的差异所造成的影响，这些内地来的汉语教师在汉语教学的效果上其实并不理想。汉语水平很高的藏族居民大多在从事其他职业，从事汉语教学的并不多见。通过大学教育等途径培养藏族汉语教师又十分缓慢，所以提高西藏汉语教学的水平困难多、任务重，要经历相当长的历史时期。

然而西藏并没有真正意义上的汉语教师的培养或培训。汉语教师的来源是不同途径输送的双语师资。双语教师在业务上应是一个普通语言的专业课教师，在藏族班用藏语还是在汉族班用汉语应都胜任。双语教学的发展是民族发展和社会进步的反映，是人类社会教育发展的必然趋势，也是各少数民族在改革开放中从传统社会向现代社会转型的必经之路。[①] 西藏的师范学校、师资培训班、高等学校的不同专业为西藏培养双语师资的目标是既懂藏语文又懂汉语文、受过语言学基础训练的师资和语文工作者。他们是西藏基础教育、汉语教学的主要力量，为西藏的双语教育是作出了贡献的。不过，这些双语师资，从素质上看，主要是藏语的师资，是单语的师资。比如，西藏大学从1988 年起调整师范专业计划，强调培养使用藏语文师资；1993 年起，西藏每年培养的230 名各科教师也是使用藏语文教学的，过去毕业的大学毕业生则必须回西藏大学学习两年的藏语文；其他各省如辽、皖、鲁、苏、津等省区代培的师资也十分强调藏语文，重点培养的小学师

① 吴德刚：《西藏实施素质教育的实践与探索》，第263 页，北京：中央广播电视大学出版社，2003 年。

资藏语文不及格是不能毕业的。按双语师资培养的要求，这些师资应该具有运用藏汉两种语言讲授所有课程包括汉语课的基本能力和藏汉文的翻译能力。在相关要求上，对于藏语文的要求很具体，比如要有藏文写作、文字翻译和藏文阅读能力，汉族双语师资也要有藏语文的基本能力、词汇量的要求，但在汉语的知识、能力上并没有这样比较具体的要求。所以，在调查中，我们发现，西藏的汉语教师，在汉语的储备和教学上还存在很多问题，他们的主要精力还是在藏语文的相关教学上，这对于学生的汉语习得和使用会带来不利的影响。我们所见到的关于西藏双语师资的统计资料，大多是关于其他科目的，并没有专门的汉语教师的统计情况。可以说，西藏学校的汉语教学还缺少必要的管理和监督，和西藏社会对于习得和使用汉语的需求很不适应。其实，作为学生，尤其是中小学学生，他们没有其他的方式来提高自己的汉语水平，如果小学的汉语教学不受重视，质量不高，那他们的进一步学习就要受到很大的影响。初中、高中阶段的许多课程，不说学习的程度，就是勉强读下来也是十分困难的。他们在高考等考试中成绩不理想就可想而知了。西藏学生的勤奋度可能不亚于内地学生，但教学质量和汉语水平制约了他们的学习能力。当然，在规定上，对于西藏双语师资的培养是有较高要求的，但在录取的时候，往往只看重学生的藏语文成绩，汉语以及其他各科的成绩都比较低，如数学平均分为 26 分，藏语文的平均分有 70 分。[①] 双语师资班开设了大量的藏语文课程，强调了藏语文的重要性和用藏语文授课的能力，而忽视了汉语文和用汉语文授课的能力。所以大部分的汉语师资汉语水平差，用汉语授课的能力低，他们因此在教师的其他素养上也存在视野狭小，知识更新慢的问题，获取新的信息、新的相关动态以及科技知识和技能的运用等都很有限。另外由于自然环境、工资待遇等问题，双语师资的稳定性不强，地区差异大，偏远中小学甚至连一名正规的双语教

① 课题组：《我区双语师资队伍现状分析及对策》，《西藏研究》，2001 年第 4 期。

师也没有。这些没有经过教师培养或培训的教师（6000多名[①]），对汉语教学的影响却更大。这些教师虽然兢兢业业，在极其艰苦的条件下勤奋工作，但受教育的背景和汉语水平的储备不高，教育等管理机构应给他们深造提高的机会。

第四节　语言环境

在西藏，讨论语言环境，首先要说的是藏语的环境。西藏是使用藏语的地区，藏语是当地97%以上人口的母语，藏语的使用渗透到生活的每一个角落，包括外部世界和内心世界的一切领域，就像内地的汉语使用那样。西藏居民在生活中使用汉语与内地居民使用英语等语言类似。对于绝大多数的藏族人来说，他们在生活里只使用藏语。在我国，民族语言之间的社会功能大小虽然不一样，但其作用是汉语无法代替的。[②] 所以，西藏汉语习得和使用所受到的来自语言环境的影响，主要的是藏语的影响，然后才是汉语的影响，其他语言的影响则可以忽略不计。这种影响有一个发展和变化的过程，但这种语言环境的大体格局不会改变。汉语在日常生活语言环境中的影响力不可能超过藏语。因为，汉语对于当地的藏族居民来说，永远都是第二语言，其影响力是无法和藏语母语相比的。汉语在西藏需求的增加和城镇地区使用者的增多，其对于汉语的习得和使用的影响也在不断提高。当然，藏语的这种主要影响力，也和藏语本身的完善、发达有关，在西藏社会生活的一般场合，使用藏语完全可以达到交流目的。

一、单一的藏语语境

讨论西藏的语言环境，需要把藏语和汉语结合起来进行。语言环境不是一个单独的纯语言问题。所谓语言环境对汉语习得和使用的影

① 张国都：《发展与经济势态要求相适应的教育》，《西藏研究》，1994年第2期。
② 余惠邦：《双语研究》，第14页，成都：四川大学出版社，1995年。

响，其实就是使用语言的人和物的影响。人指的是接触到的使用汉语的汉族、会汉语的藏族以及其他民族，物就是静态的汉语的载体，如使用汉语的各类出版物、各类语言传播媒介。我们这里谈语言环境对在西藏习得和使用汉语的影响，就是站在习得者的角度，来看待周围的一切与语言使用相关的因素。

在西藏，学藏语的汉族极少，即使是那些因工作、研究的需要而学习藏语的汉族，也只是会简单的几句口语，不存在阅读和创作（个别专家例外，普通人做不到）。究其原因，他们接触到的只有汉语，即使是和藏族人交往，藏族人也会与他们用简单的汉语交流。如果是不懂汉语的藏族，那彼此就几乎没有语言上的来往。反过来也一样，藏族人的交往类似于在藏的只懂汉语的其他民族。他们的主要交往环境是藏族人和藏语，所以藏语对他们的影响是主要的，汉语是次要的。对于孩子们，尤其是入学前的儿童，他们接触的就是藏语，不存在汉语的影响，这并不是说孩子们的周围没有汉语的各种语言环境。在某一个特定的区域，语言环境对于所有人都是一样的。语言环境对于某个人或某群人的影响，还要看习得者自身的状况，如基础、需求等等。对于孩子们来说，他们所拥有的语言基础，使用语言的需要只在藏语。原因很简单，与他们说话的人尤其是家庭成员使用的就是藏语，他们只可能获得藏语对他们的影响，其他的语言如汉语及其语言环境包括说汉语的人几乎不存在对他们的影响。这是一般的情况。从社会总的语言环境来看，需要作不同的比较和分析。

二、汉语语境的产生和增加

西藏和祖国内地的交往由来已久，政治的、经济的、文化的等等都有，但语言的大环境，直到今天，也没有多大的改变，即使是今天西藏会汉语的人多了，使用汉语的场合多了，社会生活也更加丰富多样了，还是藏语的环境。西藏的语言环境里，汉语的成分在增加，但藏语同时也在与时俱进，影响力远远高于过去。上世纪 50 年代以前，西藏的文化和教育在语言的使用上，一直都是单一的藏语，形成藏语的传统和西藏语言文化上的本质的规定性和适应性。以上的分析也都表明，这个特点至今也没有改变，未来也不会改变。汉语在西藏语言环境中的增加，除了政策的因素外，最主要的还是藏民族自身的需求。如果以现在的藏语和过去的藏语相比较，就会发现，藏语文本身也在西藏的现代化进程中实现着现代化。相比起来，藏语所能涉及的社会生活领域有许多是和汉语基本一样的，有着极大的生命力和辐射作用。如新闻出版、广播影视、计算机和信息处理、公文和会议、产业和市场、宗教生活、文化艺术、医疗卫生、教育科普等等。这一切都表明，对于藏族来说，藏语的环境对于语言的习得和使用的影响是主要的。

在西藏现代化发展过程中，西藏的其他民族人口日益增多，使用汉语的人越来越多。西藏的下一代接受高等级教育和发展西藏科技的要求，西藏社会和文化全面进步和现代化的要求，使得汉语的习得和使用在西藏地区日益升温，汉语在西藏的重要性也被更多的藏族居民所认可，西藏的语言政策对汉语的全国通用语言的地位和在西藏的学习和使用要求有了明确的规定，汉语在西藏语言环境中的分量也在加大，这对于西藏汉语的习得和使用无疑是有利的。上述藏语在现代社会生活中所使用的各个领域，汉语也同样存在，那么，汉语的影响也同样存在，其作用的大小，就要看使用者的选择了。

语言是社会现象，语言环境也是社会现象。语言环境在本质上也是由人自己创造的，是使用语言的人或人群创造的。西藏的语言环境也是如此。人们创造着西藏总的语言环境，同时又深刻地接受着语言环境对每个人的影响。语言环境在某种程度上具有强制性。西藏的语言环境在总的格局上是汉藏两种语言共同构成的，人们必然要接受这两种语言的共同影响，只不过在具体的影响程度上存在人与人之间的不同。人们对于西藏语言环境中的汉、藏语言的成分也有一些不同的看法。这些不同的看法同样会影响到对语言环境的利用。

三、藏语语境的未来地位及其影响

语言的社会功能有多类型、多层次的特点，每个民族语言和文字的生命力及其作用不可能千篇一律。即使是同一民族内部，由于方言的差别、居住区域的差异、周围使用语言环境的不同，表现形式、发展趋势和语言的社会功能的增长与萎缩会不一样……我们要客观地认识这一现象。[①] 我们认为，在西藏的语言环境中，藏语的影响在今天和未来都是主要的，特别是和平解放以来，藏语文的发展始终和社会的发展同步。西藏还比较落后，这里面的原因十分复杂和特殊，西藏自然的、人文的环境都给西藏社会各项事业的发展留下深深的烙印。和全国乃至世界各地都一样，科教兴藏是一个必然的过程，西藏社会、文化的发展亦如此。藏汉双语的协调、发展和融合是必然的潮流。在西藏，则主要是藏语对于汉语的吸收和借鉴，从而丰富藏语文的现代内涵。人们自然会想到，汉语在西藏的影响越来越大，那么藏语会怎样？这对于西藏的语言环境会带来怎样的影响？藏语文自上世纪 80 年代以来，在学习、使用、发展的程度上已经取得了巨大的成就。改革开放以来，藏语文在传播现代科技知识方面，已经创制了大量的新词术语，《藏汉对照辞典》（民族出版社，1991 年）就收集了 8 万条新词术语，政府有专门的机构负责新词术语的创制、审定和刊行传播。数学、物理、化学、法律、生理、卫生、历史、地理、医学、政治、经济等领域的专业术语词汇陆续出版。西藏还录制和出版了农牧业科学技术方面的资料和配套的汉藏对照读物。有关这方面，要补充的是四省藏区在藏语的新词术语的创制、颁布方面也做了大量的工作。青海正着手编撰自然科学术语的系列词典，包括计算机、化学、药物、地理学、经济学、数学、物理、现代科技管理等专业。1995 年我国成立“藏语术语标准化工作委员会”，开始制定确立藏语术语的一般原则和方法，开始筹建藏语术语数据库。藏语术语的丰富和发展程度是西藏科技发展水平的标志。现代社会的发展日新月异，没有一种语言能够完全满足使用的需要，都有一个不断吸收、更新、发展的需要和过程，从而获得语言的持久生命力。语言要能够满足使用语言的人的各种需

① 余惠邦：《双语研究》，第 14 页，成都：四川大学出版社，1995 年。

要才会得到充分地使用，也才会具有强大的影响力。但藏语文的更新和发展必须依赖于使用者的努力才行，否则就会慢慢地降低在语言环境中的影响力，从人们的语言使用场合里不断淡出（这是语言濒危的主要原因）。人们扩大语言使用范围和能力的努力是有限的，也有一个语言经济适用的原则。① 新词术语能否为藏族语言使用者所接受和使用，取决于术语的复杂程度、术语在使用场合中出现的频率和信息量的大小、人们的使用习惯以及记忆的能力等等。因此，我们所看到的新词术语的大量涌现和这些术语的实际使用状况往往有些差异，需要引起研究者关注，也就是说，藏语文在西藏语言环境中的影响力的稳定和提高，需要对其做出实际的努力和客观的评价。在术语的创制上，术语的标准是有规定性和强制性的，一旦规范就要统一。在实际使用的时候，又具有服务的性质，满足和适合语言使用者需求时，才会得到广泛的传播，特别是更多的口头上的使用，是无法去限制的。人们有使用藏语的自由，就可以自由地选择词、句和表达方式，任何人都干涉不了；人们也可以选择可能使用起来更方面和普遍的汉语，这同样也是自由的，只要在使用中需要，使用汉语以外的其他的语言同样是自由的。实际上，藏语所有创制的新词术语，用与不用，在于藏族居民自身。所以，藏语在语言环境中，在西藏境内的使用力，主要看藏族群体的使用状况。藏语对于语言环境的影响，也不完全依靠这些新词术语的使用。没有这些藏语新词术语，不使用这些藏语新词术语，藏族居民之间、藏族与其他民族之间的交往，也没有多大的影响。新词术语的功用主要在对于新事物的表达和记载的能力，它的作用主要在文献方面，和百姓的日常生活关系不大。一般来说，藏族居民使用的语句中，藏语里没有的词，基本上是从汉语里来的。这些对于藏族来说是新词的汉语词是零星出现的，他们很快就能掌握，而且日常使用的频率极高，也有这些汉语词使用的较普遍的场合，大家都这么使用，即简单又方便。在藏族居民之间交流的大多场合，人们可

① 刘润清：《西方语言学流派》，第 100 页，北京：外语教学与研究出版社，2003 年。

能更倾向于使用汉语词，而不使用翻译成藏语的属于新词的术语。即使偶尔使用，也不如相应的汉语词方便，对方不一定也知道这个翻译的词，会有些麻烦，可能还是要用汉语词来解释，写得时候也是一样。如电视机、计算机、火车站、大学生、博士、咖啡、超市、课题、打车等等，我们可以举出很多（关于汉藏词语混用问题我们在后面的章节里有专题讨论）。藏族居民在与汉族交往的时候，汉语则是首选。汉语在西藏的语言环境中的影响力也比较大，但不像藏语那样覆盖全区。

第五节 语言习得和使用者自身的影响因素

西藏的汉语习得和使用受到来自不同方面的影响，除了上述客观因素的影响外，语言习得者群体自身、个体之间也会有诸多方面的差异，这些差异同样也会对其汉语的习得和使用造成影响。不同的外部环境和条件，会造成习得和使用的差异，最明显的应该是西藏的农村和城镇；同样的外部环境和条件下，不同群体、不同个人之间也会有不同，如西藏城镇在汉语的习得和使用方面也可以分出许多不同的类型。这里我们要讨论的是西藏汉语的习得和使用所受到的来自人们自身的一些因素的影响。我们讨论过，在西藏，90%以上的藏族居民认为汉语十分重要，并希望自己的孩子能够做到汉藏兼通。我们在对中小学生的调查中，也有同样的看法。但学生们又大多认为，在生活里，使用汉语的语言环境不好，离开课堂便是藏语，大家都说藏语，这对他们的汉语习得和使用影响极大，却很少谈到涉及自身因素的影响。实际上，学习者的自身因素往往是更加重要的，也就是所谓的个人努力。在外部语言环境一定的情况下，对于语言的习得和使用就要靠自身对于语言环境资源的利用和克服困难的程度。对于某一个藏族居民来说，无论在城镇还是在农村，所处的社会语言环境是比较确定的，就是在拉萨市，个人的生活范围和居所也是相对固定的，这时候个人的许多因素就起关键性的作用，并由此造成可能是完全不同的语言习得和使用效果。其中既有个人在汉语习得和使用过程中的因素，比如动机、目的、态度、年龄、智力、性格、方式等等，也有个人的一些社会特点，如学习的经历、在语言方面的基础、受教育程度和文化水平，也有来自群体共同特点的一些要素，如主观语言态度等。

一、目的和动机

藏族居民习得和使用汉语的目的和动机，要依人群进行划分。不同类型的人，目的和动机会截然不同。

作为成人，其目的和动机就是为了与汉族人交往，与说汉语的其他人交往，为了能够获得更好的工作，为了挣更多的钱，让生活过得好一些。其实西藏的藏族居民习得和使用汉语就是为了使用的需要。在调查中，他们极少有人提到是为了汉藏文化的交流、西藏社会的发展、汉语是国家的通用语言等因素。这些重要的目的和意义是对于西藏整个社会的民众来说的，对于个人，就是直接得不能再直接的交谈（对外表达）的需要和生存的需要。

作为在校的学生来说，他们其实并没有那么多实际的目的和动机。他们还不完全理解汉语作为第二语言在他们的现在和未来的生活里会起到什么样的作用。学生习得和使用汉语的目的和动机在学习的过程中，是学习过程中的相关方面，这些目的和动机虽然没有直接的社会效应，却会直接影响到学习的效果。动机是激励人们去行动的内部动因和力量，包含了个人的意图、愿望或企图达到的目的。汉语学习的动机等是直接推动力，会由此引发习得和使用汉语的强烈兴趣。汉语作为西藏的第二语言，其习得的过程是一种自觉能动的和积极的心理状态，动机积极的，汉语就会学得好些，动机不强或无动机的，比如学得怎样无所谓等等，汉语就会较差，那么学汉语就会成为一种负担，仅有的赖以提高汉语水平的课程就会是可有可无的。

学生的学习动机，可分为外部和内部两种。内部动机是汉语习得者自身产生的，在汉语习得者内部起作用，如求知欲望、好奇心、兴趣、自我表现等。这些内部动机是汉语习得活力的源头，会使他们积极主动地去理解和认识所学的内容，是一切学习动机的根本和归宿，教师、家长、学校甚至社会一定要注意激发和调动。不然，汉语的习得和使用就会变成纯粹的负担，对于学习效果影响巨大。学生之间学习效果的差异原因往往就在这方面。外部动机，是汉语习得的外部推动力，是为了外在的其他的目的学汉语。最常见的就是为了考试得高分，还有的是为了得到家长、老师的表扬，为了来自他人提出的要求、施加的压力等等。这种动机很不稳定，容易发生变化，甚至可能放弃对汉语的习得和使用。还有一种就是成就动机。学生们会对汉语的习得和使用抱有极大的决心和信心，认为汉语的习得和使用有很大的价值，力求取得好的成绩，课堂上、考试中、生活中处处在汉语上严格要求自己，能够在汉语学习的成绩和经验中获得极大的满足，感到自豪，若失败则会感到羞愧和不满。正是这一动机，促使无数的学生在学业上取得良好的成绩，拥有较高的汉语水平，也是汉语习得和使用中最重要的和最稳定的动机。作为教学单位的学校，任课的汉语教师，要十分注重对孩子们汉语学习动机的激发和培养。

二、个人在语言习得方面的相关品质

我们认为这方面主要有学习态度、方式、年龄、智力、性格等。态度的核心是价值，态度来自价值。价值是指态度的对象对人们具有的效益意义。人们对某个事物所具有的态度取决于该事物对人们效益意义的大小，即取决于事物所具有的价值的大小。① 汉语习得和使用的态度是对于习得的认知、情绪、情感以及行为在汉语习得上造成的倾向。那些兴趣大、自觉性强的人就能做到效率高、效果好，日常使用得也很频繁、熟练，否则就学得慢，效果差，需要周围人的帮助、诱导，付出更多的精力，也可能会放弃学习。年龄也是一个普遍的影响因素，按照认知论的说法是认知方式上的差异。儿童能够自觉有效

---

① 王德春、孙汝建、姚远：《社会心理语言学》，第 66 页，上海：上海外语教育出版社，1995 年。

地通过模仿习得语言，他们在汉语的语音上有较大的优势，可塑性强，容易习得自然的汉语语音，无论是听，还是说，都要比成人快，只是可能由于辨别力的问题，和母语混淆的多，日后会很快得到纠正。成人则主要是通过抽象的思维能力来学习，受母语和已有语言基础的影响和制约大。年龄越大，影响越大，强于书面，短于听说，动机强，理解力强，但时间少，顾虑多。年龄小的人，似乎在不经意间就学会了汉语，而成人就显得困难得多。不过我们认为，动机在其中的作用还是要大于年龄，只要肯学，从什么时候开始学习汉语不是重要的，重要的是坚持和努力。人和人在智力上有差异，这也会影响对于汉语的习得和使用。虽不明显，但还是存在的。通过一个人的智力水平，可以预测其在语言上的学习潜力。在西藏，汉语作为第二语言，在听、说、读、写等方面都要受到来自智力方面的影响。不过我们认为：其一，智力是可以开发的，智力的总水平在个体之间的差异不大，智力的不同方面是可以互相弥补的，重要的是充分调动各方面的智力因素；其二，智力的影响，对于语言的高层次习得和使用如利用汉语进行研究和创作影响会较明显，但对于以生活中的语言交往为目的，满足日常听说读写的需求，只要属正常的情况，可以认为个体之间在智力上的差异不会造成汉语习得和使用上的不同。当然，学汉语需要讲求一些必要的方式和方法，多种方法并用，总是会好一些，方法单一则会十分枯燥，能够有适合于自己的好方法则更好。方法因人而异，收益各有不同，在同样的努力程度下，就要看方法的科学性。对于那些在语言上有天赋的人来说，富于语言的才能，对于语言的相关信息表现出十分的敏感和快速的接受能力，有无兴趣、动机强弱则是次要的。这种情况不多见，不具有一般意义。性格的影响，在西藏的汉语习得和使用方面，会突出些。西藏是藏语通行的地区，汉语的语境主要来自和使用汉语者的接触和交往。这种接触和交往的机会一方面来自个人活动的范围，同时也来自习得者个人的积极和主动行为。性格开朗、自信、积极认真的人就会有更多习得和使用汉语的机会，这类人往往喜爱交际、不怕出错，善于与人交谈，听说的能力会提高得很快。不善言谈的人往往读写的素质较好。但如果消极悲观、交往被动则不利于汉语水平的提高。语言的习得和使用是一个不断积累的过程，即使是在语言上有天赋的人，也要经历很长时间才能够熟练掌握。只要有学习汉语的自我意识，都能获得满意的效果。

三、主观语言态度

主观语言态度反映的是人们在主观上对于语言的评价和看法，是人们在使用语言或接触另一种语言时产生的。语言学家在大量的试验和研究中发现，某种语言比另一种语言更好或更优越是没有语言学上的根据的，但通过语言实验（如配对变语实验）可以诱导出某一人群对另一人群所使用的语言的偏见或带有倾向性的看法，也就是能够发现人们对于两种不同语言的不同态度和倾向性，从而对其中某一语言的习得和使用产生影响。我们这里所说的语言观念和看法，不是对于语言比如汉语在习得和使用中的具体问题的看法，而是对于语言的总体看法，反映的是总体上对于某一语言的观念和态度。因为人们对于具体的语言信息的看法往往和通过语言测量得出的评价信息不一致。我们上面已经谈过，学生们对于一些具体问题的回答，如“是汉语重要还是藏语重要”、“你在什么场合使用汉语”等，能够反映出一些语言具体使用中带有规律性的信息，从而为对于语言的社会心理分析提供证据，不过往往也会因问题本身具有的不可避免的诱导性质而使结论带有较大的随意性，影响了数据对于实际状况的反映程度。

为了获得藏族居民主要是学生对于汉语和藏语的总的语言态度，我们选择了语言测量中的社会心理实验方法——主观反应测验法（也称配对变语实验法），使用语义鉴别法量表作为进行评价分析的手段。

（一）测验方法及其实施过程

实验法是研究人员有计划地运用一定的物质手段去干预、控制或模拟语言现象，以取得研究资料的方法，它主要用于测量人们对语言的态度和反应，是研究社会心理的重要途径。对于各种语言或语言变体人们会有不同的看法，这是多语社会的客观现实。要了解人们对于语言的态度和评价，最简单的方法就是直截了当地询问，但回答往往不真实，调查人员对于所提供的信息难以做出精确的分析。主观反应测验[①]（subjective reaction test）则是一种迂回的办法，它的特点是被测人不知道进行测试的目的是要了解他们对于语言或语言变体的态度。做法是：把用不同的语言或语言变体说话或朗读的录音材料（语段的内容和语体要一致）放给被测人听，请他们在听完录音后在有关的问卷上就说话人的特征作出评价。这两段录音其实是由一个双语人录制的，但接受调查的人并不知情，以为是两个人分别使用的两种语言或语言变体（也可称为方言）。问及的特征应当是能体现社会上一般人的价值观念，如职位的高低、进取心的强弱、才智的大小、身材的高矮、性格热情与否等等。评价可以采用语义鉴别法度量表（semantic differential scales），就是把表示一种特征正反两面的一对形容词分别写在一个度量表的左右两端，在两端之间分出5个或7个空格，分别用1到5或1到7的数值表示，以代表特征的强弱程度。被测人听完录音后会对说话人产生联想。语义鉴别法要求被测人在认为适合说话人特征程度的空格上做记号标明。调查人员可以根据答卷计算每一名说话人在各项目上所得的总分及平均分值。所得分值显示出使用特定语言或语言变体的说话人在被测人心目中所处的地位，7级最强，1级则最弱。由于对说话人的印象是从其所说的话语中产生的，因此这一评价实际上反映了被测人对特定语言或语言变体所持的态度。

主观反应测验能够成功地测量出社会集团对语言的反应，其重要的原因就是在这一实验中，除了语言是唯一的自变量以外，其他可能对因变量产生影响的因素都是恒定的。也就是说，被测人之所以对两段录音中的两个说话人（其实是一个双语人）作出不同的评价完全是由语言引起的。人们对于两种语言或语言变体的观念和态度便由此得到鲜明的反应。这一试验的方法为国内外语言学尤其是社会语言学研

① 祝畹瑾：《社会语言学概论》，第69页，长沙：湖南教育出版社，2003年。

究广泛采用，并获得了可靠的结论，有着较高的信度和效度。兰伯特在加拿大双语地区蒙特利尔进行的加拿大英语和法语测验[①]、沈依青在北京所作的汉语和英语的测验[②]，笔者在河南所作的地方普通话和标准普通话的测验[③]，采用的就是这一方法。

这次实验调查的目的是为了了解西藏的汉语习得者对于汉藏语言的主观语言观念和态度，从而得出其对于汉语习得和使用的影响作用，是汉语和藏语的配对试验。考虑到学生的汉语基础和方便对录音内容的设计，我们选择了西藏地区的初中一年级作为调查对象，并从中确定了拉萨市城关区的拉萨第一中学、拉萨市属的曲水县中学以及更远一些的山南地区乃东中学这三所中学作为调查地点。这三所中学分别地处西藏自治区的首府、拉萨市的郊县和地区所辖县城，在地理上有逐渐偏离中心城市的特点，同时又彼此相连，在社会、经济、人口等条件上因城镇发展的规模而各不相同，我们认为能够作为代表学生群体的样本。这些初中生所处的地理范围相对广泛，处于孩童和成人之间，在心理特点上比较成熟和可靠，能够从一定侧面反映出西藏居民尤其是学生群体对于汉藏语言的态度和评价。

调查使用社会语言学上常用的主观反应测验的方法，测验量表列出了“可靠、诚实、热情、才智、意志力、相貌、身材、风度、能力、总体印象”几个特征项目要求被测者做出评价。这几个特征也是这一测验所常设的。为了检验调查对象对这些项目的理解程度，我们曾对相关对象进行了逐个询问，这些词语所代表的意思能够为西藏初中一年级的学生所轻松理解，没有任何语言理解上的障碍。在每一次实验前，我们首先会再次询问，学校的老师对此也给予了肯定。

为了避免日常口头表达内容的复杂性和变化程度，我们挑选了《美丽的小路》这篇短文，选自藏族地区通用的小学汉语教材第六册，

---

① 祝畹瑾：《社会语言学概论》，第 70 页，长沙：湖南教育出版社，2003 年。

② 沈依青：《语言态度初探》，《清华大学学报》，1997 年第 2 期。

③ 李永斌：《地方普通话在中学语文教学中的作用研究》（硕士学位论文），北京：北京师范大学文学院，2005 年。

属于小学三年级的内容，由人民教育出版社出版（2003 年 10 月版，第 27 页）。录音的制作是至关重要的，首先要找到熟练的汉藏双语人，其次是这位汉藏双语人能够变换朗读的方法，避免给被测者留下是同一人录制的痕迹。我们请来了中央民族大学藏学院 2005 级的一位硕士研究生，他是藏族，自小生活在拉萨市，说一口地道的拉萨话，同时从小接受汉藏双语教学，汉语普通话的表达十分熟练。在中央民族大学广播台的录音室，经过解释和训练，顺利地完成了录音制作。为检验录音在测验现场的真实性和可靠性，我们分次请来了藏族同学试听，没有人听出是一个人的录音，对于录音的清晰度等效果也很认可。在西藏大学，我们也挑选了几位同学来试听，结果都很满意。

在强弱程度设计上，我们按这一测验通常的做法，将各个特征以“强”、“弱”为两极，中间设计了 7 个格分别代表 1 到 7 的数值，7 为强，1 为弱，要求学生在相应的等级格上划出评价意见，以“√”表示，将该项上所获得的总分除以参与测验人员，得出该项特征的最后得分。具体计算方法如以下示例（以参与 50 人为例）：

语义鉴别法度量表示例

	5	12	20	10	2		1	
进取心强	—	—	—	—	—	—	—	进取心弱
	7	6	5	4	3	2	1	

$=5\times7+12\times6+20\times5+10\times4+2\times3+1\times2=255$ 分

用总分除以被测人数，求得平均值：$255\div50=5.15$/人

本次调查旨在了解语言态度对于西藏汉语习得和使用的影响作用，所以我们对于调查对象性别上的不同没有加以区分。从前述的分析来看，西藏是一个汉语并不发达的地区，人们使用和理解汉语的水平还不太容易把握，少数熟练的汉藏双语人不能作为调查的主要对象，他们不具有普遍的代表意义。尤其是录音的内容很难做到在一个广泛有代表性的范围里没有理解困难的问题。如果是在一个汉藏双语十分发达的地区，样本的抽取、录音内容的设计都要方便得多，如加拿大的英、法双语程度就很高。好在只是将这些相关的数据作为影响汉语习

得和使用因素的一个方面来使用，以初中生为代表、以小学低年级课文为内容、用他们熟悉的项目来测验还是能够达到调查目的的。我们把这三个受测的样本按所在区域的不同，分别加以统计和分析，希望在各个测验项目的比较中，得出他们对汉藏语言的态度和看法，并从中折射出家庭背景、城镇地域不同而带来的不同态度和评价。以下是我们的相关统计分析，分析的线索是他们因录音中汉藏语言使用的不同而在各个项目上的不同评价。测试设计的量表见附录。

（二）测验结果分析

1. 拉萨一中的测验结果分析

拉萨市第一中学位于拉萨市城关区，受测的班级是一年级 9 班，共 45 人，所有学生均为藏族，测验是在该校副校长杨希军和该班班主任韩秀梅等老师的共同组织下完成的，共收到测验量表 44 份，其中合格量表 43 份。统计的结果见表 1（表中甲表示藏语发音人，乙表示汉语发音人，在表 1、2、3、4 中相同）。

表 1　拉萨一中语言主观反应测验结果统计表

项目	7		6		5		4		3		2		1		总分		平均分	
特征	甲	乙	甲	乙	甲	乙	甲	乙	甲	乙	甲	乙	甲	乙	甲	乙	甲	乙
可靠	5	6	27	8	7	20	5	8	1	3					255	231	5.93	5.37
诚实	13	5	9	19	13	12	7	7	1	1	1				251	242	5.84	5.63
热情	13	9	10	10	10	17	7	5	4	1		2			241	235	5.61	5.47
才智	6	7	18	16	11	11	8	6	1	3	1				242	233	5.63	5.42
意志	10	9	13	7	13	14	7	10	1	4					254	227	5.91	5.28
相貌	9	5	18	10	9	13	7	9	1	5	1	1			267	213	6.21	4.95
身材	12	10	13	11	12	9	4	11	1	4	1				244	237	5.68	5.51
风度	9	8	10	10	11	14	9	8	6	1		1			232	283	5.40	6.58
能力	13	7	12	14	10	13	8	8	1		1				245	238	5.70	5.54
总体印象	18	10	16	11	7	16	2	5		2			1		268	242	6.23	5.63

表 1 显示，在诚实、热情、才智、身材、能力几个方面，拉萨一中的同学们给出了差异不大的分数，但这几个特征都是藏语高于汉语，两者的差距在 0.2 左右。他们认为，说藏语的人，在这几个方面要略

高于说汉语的人。当然，在这几个方面，藏语和汉语的得分都在5.5左右，说明他们一方面认为说藏语的人要比说汉语的人个子更高、更聪明，待人更热情、有诚意、更能干，另一方他们认为说汉语的人同样也是个子挺高、聪明能干、对人诚恳友好的。他们对说藏语的人和说汉语的人在这几个方面的可能状况表示积极认可，给出的评价还是很高的。他们并没有因为藏语和汉语的差异而出现差别更大的评价，对于汉语的态度是积极肯定的。但他们对于藏语的态度则要更积极和肯定。

在意志和相貌两个特征上，拉萨一中的同学们给出了差距更大的分数，其中意志一项相差约0.7分，接近1分的差距，相貌的差距就更大，达到了约1.3分，这个差距在类似的调查中是不多见的。他们认为，说汉语的人意志很坚定，长相也不错，只是和说藏语的人比较起来，差距就大了。他们认为，说藏语的人，意志更加坚定，更能吃苦耐劳，富有坚忍不拔的精神。在意志力这一方面，说藏语的人要比说汉语的人高得多。相貌一项，他们则更是倾向于说藏语的人，认为说藏语的人身材更好，长得更好看，长相更好，更令人感到亲切自然。说汉语的人虽然可能也长得不错，但要逊色得多。把说藏语的人和说汉语的人放在一起比较，他们还是觉得藏族人的长相好得多。他们对于汉族人的相貌在接纳的程度上还有很大的差距。毕竟，他们自身是藏族，对于藏族人的相貌本身，还是倾向于本民族。在可靠这一特征上，藏语和汉语的差距和上述的几项相比要大一些，达到了约0.5分。当然，说汉语的人也得到了5分以上的评价，和以上的几项一样也是很高的。他们认为说汉语的人也很可靠。只是两者比较起来，说藏语的人在可靠的程度上要更高。他们对于说汉语的人给出了很高的评价，但依然不像说他们母语的人那样，更可靠。在可靠性这一点上，他们还是倾向于说自己的母语的人。藏语给他们带来的可靠性印象要好于汉语。

拉萨一中的同学们认为，在个人的风度上，说藏语的人则没有说汉语的人那么好。并且二者的差距很大，达到了约1.2分。他们认为论长相，说汉语的人比说藏语的人差远了，要讲风度，说汉语的人则要比说藏语的人好得多。风度和相貌相比，有一远一近的感觉。近处细看，说藏语的人相貌好得多，远点看行为，说汉语的人风度好得多。这些生活在拉萨的藏族中学生，在西藏经济最发达、现代化程度最高、汉语比重较高的拉萨市，在对于人们的言行举止、谈吐处事等和人的外在风度相关方面的总体印象上，认为说汉语的人要好得多。这种印象虽然只是一种模糊的判断，一种趋向性的看法，但也折射出他们对于现代化发展的渴望，一种向往自身拥有现代风度的理想。汉语对于他们自然也具有相当的吸引力。

在总体印象上，拉萨一中的同学还是认为，说藏语的人好于说汉语的人，并且两者的差距也较高，达到了 0.6 分。这个结果如果从各个特征的比较分析来看，也是必然的。在上述的 9 项特征中，只有风度一项是说汉语的人高于说藏语的人，其他各项都是说藏语的人高于说汉语的人，放在一起比较，从总的情况来说，也是说藏语的人高于说汉语的人。

从藏语和汉语各自的得分情况来看，说藏语的人所得分数几乎都在 6 分左右，是极高的得分（只有风度一项低些），这意味着藏族同学对于说藏语的人在各个特征上都是十分有倾向性的。说汉语的人在各项上的得分也比较高，不过和说藏语的人比较起来，平均要低 0.5 分，各项都在 5.5 分左右（相貌一项要更低些）。从表中 7、6 两个最高强度级别栏里，在各个特征上，说藏语的人也要比说汉语的人得分高。在最低强度级别栏里则没有这样的集中反映。给出的评分大多集中在 7、6、5 三个强度上，人数比较集中，低强度的给分人数较少。对于藏语的评价，总体印象是得分最高的（6.23 分），其次是相貌（6.23），和最强的 7 分已很接近。而对汉语的评价，只有一项是超过 6 分的，而且是几近最强的分数：6.58 分。说明拉萨一中的同学对说汉语的人的风度欣赏程度很高。

2. 曲水中学的测验结果分析

曲水是拉萨市的一个郊县，在社会经济等方面的发展上次于拉萨城关区。在西藏则是相对发达的地方。曲水中学受测的一年级4班共47人，都是藏族，收到量表45份，其中合格量表44份，是在索朗顿珠、于久永等老师的配合下共同完成的。统计的结果如表2所示。

表2　曲水中学语言主观反应测验结果统计表

项目	7		6		5		4		3		2		1		总分		平均分	
特征	甲	乙	甲	乙	甲	乙	甲	乙	甲	乙	甲	乙	甲	乙	甲	乙	甲	乙
可靠	6	9	13	10	13	13	11	8	1	4					232	248	5.27	5.64
诚实	12	9	12	15	8	8	8	8	2	2		1			244	233	5.55	5.30
热情	9	7	17	13	12	12	3	8	2						243	219	5.52	4.98
才智	11	3	7	11	16	15	8	8	2	4		1			237	200	5.39	4.55
意志	6	7	18	8	10	18	7	6	2	5	1				236	226	5.36	5.14
相貌	12	8	16	13	11	9	5	12	2						261	227	5.93	5.16
身材	7	6	10	10	14	13	7	8	4	9	2	1			223	228	5.07	5.18
风度	8	6	15	11	13	12	8	5	2	5		1			249	205	5.66	4.66
能力	14	8	16	11	8	18	3	5	2	1	1				254	235	5.77	5.34
总体印象	24	17	14	12	4	8	1	4	2	2					282	257	6.41	5.84

曲水中学的测验结果表明，在诚实、意志两个特征的评价上，说藏语的人要略高于说汉语的人，得分的差距在0.2左右，都在5分以上。他们认为，说汉语的人在诚实、意志两方面是比较好的，而说藏语的人在这两个方面要更好一些。对这两个特征的评价，他们与拉萨一中的同学看法是一致的。但也有些许的差别，一是拉萨一中的同学给出的分数要高一些，诚实一项高出0.3分左右，意志一项高出0.6分左右。两个学校的同学给出的意志一项分数相差有0.5分，其中拉萨一中的同学认为，在意志一项，说两种语言的人相差有0.7分之多，快到1分了。

在热情、相貌、能力三项，他们同样认为说藏语的人比说汉语的人要好，并且好得多，达到约0.6分的差距。这就和拉萨一中同学的看法差距大了些，拉萨一中的同学认为说两种语言的人在热情、能力上的差距不大，而在相貌上的差距则很大，达到了约1.3分。看来，曲水中学的同学对于汉族人的相貌比较认可，觉得和藏族人的相貌大体一样。语言上的差异没给他们带来在相貌这样外在特征的太大影响。

以上的分析里，我们认为，拉萨一中的同学认为说两种语言的人在才智上略有差别，说藏语的人要比说汉语的人略高一些，差 0.2 分左右。但在曲水中学的统计结果里，说两种语言的人在才智一项上的差距达到了 0.8 分左右，是拉萨一中同学的 4 倍。曲水中学的同学认为，虽然在相貌上，两者的差别不大，也都大体一样的有热情、有能力，但在聪明劲儿上说藏语的人要比说汉语的人好得多。看来他们对于持藏语者内在智力上的素质是十分推崇的，在才智这一点上要优于持汉语者。

在风度一项特征的评价上，他们和拉萨一中同学的评价差别是最大的。拉萨一中的同学认为，说汉语的人是最有风度的，给出的评价分 6.58 分，几乎到了最强的程度，并且说汉语的人要比说藏语的人高出 1.2 分左右。而曲水中学的同学则认为，说藏语的人在风度上要比说汉语的人的风度要好，在评分上则高了整整 1 分。如果把这两个分差加起来，则达到了 2.2 分。可以说是天壤之别。他们给说藏语的人打出的风度分数是 5.66 分，这两个最高分也相差近 1 分，差别也是十分大的。首先，从总体上，两所中学的同学均认为说两种语言的人在风度上都很高，只是拉萨一中的同学认为都更好些，不过是一个认为说藏语的人风度最好，另一个认为说汉语的人的风度最优，强度更大。这也是本次测试中，个人特征评价差距最大的一个。其中的原因还需做细致地分析和研究。我们认为，这可能和曲水中学的同学所接触的说汉语者的相关特征有关系，在与当地藏族的比较中，他们得出了这个结论。也可能就是听了汉语和藏语两段录音后，给他们留下的就是这样的一个印象。

另外的一个差别是，拉萨一中的同学认为，说两种语言的人在身材上差别不大，为 0.2 分左右，而且是说藏语的人高于说汉语的人。但曲水中学的同学则认为，两者在身材上也是略有差别，在 0.1 分的样子，但恰恰相反，是说汉语的人在身材上要略高于说藏语的人。说两种语言的人在身材上都是不错的，给出的评分也都在 5 分以上，但一个认为说汉语的人略高些，一个认为说藏语的人略高些。另外，曲水中学的同学还认为，说汉语的人要比说藏语的人在可靠性上好一些，差距有0.4分左右。另两个测试点的同学则认为说藏语的人更可靠，拉萨一中的同学甚至认为说藏语的人在可靠性上要比说汉语的人高出0.6分。这也是两个正好相反的看法，是非常有意思的事情。

在总体印象一项上，曲水中学的同学认为说藏语的人要比说汉语的人好得多，差别达到了0.6分左右。从各个特征的得分值上来看，这个总评价是和其他各项相吻合的。他们的总体印象和拉萨一中同学的总体印象一致，评价的分差也是0.6分左右，只是拉萨一中给出的分数要高一些，差距有0.2分左右。我们在下面的比较分析里要对这一问题进行讨论。

曲水中学的同学认为，说两种语言的人，可靠性方面略有差异，为0.1分左右，说汉语的人要略好于说藏语的人。这和拉萨一中同学的看法也相左。拉萨一中的同学认为说两种语言的人在可靠性上差别还是比较大的，达到了0.5分的样子，并且在可靠性上是说藏语的人要比说汉语的人好。当然，他们给出的评价分都在5分以上。听完录音后他们做出了差别不大却相反的结论。

在分值的分布上，曲水中学的同学对说藏语的人的总印象是最高分，超过了6分，其他各项都在5到6分之间。说汉语的人所得评价分在总印象上也最高，是5.84分，在热情、才智、风度上则在4到5分之间，其他各项的评价分都在5分以上。在所有的评分上，曲水中学的分值都要比拉萨一中低0.2分左右。但在总的评分比上则是一样的。给出的评分也是集中在7、6两栏的高强度上。但在曲水中学的统计表中，强度比较弱的1、2、3、4栏的给分人数，尤其是1、2、3栏的给分人数明显增加，使各个分值的分布比较分散，不像拉萨一中那样主要集中在7、6、5三个给分栏，给分比较集中，强度也比较集中。

3. 乃东中学的测验结果分析

山南地区在拉萨市的南部，乃东是山南地区行署所在地，在山南地区的北部，和曲水相比，则离拉萨市又远了许多。山南在西藏也是社会经济较为发达的地区，不过比起拉萨市城关区和曲水来说，又落后些，汉藏人口的接触和汉藏语言的接触也要少得多。乃东中学受测的班级是一年级2班，共49人，都是藏族，收到量表49份，其中合格量表42份，是在索多、次仁丹增等老师的共同组织下完成的。测验的结果如表3所示。

表3　乃东中学语言主观反应测验结果统计表

项目	7		6		5		4		3		2		1		总分		平均分	
特征	甲	乙	甲	乙	甲	乙	甲	乙	甲	乙	甲	乙	甲	乙	甲	乙	甲	乙
可靠	8	2	12	8	11	7	9	14	1	6		5			224	171	5.33	4.07
诚实	6	7	10	4	8	10	7	12	7	8	4	1	1	2	200	199	4.76	4.74
热情	10	2	10	5	6	10	7	11	8	9	1	5	3	1	217	176	5.17	4.19
才智	5	2	10	8	7	14	10	6	2	7	4	4	4		188	195	4.48	4.64
意志	5	4	7	6	12	7	9	9	6	10	1	4	2	2	195	175	4.64	4.17
相貌	4	1	12	6	2	10	10	15	7	3	4	6	3	1	182	174	4.33	4.14
身材	8	6	9	4	7	8	11	9	5	6	1	4	1	4	207	172	4.93	4.10
风度	3	10	14	8	9	9	6	7	2	2	7	5	1	1	175	208	4.17	4.95
能力	8	5	13	4	8	10	6	7	2	10	3	5	2	2	212	179	5.05	4.26
总体印象	12	8	6	9	8	4	8	8	2	5	2	2	1	3	213	184	5.07	4.38

与以上的两个统计表比较来看，乃东中学的测验统计分值的分布均匀了许多。给分的人数也没有特别集中的强度栏。在7到1各个强度的分值栏里，都有大体一样的给分人数，只是强度较小的1和2的强度栏给分的人数少些。从最后的平均分来看，分数普遍较低，在两种语言说话人的得分比较中，与拉萨一中的统计结果比较一致，但每一项的分值都要低，并且大多要低出1分以上。特别是说汉语的人所得的各个评分没有一个超过5分，都在4到5分之间。说藏语的人所得的最高评价分在可靠性上，5.33分，说汉语的人所得评分最高在风度上，但只有4.95分，和拉萨一中的该项评分相比，差了近2分。乃东中学的测验结果虽然没有太集中的情况，但各个特征的评分并不是一致的。持不同语言的人在不少特征的分值上都有和其他学校不同的差异。

诚实、热情、才智和其他两所学校接近，差距在0.2分或多一点。

不过才智一项和曲水中学的差距要大一些，因为曲水中学的才智特征差距在0.8分，是三所学校里最高的。乃东中学的同学认为，在这几项特征上，说藏语的人和说汉语的人相差不大，在诚实特征上相差略大些，有0.4分左右。在这几个方面，说藏语的人要比说汉语的人更好一些，他们倾向于说本民族语言的人。这几项评价结果在三所学校是一样的，只是在分值的差异上略有不同。

在身材和能力上，乃东中学的同学认为，说两种语言的人还是有较大差异的，达到了0.8分。他们认为说藏语的人在身材和能力上要比说汉语的人好得多。这一看法和拉萨一中的同学一致，只不过差距没有乃东中学的大。曲水中学的统计在能力上和乃东中学几乎一样（差0.6分），但他们在身材方面的评分却正好相反，说汉语的人得分略高。他们认为在这几个方面存在不同，只是程度不一，乃东中学最大，拉萨一中次之，曲水中学则有相反的看法。

在可靠性上，情况则又有不同。如表所示，乃东中学的同学认为，两者有差距，说藏语的人要比说汉语的人更可靠，评分有0.3分之差。拉萨中学的看法和他们的一致，只是认为在可靠性上，两者的差距更大些，达到了0.6分左右。但曲水中学的看法则相反，他们认为说汉语的人要比说藏语的人更可靠，两者的评分有0.4分之差。显然，在这一特征项上，也是有同有异，三个测验点不太一致。

在相貌和意志两个特征项上，各个测验点的看法是一致的，但又有所不同。如上表所示，乃东中学的同学认为持两种语言的人在相貌上差异不大，只有0.2分，说藏语的人要比说汉语的人在相貌上略好些。曲水中学的同学则认为差距更大，有0.6分左右，说藏语的人在相貌上要好得多。拉萨一中的同学则认为说藏语的人在相貌上要好更多，两者的差距达到了1.3分左右。他们都认为，藏族人在相貌上长得更好看些，只是拉萨一中的同学觉得在相貌上，汉族人比藏族人差远了。在意志特征上，他们也同样认为说藏语的人要比说汉语的人好得多，只是在评分的差距上有程度的不同，乃东中学的是0.5分左右，拉萨一中的和他们接近，为0.7分左右，曲水中学则认为在意志上，持汉藏两种语言的人只存在略微差距，只有 0.2 分左右。

三个调查点都认为，说藏语的人和说汉语的人在风度上存在较大的差距，但具体来看却并不一样。乃东中学的看法和拉萨一中的一样，认为说汉语的人在风度上要比说藏语的人好，认为持汉语的人要潇洒得多，两者的差距分别达到了 0.8 分和 1.2 分左右。曲水中学的同学则相反，认为说藏语的人要比说汉语的人有风度，而且在风度上要潇洒得多，两者的差距达到了 1 分左右。曲水中学和其他的两所测试学校有两个相反的看法：一是在风度上的看法相反，另一个是在身材和可靠性上相反，他们认为说汉语的人在身材和可靠性上要好于说藏语的人。

在总体印象上，乃东中学的同学认为还是说藏语的人要好得多，两者的差距在 0.6 分左右。这个差距在其他的两个测试点也是几乎一致的，曲水中学的也是 0.6 分，拉萨一中的是 0.7 分。三所学校的同学在其他的一些特征项上存在着不小的差别，比如风度、才智、可靠性等等，只是差距程度上有不同，但在总体印象上却是几乎一样的评价。乃东中学的测试统计数据也在总体上反映出这一特点。乃东中学的各个特征的评分尤其和总体印象相一致，只有风度一项有所不同，其他的各项都是说藏语的人好于说汉语的人，两者的差距也不是太悬殊，没有其他两所学校有 1 分以上差距的特征项。

4. 西藏语言主观反应测验总计结果分析

这次在西藏进行的语言主观反应测验所选择的三所中学共有初一学生 141 人参加，收回测试量表 138 份，其中合格量表 129 份。总的统计结果如表 4 所示。通过对所有量表的总评分析，我们可以得出带有一般性的结论，从中看出他们对于汉语和藏语的不同观点和态度。

表4　西藏中学生语言主观反应测验结果统计总表

项目	7		6		5		4		3		2		1		总分		平均分	
特征	甲	乙	甲	乙	甲	乙	甲	乙	甲	乙	甲	乙	甲	乙	甲	乙	甲	乙
可靠	19	17	52	26	31	40	25	30	3	13		5			711	640	5.51	4.97
诚实	31	21	31	38	29	30	22	27	10	11	5	1	1		695	674	5.39	5.23
热情	32	18	37	28	28	39	17	24	14	10	1	7	3	1	701	630	5.44	4.88
才智	22	12	35	35	34	40	26	20	5	14	5	5	4		667	638	5.17	4.95
意志	21	20	38	21	35	39	23	25	9	19	2	5	2	2	685	628	5.31	4.87
相貌	25	14	46	29	22	32	22	36	10	8	5	7	3	1	710	614	5.50	4.76
身材	27	22	32	25	33	30	22	28	10	19	4	5	2	4	674	637	5.23	4.94
风度	20	24	39	29	33	35	23	20	10	8	7	7	1	1	656	696	5.09	5.40
能力	35	20	41	29	26	41	17	20	4	13	5	6	2	2	711	652	5.51	5.05
总体印象	54	43	36	37	19	19	11	15	5	8	2	2	1	3	763	683	5.92	5.30

表4统计的数据是三所学校测验结果的总计。从表中各个强度栏的分数可知，在这129位同学中，大多数的评价均集中在7、6、5、4、3几个强度，特别是6、5、4几栏的评分更多。而在强度较低的1、2两栏给出的评分就比较少。在最后的平均分中，说藏语者的得分普遍要高于说汉语的人。除了风度一项略低外（高于5分），其他的各个特征项都是说藏语的人略高于说汉语的人。持藏语的人所得的最高分为总印象分5.92分，最低的则是风度一项的得分5.09分，所有的得分均在5分以上。持汉语者的最高得分是风度一项5.40分，最低的则是相貌一项4.76分，其中诚实、风度、能力、总体印象几个特征的分值在5分以上，其他都在4分以上。两个人的最后得分都没能超过6分。除风度外，其他各项均反映出不同程度的藏语倾向。

从把三所学校学生的评价合在一起得出的平均分来看，说藏语的人和说汉语的人在诚实这一特征上是几乎一样的，前者只比后者多了0.06分。在才智和身材两项，也认为两者的情况大体相当。这两个特征的差距分别是0.2分和0.3分。他们认为说藏语的人要比说汉语的人在这两个特征上高一些。

在可靠、热情、意志、能力几项特征上，总评的结果也倾向于说藏语的人，认为说藏语的人要比说汉语的人在这几个方面都要高得多，评价得分差距分别达到了 0.6 分或 0.5 分，这个差距还是比较大的。也就是说，他们认为说藏语的人更可靠、更热情，意志更坚强，能力也更强。

在相貌一项上，总评的结果和各个学校的看法是一样的，而且说藏语的人和说汉语的人在评价得分上的差距在总评各项中是最高的，达到了 0.8 分。这个差距除小于拉萨一中的 1.3 分外，均高于其他的两所学校。显然，这个总评的相貌评价表明，他们认为说藏语的人要更加好看，更加能够为他们所接受。藏族人觉得还是本民族的人更好看些，与自己更加相像，虽然他们在听录音的时候并不知道使用汉语朗读的人也是藏族。他们在相貌一项上的差异评价，比起其他的各项都要更明显，更突出，也更果断，语言的使用也会造成人们对于相貌或者说对人的美与不美的评价。

总体印象一项在总评的结果里，和其他各所学校的看法是一样的，说藏语的人和说汉语的人比较起来相差 0.6 分。在从总体上对两种语言说话人做出评价的时候，三所学校的看法和总评的看法都认为，说藏语的人要比说汉语的人高得多。在上列的十个特征项里，除了风度一项外，只是在诚实、才智和身材上差距较小，其他的几个特征项两个人的差距都比较大，有些特征项在各个学校的评价中所得分值差距就更大。

风度一项在上述的十个特征项里是唯一的一个不同。我们在以上的分析里就发现，拉萨一中和乃东中学都认为说汉语的人要比说藏语的人更有风度，而且分值的差距达到了 1 分左右，但曲水中学的看法则是说藏语的人在风度上好得多，两个人的分值差也达到了 1 分左右。所以总的评价结果就代表了大多数，在风度一项上，说汉语的人要比说藏语的人略好一些，分数差别是 0.3 分，略有不同。

5. 各测验结果和总计结果的比较分析

语言主观反应测验是西藏语言调查的一个部分。这一测验所选取的学校分布于西藏不同的城镇。从拉萨市城关区到拉萨的郊县曲水县，然后选择的是更远一些的山南地区乃东中学。三所学校对于使用汉语和藏语的人不同的主观评价比较情况如表 5 所示。

表5　各测验结果和总计结果的比较分析

项目特征	藏语				汉语			
	拉萨一中	曲水中学	乃东中学	总计结果	拉萨一中	曲水中学	乃东中学	总计结果
可靠	5.93	5.27	5.33	5.51	5.37	5.64	4.07	4.97
诚实	5.84	5.55	4.76	5.39	5.63	5.30	4.74	5.23
热情	5.61	5.52	5.17	5.44	5.47	4.98	4.19	4.88
才智	5.63	5.39	4.46	5.17	5.42	4.55	4.64	4.95
意志力	5.91	5.36	4.64	5.31	5.28	5.41	4.17	4.87
相貌	6.21	5.93	4.33	5.50	4.95	5.16	4.14	4.76
身材	5.68	5.07	4.93	5.23	5.51	5.18	4.10	4.94
风度	5.40	5.66	4.17	5.09	6.58	4.66	4.95	5.40
能力	5.70	5.77	5.05	5.51	5.54	5.34	4.26	5.05
总体印象	6.23	6.41	5.07	5.92	5.63	5.84	4.98	5.30

从表5可以明显发现，和总计的结果（见表4）相比较，乃东中学的各项评价分值，无论是对于说汉语者，还是对于说藏语者，都要低于总计结果，没有一项高于总计结果的。显然他们对于使用藏语者的评价不是太高，对于使用汉语者的评价要更低些，他们在观念上对于语言的使用还不是特别关注，我们认为这和乃东县相对偏远有一定的关系。但即使是这样，他们也还是认为除了风度一项外，说藏语的人其他的各项都要比说汉语的人好一些，他们依然倾向于使用藏语。在测验所涉及的各个特征项上，曲水中学和拉萨一中的评价分值都要高一些，而拉萨一中给出的分值是最高的，有的近7分。拉萨一中的测验结果表明他们对于语言所反映出的说话人特点的关注。曲水中学的测验结果仅次于拉萨一中。不过，除了个别项目外，都和乃东中学的测试结果一样，普遍地倾向于使用藏语的人，认为使用藏语的人在大多数方面都要好一些。特别是拉萨一中的测验分值，和乃东中学正好相反，每一项都要比总的平均分高一些，有的还要高出许多，尤其是对说汉语的人在风度上的印象十分肯定，评价分值极高。曲水中学的测验结果和总的测验结果相比，在大多数的特征上都要略高于总的平均分，只是在对说藏语的人的可靠性、身材、总体印象上以及对于说汉语的人的才智、风度上的评价略低于总的平均分。

如果从三所学校对于两种语言说话人的具体评分来看，也是有差异的。首先，各个特征项的评价，无论是对说藏语的人，还是对说汉语的人，拉萨一中的分值都要高于乃东中学的分值，而且两所中学的测验平均分差别比较大，如对于说藏语人的相貌评价之差就有 2 分左右，可见拉萨市城关区在语言观念上的明显不同。曲水中学对两个说话人给出的分值从总的来看也要比乃东中学的高，只不过没有拉萨一中的差距大。在对说藏语人的可靠性和对说汉语人的风度方面的评价，乃东中学要高于曲水中学，其他各项均要低一些。如果拿拉萨一中的各项平均分和曲水中学的各项平均分作一对比，在对说藏语人的评价上，风度、能力、总体印象几个方面前者比后者略低。在对说汉语者的评价上，可靠性、才智、意志力、相貌几个方面前者略低于后者。其他的各个特征方面，拉萨一中都要高于曲水中学。不过，在总体平均分的分布上，可以看出，拉萨一中的平均分在多数项上要比曲水中学高一些。曲水县在语言观念态度上仅次于拉萨市。他们对于说汉语者的评价也普遍很高，只是次于对说藏语者的评价。

（三）测验结论：语言态度对西藏汉语习得和使用的相关影响

我们已经对三个调查点的测验情况作了分析和比较，对最后总的结果也做了讨论。可以看出，这三所中学带有所在三个不同城镇的特点，反映在对于藏语和汉语使用的评价上。他们的评价虽有一些不同，但大体上是一致的，那就是说藏语的人总的来说要比说汉语的人在各方面的评定上要高一些，这和最后总的平均分一致。最后的总结论是，除了在风度上略低外，说藏语的人在其他各个方面都要高于说汉语的人。说汉语的人在风度一项上略高的原因我们已经作了可能的分析。现在要说明的是，我们将评价的对象作为说藏语的人和说汉语的人来讨论，是站在受测者的角度进行的。实际上，录音的人只有一个，只不过是用了两种语言而已，他的各个相关特征是一定的，不存在上述的高低不同。他们对于一个人所作出的不同判断和评价，是由说话人所使用的藏语和汉语的不同引起的。也就是说，他们在对待藏语和汉语的态度上是不同的。

测验表明，在语言态度方面，藏族居民从总体上更倾向于使用藏语。他们对于汉语的使用也有较大的倾向性，但对汉语的倾向性要低于对藏语的倾向性。这种倾向性对于西藏的汉语习得和使用会带来不同程度的影响。这种语言观念有着因城镇所在地域的不同而产生的不同变化。西藏的藏族居民在藏语和汉语选择上的倾向性，也反映出藏语和汉语在西藏不同的使用程度和发展前景。藏语在西藏是最普遍、最有影响力的语言，汉语也会因西藏社会的不断发展和当地居民语言观念的变化而得到更多人的习得和使用。

四、藏语情结

藏语是藏族的母语。藏语情结就是母语情结。索绪尔提出过“乡土根性”的概念，指出这是一种原始的情感和观念，认为自己民族的语言高人一等，歧视其他民族的语言，始终忠实于自己的语言传统。[①]陈原把这一概念改称为“语言感情”，指的是在不流行自己民族语言的社会环境里强烈地要用自己父母的语言来交往；能使用另一民族的语言，但觉得还是使用自己民族的语言最能表达感情。[②]“母语情结”是借用精神分析学派的术语而来的，和以上两个术语的主要意思是一样的，简单地说就是对于自己民族的或是从小习得的语言的深厚感情。母语情结是各民族普遍存在的现象，无论是只掌握一种语言还是双语或多语的人，都是有母语情结的。

（一）藏语情结的存在基础

语言情结有着客观上的藏族文化环境和主观心理、语言能力等方面的存在基础。

1. 文化心理

藏语情结首先是一种藏族的文化心理，不仅仅是语言或语音上的

① 索绪尔：《普通语言学教程》，第266页，高名凯译，北京：商务印书馆，1980年。
② 陈原：《社会语言学》，第357页，上海：学林出版社，1983年。

相同，还是藏族人之间心理或心灵上的相通，某种程度上会影响人们习得和使用汉语的能动性。很多长期在外地工作的人会因还能够说藏语而觉得欣慰和骄傲，并受到藏族其他居民的认可和欢迎。所以，即使是在教材、教学上汉语使用几率较高的西藏初中或高中，甚至在西藏大学，课堂上使用的语言还是离不了藏语，并且往往还是以藏语为主的。课堂以外则更是藏语的世界，教师、学生都是这样。我们在调查时根本就听不到藏族人之间说汉语。原因很简单，除了说汉语的水平的限制以外，都不会使用汉语来对话。藏族人之间，没有什么理由，也不需要解释什么，都乐于使用藏语，如同就只会使用藏语一种语言。

藏族文化有着潜在的力量，是藏民族的共同财富，使得在藏语言的使用上，具有某种约定俗成的性质，是进入人们潜意识的一般事实。藏族文化渗透于当地的传统、文化、宗教、信仰、礼仪、道德和藏民族文学、艺术等各个方面，世代相承，历史久远，已根深蒂固地成为藏民族群体的精神纽带。藏语作为藏民族文化的载体具有强大的亲和力和凝聚力，其影响深刻而顽强。藏语情结在无形之中制约着藏民族的语言行为和个人的其他行为，藏族人对于藏语的习得和使用是下意识的、不假思索的。这也使得藏语成为西藏社会生活不可或缺的交际工具。藏语情结或称作对于藏语的感情是打小就有的，是出生后在对父母或亲近者言语的不断理解、获得和发展中得到加深和巩固的。

2. 社会心理

藏语情结实际上也是一种社会心理，有着深刻的社会根源。藏族居民对于汉语的习得和使用是出于现实的、社会的其他方面的需要，而不是出于心理的需要，没有文化的基础和根源，功利性或工具性更强，或者说他们学汉语就是出于功利的和现实工具的目的。藏族居民习得和使用汉语的现实作用很大，没有第二语言汉语，他们大多会在生活中遇到许多障碍甚至在口头的交往、信息的获得等方面都会受到影响。绝大多数的藏族居民习得汉语，就是为了实际的使用，一边学，一边用，特别是口语上的技能运用。这种实际使用需要的发展将越来越快，人数也将越来越多。越是对外交往多、接受的教育层次高，汉语的作用就更显重要。这和内地的汉族等其他的居民习得和使用英语极不相同，他们在学习第二语言的愿望上，可能远不如藏族人（说少数民族语言的人）。[①] 将英语作为第二语言来习得的汉族没有太多现实的使用压力，大多只是为了升学的需要，如果不是升学的需要，学英语的人数就会大大减少。

3. **语言能力**

语言情结不是只在意识上存在，它实际上具有语言能力上的基础，母语往往是一个人最擅长使用的语言，在感觉上是第二语言无论如何都无法替代的。语言能力是人们掌握语言的认知结构，也是运用语言进行语言活动的智力结构。藏族居民长期生活在藏语的社区或环境里，他们的语言能力自幼在藏语的基础上形成，他们已经形成和习惯了在藏语的认知模式下进行的使用藏语的语言活动，无论是在广大农牧区的纯藏语区还是在汉语成分多一些、语言环境相对多元的拉萨市都是这样。藏语使用的这一习惯势必会影响人们对于汉语的习得和使用。对于西藏的藏族人来说，他们的语言活动、信息表达和传递已经适应、习惯了藏语母语的各项法则，发音的器官以及其他的生理功能已经形成了在藏语使用上的配合和默契。这在藏族人之间是相同的，它使藏语的表达变成了一种本能的习惯，决定了西藏地区的藏族人群拥有同样的语音特点和发音习惯。

（三）藏语情结的相关影响

藏族人对于汉语不会有上述的同样的情结，语言能力是其存在的原因之一，藏族人使用汉语还达不到像藏语那样的充分和自由，但主要的还是来自文化和社会心理方面的影响。不过，只盯着自己熟练的语言，可能会片面地强调某一语言的个性。[②] 藏语情结带有地域观念

---

① ［美］卡尔·康拉德·迪勒：《语言教学论争》，第 126 页，孙辉、葛绳武译。天津：南开大学出版社，1992 年。

② 商务印书馆编辑部：《21 世纪的中国语言学（一）》，第 212 页，北京：商务印书馆，2004 年。

性质。地域观念越是浓郁，对社会和文化发展的制约作用就越大，在现代社会更是如此。因此在西藏现代化进程中，必须有意识地逐渐淡化历史形成的传统地域观念。① 西藏汉语习得和使用水平的高低和社会的普遍状况，也能够反映出西藏社会的封闭程度和人的心态的保守程度。就西藏目前的社会经济等方面来看，西藏地理上的不同区域和人的年龄上的不同分层已经表现出这一特点和趋势。

第六节　小结

语言研究会因为视角的不同和使用的研究方法不同，而会使研究者关注语言的不同方面。实际上，一个社会共同体中各个集团的语言关系，主要取决于他们相互间的交际需要与相互间的语言态度，与各自语言（或方言）结构上相同点或有或无、或多或少并无多大关系。② 如果将社会学的方法和语言学方法结合起来，就要对语言使用现实的许多问题做出解释，这样可以掌握语言在现实社会使用中的实际状况以及存在的问题，从而提出适合于语言实际的措施和方法，使语言的使用更能够适合于语言的和语言使用者的需求。以现实为起点，还可回溯某一语言发展和使用的历史，寻找现实语言问题的历史背景和原因，预测语言未来发展的可能和趋势，使语言的发展始终能够和社会的与人的发展相一致，避免因语言的使用和发展而带来社会发展诸方面的问题。

我们从语言习得者的角度，探讨西藏汉语习得和使用的影响因素，可以把这些因素分为两个方面：个人的和社会的。当然这里的个人不是哪一个人，而是习得者群体，是西藏的藏族居民群体。个人的因素和社会的因素往往是结伴而发生、而存在的。个人的因素一般来说要受社会因素的制约，而社会因素又与个人的因素密切相连，所谓的社

① 星全成：《藏族传统文化及其现代化》，第188页，西宁：青海民族出版社，2002年。

② 商务印书馆编辑部：《21世纪的中国语言学（一）》，第111页，北京：商务印书馆，2004年。

会因素不过是个人因素的集合体，没有了个人的因素，所谓社会因素也就不存在了，个人的因素也有其社会因素的深刻根源。人在本质上也是社会的人。

我们把西藏汉语习得和使用的影响因素作了如上的划分和讨论，是相对而言的。如果将这些因素放在一起来看，它们之间又有着不同程度的联系。语言规划是政府行为，是从整个社会语言的发展和使用需求角度作出的，有深刻的国家背景以及往往比较复杂的国际背景。语言本身的研究无助于这方面问题的分析和解决。西藏的语言规划行为主要是针对藏语的。汉语是全国通用语，西藏和其他省市区一样需要贯彻和落实国家通用语言文字法，推广和使用汉语，西藏的社会发展也需要不断提高藏族居民的汉语水平。这是社会角度的因素。从个人的角度来看，藏族居民个体也有一个发展和需求的问题，这同样也需要不断提高汉语水平。西藏的语言规划就要反映和落实这两个方面的需求。但从西藏的语言规划本身来说，强调的是藏语文，对于藏语文学习和使用作出了尽可能详尽的规定，并在实际的工作和生活中给予了大力的强调和监督、鼓励和支持。藏语文在西藏达到了有史以来最为繁荣和兴盛的时期，使用范围和程度极其广泛和深远，并和现代的科技发展紧紧相随，融进了现代科技手段的创新和使用，满足并超出了藏族居民对于藏语文实际使用的需求，这在前文的讨论中我们已经作了分析。比较而言，汉语文在西藏的习得和使用就远没有藏语文那样兴盛和发达，处于名副其实的第二语言的地位。汉语的习得和使用在西藏的语言规划中只是寥寥几笔，缺乏详细思路的推广和激励措施。受其影响，站在语言使用者的角度看，西藏的汉语习得和使用总体上规模小、水平低、人数少。从政府的角度来看，无论是中央政府还是西藏自治区政府，其重视程度都不及对藏语，尤其是在学校教学这方面问题很多。这一切均主要源于语言规划的影响。

繁荣西藏的汉语习得和使用，具体还要看个人的情况。西藏的藏族居民对于藏语的偏爱和感情也是藏语文占尽语言空间的原因之一。人们在语言的观念上总是倾向于藏语文的习得和使用，从而带来实际语言生活里的藏语主体地位和强势影响。这和西藏的语言规划目的和期望是一致的。无论是西藏个人的语言状况，还是社会集团和单位的语言状况，都反映出藏语的这一强势地位。换言之，西藏的个体语言使用也是将汉语放在了第二的位置，并且多数人还谈不上对于汉语的习得和使用。受学校汉语教学落后的影响，人们通过多年的学校教学，没有能够获得多么高的汉语水平。需要在实际生活中较多使用汉语的，会在不同的途径下继续提高，对于汉语使用需求不大的则没有了继续提高的可能。个人在习得和使用汉语过程中学习品质方面的动机、方法、智力、态度等因素会带来一定的影响，有时可能还是巨大的影响。西藏个人需求的、心理的、文化的等一切因素都对汉语的习得和使用造成或多或少的影响，并且是倾向于藏语的影响。

但藏语毕竟只是西藏的区域性通用语言，西藏不会也不可能关起门来自己发展。实际上，西藏今天的快速发展，离不开汉语的作用。所以，汉语的习得和使用在西藏也有着广泛扎实的社会的、个人的基础，存在着旺盛的对于汉语习得和使用的现实和未来的需求。这种需求首先来自社会对于汉语的需求，然后才是适应社会变化的个人需求的变化。这种对于汉语习得和使用的需求，必然会带来西藏语言环境的变化，促进西藏学校的汉语教学，人们对于汉语的态度也会有越来越大的倾向性。但我们认为，这种倾向性的变化，或是语言环境的变化，都要有合理的一系列措施来保证。人群自发的汉语习得和使用在西藏正在不断地增加。我们应在措施、观念等方面有所改变，保障和满足西藏居民对于汉语习得和使用的需求。只要西藏要发展、要现代化，就必然有汉藏民族的接触，就必然有汉藏语言的接触，就必然有对汉语的习得和使用。我们的一切策略和措施都要服从和服务于这个发展的趋势，个人在习得和使用汉语的努力上也要适应这个发展的趋势。也只有这样，才会有藏语和汉语的、社会和个人的持续发展上的协调和一致。

第六章　汉语习得和使用中藏汉语言的相互影响

本章我们要讨论在西藏汉语习得和使用过程中，藏语和汉语的相互影响。我们认为这也应当是西藏语言及其语言问题分析和解决的不可偏离的方向和关键。所谓藏语未来的发展及其所承载的文化、社会等功能说到底还是为藏族群体服务的。换句话说，使用藏语的藏族居民也就是语言的习得使用者是藏语未来发展和社会作用的核心。汉语也是一样的，世界各语言也一样。离开这个核心到别处去寻找问题的缘起和解决方案，包括其他语言的原因和藏语自身的原因等方面，都不可能真正解决问题。如果一定要强调这些次要的或者不相关的方面，将无助于语言如藏语诸多问题的解决，或者说可能就不是为了真正解决藏语等语言的相关问题，而是出于其他的考虑和打算。我们仍将以语言社会使用的需求和自身发展为方向，选取主要的与语言使用者密切相关的几个方面来进行，包括藏族居民使用藏语母语进行口头表达中汉语词的混用；藏语现代发展中对汉语词的引进和吸收，也就是藏语词汇的借用和创新问题，这主要指的是书面的，具有某种语言专业使用的特点。

第一节　藏语口语中的汉语词混用

一、语码混用在双语人群中的普遍性

语码混用是指在双语条件下，以一种语码为主，再夹杂其他类型

语码的现象，如汉语中夹杂一些英语或普通话中夹杂方言等。语码混用与双语不同，双语指能够掌握和流利使用两种语言交际，是两种语码并重；语码混用则是以一种语码为主，其他语码为辅，有主有次。语码混用的目的是在语用环境下，根据需要转换语码，以取得更佳的表达效果。汉语和英语的词语混用现象无论在口语表达还是在书面语表达中都较为普遍，比如在经济领域或计算机领域中就很突出。像人均 GDP、你今天 QQ（聊天）了吗?、第 N（若干次）次接触、sport look（运动型）的女孩等等，可以信手捻来。总的来看，语码混用使语言表达更简洁、快捷、方便。

我们认为，语码在某种意义上讲，可以是某一语言中的语句构成单位，比如词、词组等。[①] 语码混用多指词语混用。我们讨论汉藏语言的词语混用，是要考察在以藏语为主体的语言使用中，夹杂使用汉语词的情况。这些夹杂使用的汉语词，有的是藏语基本词汇里固有的，但用的是汉语形式，大多则是被称为“新词”的汉语词，藏语里过去没有这部分词语，是通过借用或创制的手段[②]，吸收了这部分“新词”，也就是说藏语里现在已经有了与之相对应的词语。不过在语言的实际使用中，尤其是口头表达中，一部分藏族人还是喜欢使用汉语原词。我们以熟练的汉藏双语者为对象，通过大量的日常交谈记录，整理了一部分藏语使用中所夹杂的汉语词，也就是藏语里混用的汉语词。我们发现，统计的结果和我们预料的并不太一致。我们起初认为，藏族人在使用藏语交流中，可能混用一些汉语词，这些汉语词主要是政治、经济、科技方面的术语，也就是所谓的“新词术语”。但人们在日常生活交谈中，所涉及的“新词术语”并不多，大量的还是日常用语，并不是什么新词，像“自己”、“过来”、“那么”、“房子”、“口水”等等。

① “语码”这一概念目前尚无一致的界定，包括从语素到句子等不同的层次。“语码混用”可指一种语言中夹杂使用另一语言词汇的现象，参见“中国语言生活状况报告”课题组编：《中国语言生活状况报告（2005）》，第 213 页，北京：商务印书馆，2006 年。

② 藏语从汉语中引进新词术语主要采用创制的手段，下一节将专门讨论。

二、藏语口语中汉语词混用的调查和统计

下面是我们统计的在藏语口语中经常混用的部分汉语词，并尝试加以分析和讨论。这些词语在藏语里都有对应词，并不是什么新词（藏语中尚未引进的汉语词的偶尔夹杂使用不在本节的讨论范围），然而能够熟练使用藏语和汉语的藏族人会在日常的口语里，不用程度地使用这些汉语词（书面表达中不存在这一情况）。也就是说在他们使用藏语母语进行交流时，会或多或少地夹杂使用一些汉语词。当然，掌握汉藏双语者会因其汉语或藏语水平的不同而在汉语词夹杂使用中表现出并不一样的情况，同样的一个或一组汉语词在不同的汉藏双语人的表达中也并不完全相同。对此，我们在日常统计整理的基础上，做过一次问卷调查（设计见附录）。调查的对象是随机选取的中央民族大学在读藏族研究生，时间在 2007 年的 10 月份。调查中发出问卷 50 份，收到 49 份，其中合格问卷 47 份。结果表明，这些熟练掌握藏汉双语的人都不同程度地混用过下列汉语词。他们在使用藏语交流中绝对不混用汉语词的情况是不多见的，同时也认可这些词语并不是“新词”，而是藏语里固有或引进的，十分熟悉。其规律和缘由和所有的双语人如通晓英汉双语者一样。以下词语大致作了分类，是为了讨论的方便，不苛求绝对的划分。①

专业用语：研究　观点　结论　个案　模式　学科　学术　价值
宗教　藏学　民间　信仰　多元　哲学　层次　崇拜
成果　结论　主题　角度　报告　成果　博士　硕士
本科　专业　学历　地理　课题　佛教　提纲　选题
文凭　历史　论文　学分　敦煌　开题
深层次　理论界　理论性　教育系　研究生　理工科
民族学　人类学　边缘化　社科院　出版社　藏学系

① 限于本文主题的约束，我们在本节只是将“藏语中汉语词的混用”作为汉藏语言接触中的一种普遍或有必要引起关注的语言现象提出并加以粗线条的分析，藏汉语码混用现象更详细的调查和理论探讨我们将以专门项目进行研究（中国博士后科学基金第 5 批特别资助项目）。

责任编辑

阿基米德定律

经济术语：利益　绿化　沙化　护沙　工业　开发

生态环境　青藏铁路

科技术语：微机……（略）

政治术语：吐蕃　局长　行政　厅级　处长　国家　总统　南非

西方　英国　挂职

乡长　书记　州长　常委　正科

公务员　人事局　副乡长　副市长

中华民族　多元一体

市委办公室

生活用语：谁　腿

活动　善恶　两个　娱乐　初中　大学　毕业　拉中

校长　高三　面前　时候　谦虚　回家　感觉　没事

冷酷　心里　天天　计划　不但　方面　或者　落后

时候　好处　那么　就是　觉得　废话　老师　非要

结合　要不　以后　发展　其实　具体　内容　年龄

毕竟　只要　影响　特别　重要　刚才　打杂　考研

干吗　自己　考试　脑子　房子　面包　牛奶　要是

结婚　过来　过去　车费　一间　半间　大家　打工

车子　花店　支持　闲着　男人　女人　亲戚　口水

淹死　星期　上网　第三　其次　招聘　漂亮　对着

刁民　活该　蚊子　吃药　太多　川大　压力　生活

消费　双方　解决　空气　气候　那边　彩票　沉默

选择　爆发　估计　想象　根本　直接　回家　劲儿

背叛　分手　吃亏　喜欢　另外　身体　要命　最多

一年　要么　讨厌　麻烦　伤害　路面　专门　解释

更热　明天　讲座　奇迹　歌星　合适　迷倒　想法

成熟　芳心　下次　上回　孩子　长大　妹妹　写写

看着　果酱　过了　你们　考博　头头　马上　两天
门票　扯淡　大家　算了　人家　男女　难吃　条件
假期　包间　去年　反正　前面　后面　蛋黄　头晕
恶心　感冒　地铁　电梯　昨天　前天　新闻　代价
电话
51 页　91 年　10 万　39 度　三千
以至于　点以下　这句话　你们那　费孝通　大多数
小师弟　这个班　快得很　搞教学　压担子　放不下
事业心　考到这　不分心　所以说　特别活　重要性
假如说　同样的　大不大　考到这　要不然　应怎样
太散漫　都没定　参考书　差不多　很吃力　人太多
四五个　嫁老公　最起码　在郊区　卫生间　没房子
有房子　四轮车　在家里　不让去　女博士　三种人
我同学　黑黑的　六层楼　15 号楼　一句话　星期天
下一代　寄希望　长时间　新环境　小家伙　精得很
女孩子　卖桃子　直接回　啥时候　双硕士　六月底
八月份　主要是　比较好　顷刻间　划不来　三个月
写清楚　就这些　某些人　一点半　吃饱了　办公室
高起点　不一样　有就好　给四百　五百米　网络图
试用期　顺得很　教师节　次数少　那男的　要不然
可大可小　边远地区　第一学期　你们这样
更进一步　模糊得很　一个老师　喜欢就干
养家糊口　必须得去　不生孩子　乱七八糟
可惜得很　坚强得很　什么样的　另一方面
没有什么　少的方面　后半部分　人心惶惶
最后一年　学生时代　第一个月　不好意思
一个十块　吞吞吐吐　从来没见过　愿意干就干
你可以有事干　无风不起浪　另一方面来说

其他词语：方法　独特　文化　生活　精神　体现　信仰　外在

生存　环境　现象　依据　原始　具体　吸纳　各种
因素　评价　背景　创造　师资　力量　重视　说明
关键　目的　明确　藏族　规律　写作　访谈　汉族
结合　细化　非常　纯粹　解决　积极　尝试　锻炼
适合　事业　自私　世界　阶段　年龄　享受　修改
资料　报告　时间　地点　交流　目前　状况　书评
层次　发表　译文　个体　关系　探讨　发生　首先
丧葬　习俗　传统　节日　转变　改变　进程　思想
消灾　安宁　村子　形成　补充　促进　任何　文集
引文　原因　提交　应该　教学　质量　手法　认同
暴徒　种族　灭绝　文明　道德　恐怖　地图　残酷
屠杀　文学　杭州　西湖　新疆　香港　教育　北京
南京　西藏　创造　发明　矛头　安全　火车　汽车
学生　报账　实习　调查　兰州　游击　战争　资料
团长　领队　发票
破坏性　锻炼性　发展史　图书馆　管理书　调查点
参考书　不足点　八达岭　特殊性　毛主席　颐和园
莫高窟　裕固族　青藏高原　基础知识　地理环境
相关研究　安多研究　入乡随俗　西北民院
科研单位

三、藏语口语中混用汉语词现象分析

从上述的词语来看，这种汉藏词语的混用现象，和汉英的混用现象极为相似。很多混用的英语词如 money、check、happy、beach、fax、fold、party，甚至 bye bye 等等，这些词语都是汉语里所固有的，属基本词汇。所以我们一方面要注重藏语词汇的借用和创新，不断提高藏语本身的记载、传承和表达能力，也要看到在汉藏语言的接触中，汉藏文化的相互吸收和交融，看到语言使用本身的需求变化。

（一）汉藏词语混用体现特殊语言风格

实际上，汉藏词语混用体现了藏族群体中某些阶层的特殊语言风格，反映了人们的价值观和审美观，反映了人们在语码选择上的好恶或新的习惯。在藏族人群内部，不同的群体有不同的语言使用习惯，这一点我们都是认可的，不需要再讨论。通过这些习惯可以帮我们划分出不同的社会群体。汉语中 money、check、happy、beach、fax、fold、party 甚至 bye bye 等等英语词的混用是这样，藏语里“自己”、“过来”、“那么”、“房子”、“口水”等等汉语词的混用也是这样。汉语词在藏语口语表达中的混用，一般是在藏族人群中文化水平较高、汉藏语言都熟练、在语言表达中追求新颖、色彩或时代感的一部分。有一个明显的例子，藏族大学生在使用数目词时，常会选择汉语的数目词形式，这样显得更方便、简洁，易于为人们所接受。

（二）藏汉词语混用体现汉藏文化交融与碰撞

语言是文化的组成部分，语言是文化最重要的载体，语言与文化密不可分。因此语码混用带给我们的不仅仅是语言问题，还是不同文化接触的结果，是思维和生活习惯的变化。在调查中我们发现，出现在藏语里夹杂使用汉语词的汉藏双语人大多主要生活在汉语区，[①] 在汉语区有较长期的或正在进行的工作或学习过程。在汉语区，他们面临较多的和非藏族人群交往和接触的机会，较多拥有使用汉语的场合。他们十分熟练的汉语水平与此有着密切的关系。在汉语区，他们和使用藏语的本民族人群交往的机会和场合往往并不占大多数。在大量使用汉语表达的人群、媒体、图书等影响下，他们的思维方式和语言使用出现了使用汉语的习惯。这种习惯会在使用藏语的表达过程中产生影响，出现汉语词的夹杂现象。同时，会因话题、对方藏语的熟练程

① 我们将以汉语为主要语言的我国内地称为汉语区，而以民族语言如藏语为主要语言的地区称为非汉语区，是语言学上的一种划分，详见绪论部分。

度、个人癖好等而有不同。这就像各个民族包括藏族的服装、音乐、饮食等一样，出现新的形式和习惯，是汉藏等各民族文化交流、吸纳、融合的一种表现。在访谈中大家普遍认为，一个汉藏兼通的藏族人在离开汉语区回到藏语区，或与藏语单语人交谈时，情况就会发生变化，使用的汉语词汇会减少或有质的不同（可能是音译的词语）。英语词语混用体现了传统文化和西方先进科技文化的融合，体现了中西文化的交融与碰撞。汉语词在藏语中的混用则带来了汉藏文化等各个层面的接触和交流，这些对我们了解世界、掌握国际、国内各方面的最新信息，更好地融入现代社会起到了相当大的作用。

我们在分析中也看到汉藏文化碰撞的一面。如有些流行的新事物，出现的新事件、新词语，我们尚未来得及翻译，找不到一个适合的词语去称呼，如果硬要用藏语表达，可能会用很长的一个句子解释，用藏语来表达会词不达意，如“扯淡”、“可惜得很”、“无风不起浪”、“小家伙”、“恐怖”、“废话”、“活该”等。更何况，就目前藏语词语引进的速度来看，藏语新词出现、规范、推广的速度，与其他所有的语言一样，远远跟不上语言实际使用的需求。所以，藏语口语中汉语词的混用，则弥补了这一问题，使人们的语言表达能够按照说话人的意愿进行，是普遍的，也是必然的，这本身对于藏语的发展和使用也是有益的。一种语言越丰富，越发达，就越可能夹杂各种外来词。因此可以说汉语词的混用正是藏语丰富的表现之一。藏族人的汉藏双语水平越高，混用汉语词的分量就会越大。科技术语类就是这样。藏语科技术语的借用和创新已有多年，但由于科技快速发展，不可能与科技同步，科技术语中汉语词的混用是必然的。如“计算机”、“杀毒软件”、“网站”、“科技市场”等有的已有对应的藏语词，有的还没来得及译介，人们往往直接将汉语词混用到藏语的表达中，补充了藏语或表达者在词汇方面的不足。

（三）汉藏词语混用主要源于表达自然的需要

汉藏词语混用的原因还有很多，但其主要的原因还是出于表达自然的需要。对于汉藏双语人来说，他们在表达特定对象时，大多愿意选择使用汉语原词，而不是藏语的汉语借词或新创制的词语，甚至不使用相关的藏语基本词。比如“宗教”、“责任编辑”、“吐蕃”、“谁”、“两个”、“初中”、“漂亮”、“喜欢”、“身体”、“去年”、“前天”、“三天”、“星期天”、“吃饱了”、“我同学”、“啥时候”、“一个十块”、“汉族”、“时间”、“西藏”、“火车”、“汽车”、“青藏高原”、“安多研究”等等，非常多。这没有什么特定的目的，只是一种完全自觉的行为，一种表达需要，这样做使说话者觉得表达得更清楚、更顺利。我们也在搜集大量实例之后，发现汉藏混用只在某些语言群体、某些社会阶层和语言场合使用，即在新型语言族群和特定的场合，只要离开这些特定的语言群体和语用场合，它基本没有生存的空间。对于占藏族人口90%左右的农牧区居民来说，他们的语言表达中尚不存在夹杂汉语词的问题。其主要的原因是文化程度相对不高、汉语习得和使用的水平很低。和混用汉语词的熟练汉藏双语人相比，他们的语言表达能力、语言的丰富性要低很多。由此从社会语言学的角度来看，藏语里混用的汉语词属于一种有限的局部语码。

汉藏词语混用现象是语言与文化接触的产物。相信，随着改革开放的不断深入，西藏现代化发展步伐的加快，藏族整体教育水平的提高、汉语习得和使用程度的提高，这种汉藏混用现象会日益增多，但还会是仅存于藏族人群里一部分特殊群体和满足特殊表达需要的现象，也必将在西藏社会语言使用中占有难以取代的一席之地。我们应肯定这一语言接触、文化接触中出现的必然现象，认可其在社会语言生活中的积极作用。

第二节　藏语新词术语的创制

语言是社会交际的工具，也是思维的工具。语言作为社会现象总是要受到社会的制约，特别是语言中的词汇对社会生活的变化极为敏感，需要不断借用和创造新的词语去适应层出不穷的新事物、新概念，原有词语也会产生词义轻重、褒贬色彩、使用范围、词语搭配、语体色彩等等丰富的变化，以完善语言的工具职能。美国英语是这样，英国英语、汉语、日语等几乎所有的语言都是如此。藏语也不例外。

西藏社会正经历着前所未有的全新的快速发展，藏语作为具有极大生命活力的语言，也和西藏社会的发展紧密相随。我们认为，藏语发展水平应该和西藏社会的发展相一致，应该记录西藏社会生产力的不断发展和社会变化。

西藏社会的发展和其他地区一样，是在不断开放和变革中前进的，采用新技术、吸收新经验一直伴随着西藏社会历史的和现实的发展。在这一过程中，藏族和汉族等民族间的交往不断加深，藏语和其他语言的接触就不可避免，而且是必然的。藏语和汉语的接触又是首要的和主要的。汉藏语言的接触由来已久，藏语和汉语相互间的词汇借用现象和其他语言一样，贯穿于社会的历史发展过程。在社会发展加快、科技日新月异的当代，新词术语的创制成为藏语未来发展的紧迫需要，也是藏语发展的必由途径之一。

一、历史发展特点

研究表明，语言是相互取长补短的，民族间的语言借用现象是普遍存在的。[①] 藏语和汉语同属一个语系，相互接触的历史悠久。藏语一方面通过本身的发展规律不断发展和丰富，另一方面也和其他语言一样，在历史的长河中，多方面吸收外来文化，引进别的地区、民族的语言成分来充实和提高自己，以满足交际的需要，加强表达的功能。自古以来，西藏同内地的接触就十分密切。汉藏民族间的交往必然带来语言的接触，词语的借用和创新现象便由此产生。经济、贸易、地方管理等方面都会产生大量的词语借用和创制现象。藏语在这一语言接触中，得到不断的丰富和发展。从史料看，藏族文化在吐蕃时期得

① 汪荣培、卢晓娟：《英语词汇学教程》，第 354 页，上海：上海外语教学出版社，1998 年。

到迅猛发展。吐蕃注重并加强了与毗邻地区于阗、吐谷浑及汉区等兄弟民族的文化交流，同时邻近的波斯、印度、尼波罗和迦湿弥罗等外族与吐蕃时期藏族文化的交流尤其频繁，包括天文、历算、医学、建筑、语言翻译、宗教、艺术以及工艺等方面，都与汉地相互学习借鉴，汉文化对藏文化的影响是很大的。《藏族史略》① 说："现在藏文字与汉文字音意相同的很多，如藏文称茶为ཇ（ja 读作 qav［$tɕ^{h}a^{12}$］贾），称地区为ཡུལ（yul 读作 yuev［jy^{12}］域），称山陵为སྒང（sgang 读作 gangv［$kaŋ^{12}$］岗），称广厚为ཐང（thang 读作 tangf［$t^{h}a^{54}$］坦）以及ཁྱོན（khyon 读作 kyoenf［$ȶ^{h}\tilde{ø}^{54}$］全），མཐུན（mthun 读作 tuenf［$t^{h}\tilde{y}^{54}$］同），ཡིད（yid 读作 yiw［$jiʔ^{132}$］意）等等，这说明在新创制的藏文中吸收外来的汉语很多，同时也表现了汉文对吐蕃文化影响之大。"尤其从唐代起，汉藏两族人民十分重视彼此的语言文字，并相互学习，从而加强了两族彼此的了解和友谊，两族交流的许多重大历史事件，如蕃唐通婚、建立友好关系等事件借用汉藏文字记录下来，成为汉藏友好交往的历史证物。汉藏语言在诸如"茶马互市"、"唐蕃古道"、"八大藏戏"等历史问题的渊源考证中的作用更是功不可没（前文已有述，这里不再展开）。在佛经翻译、医药和生产技术等方面都是如此。

历史上，西藏是一个全民信仰宗教的社会，藏语中的宗教词汇不断地增加，词语的借用和创新现象在佛经的翻译过程中更是大量产生，特别是中古时代，对藏语词汇发展影响最大。语言和文化的发展始终是相互促进的。早期大规模的佛典翻译是藏族文化史上的盛事，无论是研究宗教史、藏语史，还是翻译史等，其重要意义不言而喻。佛经的翻译中，新的概念、术语有的借自梵语，也有的来自汉语、英语等语言，其主要的方法是采用音译进行借用，也有的采用意译、拟声、缩略的方式进行。文化等社会生活其他方面的词汇，也有类似的情况。② 我们从众多地历史典籍中不难发现，藏族早在唐代就从汉地翻

---

① 华侃：《藏译佛典中佛教词语的译创》，《中国藏学》，2000 年第 3 期。

② 胡坦：《藏语研究文论》，第 331 页，北京：中国藏学出版社，2002 年。

译了大量书籍。佛经方面有赤德祖赞时期从唐朝翻译的《百业经》《金光明经》《律差别论》等；天文历算方面有《博唐八十数理》《五行珍宝包罗》《黄历》《八支》等；由文成公主带入西藏的生产技术书籍，由去汉地留学者翻译的汉语典籍等；医药方面最著名的则是《医药大典》等。这些典籍多由汉藏两地的学者合作翻译而成，大多结合了藏语的传统，多采用意译，音译较少，使这些吸纳来的汉语词能够和藏语相融合。

新中国成立后，西藏社会发展加快，汉藏语言的接触更为频繁，词汇的借用和创新现象也更为普遍，翻译的作品和翻译的方法与技巧都有了新的变化，也更规范，主要有直译、意译、音译等，方式灵活，大大丰富了藏语词汇，增强了藏语的开放性、兼容性和融合力、表现力，在一定程度上促进了藏语在当代的发展。

二、现状分析

由上述可知，藏语的发展变化一直和西藏社会的发展变迁密切相关。和平解放以来，西藏社会经历了根本性的变革，社会制度、文化生活、经济发展都已经发生并将继续发生快速的变化。所有这些变化，均需要藏语词汇的更新和发展，服务于和适应于西藏不断发展变化的社会生活。除了宗教用语外，社会生活中大量存在着每天都在涌现的新词新语，科技、教育、文化、政治、经济等成为词语借用的主要阵地，特别是科技术语的借用和创新，备受研究者的关注。藏语新词语的来源主要是借用与创新，其中以创新为主，借用为辅，二者互为补充，交互使用。创新又如“旧瓶装新酒”，使用现有的词语来表达新概念，包括从古代书面语中挖掘某些固定词语来表达，更常见的则是以旧材料为基础通过复合法或派生法构成新词，或以句法手段构成新的词组，表达层出不穷的术语群。藏汉同源，通过藏语固有的材料和藏语的词法和句法规则进行词语借用，其方法主要是全音译和半音译半意译。这些新词术语主要借自汉语，或通过仿译的方式使用藏语的固有词汇和结构引入汉语词语的意义。

西藏的现代化离不开藏语言的媒介作用。西藏要传播现代科技和文化，藏语中就需要引进大批与现代科技文化发展相一致的、反映现代科技文化成果的新词术语。特别是科技术语的丰富与否，反映着一个民族科技发展的水平。[①] 藏语中反映现代科技文化的术语主要在西藏和平解放以后，特别是改革开放以来，随着社会的巨变、现代化进程的加快，藏语中出现了大量的新词术语。西藏自治区近年来陆续出现了汉藏对照的数学、物理、生物、法律、生理卫生、历史、地理等多种专业术语词汇。青海省也实施了自然科学术语词典系列工程，涉及八种学科八万条常用专业术语。这些划时代的工程反映了藏族人民努力摆脱宗教束缚、接受科学洗礼、跻身先进民族之林的迫切愿望，对西藏和其他藏区的经济建设、科技进步和人才培养将起到极大的推动作用。

（一）藏语新词术语创制的方式

藏语新词术语的创制在主流上遵循一贯的传统，以意译为主、音译为辅，在充分利用藏语现有词语的基础上，参照汉语或国际通用语，利用藏语的构词要素与规则进行意译，也就是创造新的藏语词汇。难以意译的，就按照藏语的语音特点和藏文的独特拼写方式，将意译和音译结合起来进行（也有的采用音译手段借用）。其主要的方式有：

1. 使用现有词语的形式和意义。某些概念的意义如果能找到藏语对应的词语，就使用原来的形式（括号内为该词的本义，下同）。如[②]：

ཚོད་འཛིན

tshod-vdzin（限制，控制，掌握）

coefcinf

---

① 黄奋生：《藏族史略》，北京：民族出版社，1981 年。

② 本节所选藏语新词术语材料，主要选自周炜、格桑坚村：《西藏的藏语文工作》，第 445 ~518 页。在选择和分析这些语料的过程中，我们均得到相关专家和多位藏族研究生的精心指点和热情帮助，特此说明并致谢。

ts^{h}øʔ^{55}ts^{h}ĩ^{54}→制约

མ་རྐང

ma-rkang（股份）

mavgangf

ma^{11}kaŋ^{54}→股份

ནང་བཤུག

nang-bshug（出让，让卖，内部转让）

nangvxuh

naŋ^{11}ɕu^{52}→出让

2. 使用现有词语形式（旧形式）表达新意义，即“旧瓶装新酒”。如：

ཐེར་འདོན

ther-vdon（揭露，张扬）

teefdoenf

t^{h}eː^{55}tø̃^{54}→举报

འདྲ་ཆགས་པོ

vdra-chags-po（像模像样，冠冕堂皇）

zhavqacfbof

tʂa^{11}tɕ^{h}əʔ^{55}po^{54}→花架子

ཞན་ཆ

zhan-cha（劣，弱点）

xaenqaf

ɕɛ̃^{11}tɕ^{h}a^{54}→薄弱环节

གོ་དོན

go-don（含义，意义）

kovdoenf

k^{h}o^{11}tø̃^{54}→内涵

3. 意译——根据概念内在意义创制，使用旧材料构成新词语形式表达新意义。如：

ནད་དུག

nad + dug

（病 + 毒）

naevdugh

nɛʔ^{11}tu^{52}→病毒

དྲ་ཁང

dra + khang

（网 + 房子）

chavkangf

ʈʂa^{11}k^{h}aŋ→网吧

ཏ་འཕྲིན

tar + vphrin

（电报 + 信息，消息）

dafzhinf

taː^{11}ʈʂ ĩ^{54}→电信

ཡུག་ཚོང

yug + tshong

（〈一起〉卖）

jukvcongf

juk^{11}ts^{h}oŋ^{54}→倾销

ཁོང་དུ་ཆུད་པ

khong + du – chud – pa

（〈肚子〉里面 + 精通）

kongf duvquefbaf

k^{h}oŋ^{55}tu^{54}tɕ^{h}yʔpa^{54}→吃透

གསང་ཆེན

gsang + chen

（密＋最大〈的〉）

sangfqenf

saŋ^{55}tɕẽ^{54}→绝密

རྒྱན་ཤོག

rgyan + shog

（赌＋纸〈票〉）

gyaenvxoh

ʈɛ̃^{11}ɕo^{52}→彩票

4. 将意译和音译结合起来进行。如：

ནྭ་རྨིད་ཚན་རིག

nva – rmid + tshan – rig

（纳米〈音〉＋科学）

nafmih caenfrih

na^{55}miʔ^{52}ts^{h}ɛ̃^{55}ri^{52}→纳米科学

ཨེའ་ཀེར་རྟགས་གྲངས

en – ker + rtags – grangs

（恩格尔〈音〉＋系数）

enfgeef dagfzhangh

ʔẽkeː^{55}tak^{55}t ʂaŋʔ^{52}→恩格尔系数

དབྱིན་ཐེ་དྲ་བ

dbyinthe + draba

（因特〈音〉＋网）

yinftef chavwaf

j Ĩ^{55}t^{h}e^{54}ʈʂ^{h}a^{11}wa^{54}→因特网

ཨེ་ཙི་འགོས་ནད

etsi + vgosnad

（艾滋〈音〉＋传染病）

efzif goevnaeh

ʔe^{55}tsi^{54}køʔ^{11}nɛʔ^{52}→艾滋病

ཀྲེ་ཡོན་སྲིལ་སྲིན

kre－yvon＋sril－srin

（枝原〈音〉＋体）

zhefyoenf sifsinf

ʈʂe^{55}jø̃^{54}si^{55}sĩ^{54}→枝原体

5. 拟声——利用词语所反映事物的声音来造词。如：

སྦག་སྦག（འཁོར་ལོ）

sbagsbag＋（vkhor－lo）

（〈拟声〉＋轮子〈转〉）

bagfbah（kooflof）

pak^{55}pa^{52}（k^{h}oː^{55}lo^{54}）→摩托车

（二）藏语新词术语的结构

藏语有创制新词术语的优良传统。由于科技发展和社会生活变化的速度加快，藏语在反映新时期新变化上显得很贫乏，使用藏语进行科技传播、文化交流受到限制。这一状况经过五十年来的努力，已经有了很大的改观。藏语创制新的词语，其在构成的方式上，和一般词汇并无二致，主要的构成要素是语素和词。语素（词素）包括词根和词缀，词包括实词和虚词。由词素构成词，再由词构成词组（短语），这是世界上多数语言的通则。现代藏语的特点是词素多为单音节，词则多为双词素双音节。这也是汉藏语系语言的普遍特征①。

1. 单纯词——由一个词根构成，多为单音节，也有双音节或多音节构成的。如：

དར

tar（电报）

① 胡坦：《藏语研究文论》，第 341 页，北京：中国藏学出版社，2002 年。

daaf

taːr^{55}→电讯

གཏོང་བ

gtong-ba（给予，发放）

dongfwaf

toŋ^{55}wa^{54}→投入

དགེ་རྒན

dge-rgan（老师）

gevgaenf

ke^{11}kɛ̃^{24}→教员

2. 合成词（组）——两个或多个词根（词）构成一个词（组）。如：

（1）并列型

དྲག་འདེམས་གདན་ཞུ

drag-vdems + gdan – zhu

（选择 + 聘请）

chavdemf daenvxuf

tʂ^{h}a^{11}tem^{55}tɛ̃^{11}ɕu^{54}→选聘

ལྐོག་ཟ་རུལ་སུངས

lkog-za + rul-sungs

（贪污 + 腐败）

gofsaf ruevsungh

ko^{55}sa^{54}ry^{11}suŋ^{52}→贪污腐败

གཚང་གཅིག་ཆུ་གཉིས

gtshang + gcig + chu + gnyis

（江 + 一 + 河 + 二）

qangfjih qufnyif

tɕ^{h}aŋ^{55}tɕi^{52}tɕ^{h}u^{55}ȵiʔ^{54}→一江两河

དཔྱད་བསྡུར

dpyad + bsdur

（评〈比较〉+ 考）

jaefduuf

tɕɛʔ^{55}tuː^{55}→考评

（2）偏正型——按修饰语在中心语前后位置的不同可分以下几种：

① 形容词、数词修饰名词中心语时置于其后，是正 + 偏，与汉语不同。如：

སྡིང་རྩ

sding + rtsa

（层次 + 深）

dingvzaf

tiŋ^{11}tsa^{54}→深层次

འབབ་སྨར

vbab + smar

（收入 + 纯）

pacbvmaaf

p^{h}əp^{11}maː^{55}→纯收入

གཞུང་ལམ་ཨ་མ

gzhung – lam + a – ma

（马路 + 主要〈的〉）

xungvlamf afmaf

ɕuŋ^{11}lam^{54}ʔa^{55}ma^{54}→干线公路

② 名词修饰名词，则修饰语在前，是偏 + 正，同汉语。如：

གྲོང་ཁྱུལ་ཁ་པར

grong – khul + kha – par

（市 + 电话）

chongvkuef kafbaaf

tʂ^{h}oŋ^{11}k^{h}y^{54}k^{h}a^{55}paː^{55}市话

འབུལ་རྟེན

vbul + rten

（礼物 + 东西）

buevdenf

py^{11}tẽ^{54}→礼金

རླུང་ཁམས་བཙོག་སྐྱོན

rlung – khams + btsog – skyon

（大气 + 污染）

སློབ་ཐོན་ལག་ཁྱེར

slob – thon + lag – khyer

（毕业 + 证）

lobftoenf lavgyeef

lop^{55}t^{h} ø^{54}laʔ^{11}ȶeː^{55}→毕业证

གློག་རྡུལ་བསྐུར་མ

glog-rdul + bskur-ma

（电子 + 邮件）

logfduef guufmaf

lok^{55}ty^{54}kuː^{55}ma^{54}→电子邮件

（3）宾动型——动词和宾语的位置跟汉语相反，宾语在前，动词在后，是宾 + 动。如：

ཐོན་སྐྱེད་ཁ་སྒྱུར

thon-skyed + kha-sgyur

（产 + 转）

toenfgyeh kacfgyuuf

t^{h}ø̃^{55}ȶeʔ^{52} k^{h}ə^{55}ȶuː^{55}→转产

མ་རྩ་བཞག་པ

ma-rtsa + bzhag – pa

（资 + 投）

mavzaf xacvbaf

ma^{11}tsa^{54}ɕək^{11}pa^{54}→投资

ལས་ཤོར

las + shor

（业 + 失）

laevxoof

lɛʔ^{11}ɕoː^{55}→失业

འོད་ལེན

vod + len

（光 + 曝）

ovlenf

ʔo^{11}lẽ^{54}→曝光

རུལ་སུངས་ལ་ངོ་རྒོལ

rul – sungs – la + ngo – rgol

（腐败 + 反）

ruevsunghla ngovgoef

ry^{11}suŋʔ^{52}laʔŋo^{11}kø^{54}→反腐败

（4）主谓型

ནམ་ལངས་ཉི་མས་འདེད་པ

nam-langs + nyi + mas + vded – pa

（天亮时 + 太阳 + 〈表正在〉 + 驱赶）

lamvlangh nyivmaeh dewba

lam^{11}laŋ^{52}ȵi^{11}mɛʔ^{52}teʔ^{132}pa→形势逼人

3. 派生词——由词根和词缀（主要是后缀）按藏语规则构成。如：

རགས་ལས

rags + las

（粗放＋〈后缀〉）

ravlaeh

raʔ^{11}lɛʔ^{52}→粗放型

ལས་སྒུག་པ

las + sgug + pa

（工作＋等＋者〈后缀〉）

laevguhba

lɛʔ^{11}ku^{52}pa→待业人员

གཞུང་ལས་པ

gzhung + las + pa

（政府＋工作＋员〈后缀〉）

xungvlaehba

ɕuŋ^{11}lɛʔ^{52}pa→公务员

4. 缩略词——常用词组依照规则进行省略与压缩，实现词化。如①：

（1）省略某些词根：科（学）技（术）

ཚན་རིག， ལག་རྩལ →ཚན་རྩལ

tshan – rig，lag – rtsal→tshan – rtsal

caenfrih，lagvzaef→caenfzaef

ts^{h}ɛ̃^{55}ri^{52}，lak^{11}tsɛ^{54}→ts^{h}ɛ̃^{55}tsɛ^{54}

（2）由自由词组变为固定词组，再压缩为双音复合词是藏语创制新词语的一种很常见的方式。例如：

算的机器→计算机器→计算机

རྩིས་ རྒྱག་ཡག་གི་ འཕྲུལ་འཁོར→རྩིས་རྒྱག་ འཕྲུལ་འཁོར→རྩིས་འཁོར

rtsis-rgyag-yag-gi-vphrul-vkhor→rtsis-rgyag-vphrul-vkhor→rtsis-vkhor

zih gyavyahgi puefgoof→zifgyah zhuevgoof→zifgoof

tsiʔ^{52}ȶa^{11}ja^{52}ki p^{h}y^{55}koː^{55}→tsi^{55}ȶa^{52}tʂy^{11}koː→tsiʔ^{54}koː^{55}

① 胡坦：《藏语研究文论》，第 344 页，北京：中国藏学出版社，2002 年。

三、存在的问题

藏语主要使用于藏民族聚居的地区如西藏和其他省的藏族自治州等。在实际的语言生活中，由于新的各种交往需要，人们在使用藏语中，和其他语言一样，几乎每天都在遇到新鲜的事物，每天都在使用新的或者是刚刚开始出现的词语。人们口头上使用的新词语更是不能穷尽。不管人们使用什么样的词语，只要交谈的双方理解即可达到目的。但如果词语使用的范围扩大，造成理解上的困难，就有必要加以规范、统一，避免出现语言使用中的诸多问题。藏语中新词新语在藏区能否被藏族居民所接受、习得和使用，还面临很多问题。所谓的新词术语，表现在书面上，主要是由使用藏语的人根据表达的需要和藏语特点，用上述的方法创制的。我们认为，这些新词新语的创制和借用一要及时准确，二要便于使用。从总的来看，藏语词汇的创新和借用还存在以下几方面的问题：

（一）在意译时对词语意义的理解有差异

我们将汉语词汇引入藏语时，需要尽可能地表现出其原有的汉语词意。一要准确理解汉语词意，二要选取适合的创制或借用的方法，使藏语相对应词语能较好地传达该词语本来的意义，同时又符合藏语本身的表达特点。例如：

ཁབ་ལེན་རྡོkhab – len – rdo

kacbf lenvdof

$k^h əp^{54} lẽ^{11} to^{54}$→吸铁石

འོད་རླབསvod – rlabs

ovlaebh

$ʔo^{11} lɛp^{52}$→光波

རྒྱ་མrgya – ma

gyavmaf

$ȶa^{11} ma^{54}$→斤

སྲང srang

sangf

saŋ^{54}→两

རྫབ་རླངས rdzab-rlangs

zabvlangh

tsap^{11}laŋʔ^{52}→沼气

གློག་རྩོལ glog-rtsol

lofzoef

lo^{55}tsø^{54}→电功

ཐང་རྒོད་སྔོ་ཁེབས thang-rgod-sngo-khebs

tangfgoeh ngofkeh

t^{h}aŋ^{55}ȶøʔ^{52}ŋo^{55}k^{h}eʔ^{52}→荒漠植被

སྔར་གྱི་ཚོགས་སྤྱི sngar-gyi-dzogs-spyi

ngaafgyef cofjif

ŋaː^{55}ki^{54}ts^{h}o^{55}tɕi^{54}→原集合

སྤོར་གཞུང་ལགས pvor-gzhung-lags

boofxungf lagw

poː^{55}ɕuŋ^{54}lɛʔ^{132}→表达理论

སྨིས་གྲུ་བཞི smis-gru-bzhi

mif chuvxif

miʔ^{54}tʂ^{h}u^{11}ɕi^{54}→平方米

སྤྱེ་ལེ spye-le

jeflef

tɕe^{55}le^{54}→公里

上述新创制的词语，在方法上有的是意译，有的音译+意译，表意准确，简洁明了。把握了汉语词的概念内涵，又充分发挥了藏语词的表达形式。

也有的新词则表达不够到位，主要是对词语意义的理解有误，或是译介时藏语相对应词语使用不当。主要是在意译方面。如以下几例：

1．“三起三落”可依“三”的意义不同而有以下两种译法：

（1）ལངས་རེ་ལྷུང་རེ་ལན་དུ་མ

langs + re + lhung + re + lan + du – ma→

（起 + 次 + 落 + 次 + 次数 + 很多〈表次数多〉）

langvref lhungfref laenv tuvmaf

laʔ^{11}re^{54}ɬuŋ^{55}re^{54}lɛ̃^{12}t^{h}u^{12}ma^{54}

（2）ལྷུང་ཐེངས་གསུམ་དང་ལངས་ཐེངས་གསུམ

lhung + thengs + gsum + dang + langs + thengs + gsum→

（落 + 次数 + 三 + 和 + 起 + 次数 + 三〈表三次〉）

lhungftengf sumftangv langvtengf sumf

ɬuŋ^{55}t^{h}eŋ^{55} sum^{55}t^{h}aŋ^{12}laŋʔ^{11}t^{h}eŋ^{55}sum^{54}

2．“绿色”不一定就是指“绿颜色”或“叶绿素”，以下两例均不能取“绿颜色”意，而是“无公害”、“安全”的意思。

（1）“绿色食品”可作如下意译：

གཙང་ཞིང་གནོད་མེད་པའི་ཟས་རིགས / དྲི་བཙོག་འགོས་མེད་པའི་ཟས་རིགས

gtsang + zhing + gnod – med – pavi + zas – rigs/dri – btsog + vgos + med – pavi + zas – rigs→

（干净 + 而且 + 无害〈的〉 + 食品）/（污染〈名〉 + 染〈动〉 + 没有 + 食品）

zangfxingf noew maenvbaef saevrih/chivzoeh goew maenvbaef saev rih

tsaŋ^{55} ɕiŋ^{54} nøʔ^{132} mɛ̃ʔ^{11} pɛ^{54} sɛʔ^{11} riʔ^{52}/tʂ^{h}i^{11} tsø^{52} køʔ^{132} mɛ̃ʔ^{11} pɛ^{54} sɛʔ^{11}riʔ^{52}

（2）“绿色通道”也可以这样意译：

ཐོགས་མེད་བདེ་འགྲོ་ལམ་ཆེན

thogs – med + bde – vgro + lam – chen→

（宽敞 + 畅通 + 大路）

toefmenh devzhof lamvqenf

t^{h}øʔ^{55}mẽ^{52}te^{12}tʂo^{54}lam^{11}tɕ^{h}ẽ^{54}

3.“菜单”（计算机术语）直译为：ཚལ་ཚོ

tshal + tsho→

（菜 + 单〈列菜名的单子〉）

caefcof

ts^{h}ɛ^{55}ts^{h}o^{54}

不如：འདེམ་ཚོ

vdem + tso→

（选 + 单〈供选择的单子〉）

demvcof

tem^{11}ts^{h}o^{54}

4.“机器人”直译为：འཕྲུལ་ཆས་ཀྱི་མི

vphrul - chas + kyi + mi→

（机器 + 的 + 人〈和原意差距很大〉）

zhuefqaefgyi miv

ʈʂy^{55}tɕ^{h}ɛʔ^{55}i mi^{12}

不如：མི་དཔེ་འཕྲུལ་ཆས

mi - dpe + vphrul - chas→

（模仿人〈的〉 + 机器 ）

mivbef chuefqaef

mi^{11}pe^{54}ʈʂ^{h}ø^{55}tɕ^{h}ɛʔ^{54}

对于创制的藏语新新词术语来说，要在藏族聚居的区域内，特别是地域辽阔的西藏农牧区，能够得到普遍使用，扩展这些新词新语的使用范围，就必须使这些新词语具有表意准确、简洁明快的特点，易于为当地的藏族人所乐于接受和使用，否则就会偏离藏语新词语引进的初衷，不利于现代科技和民族文化的发展和交流。对于藏族聚居的城镇来说，比如拉萨这样人口较为集中、经济相对发达的城镇，人们对于这些新词语的使用可能更为挑剔。除了准确表意以外，还要凝练、简洁、新颖，富于时代色彩，从而能够为藏区对外交流相对发达地区的藏民所广为使用和传播。如果引进的词语或译介的句子过于繁琐、复杂，即使是译介者自己可能也不会使用。这就涉及藏语新词术语创制过程中的语言民族化问题。很多词语创制以后，依照藏语的使用习惯和传统，让人觉得别扭、奇怪，不愿使用，或者会汉语的，倒不如直接使用汉语来的明了、舒服。语言使用在任何时候都涉及经济原则。新鲜的、简洁的、活泼的、异域味十足的新词术语总能受到人们的青睐。

其实藏语和其他语言一样，不可能是全能的，都需要不断引进、吸收其他语言中反映时代新变化、技术新进展的词汇。在当代西藏，通过汉语来创制藏语新词汇还远远不够，离西藏当代社会经济发展的需要还有很大距离。藏语词汇的创制必须在词语本身的质量上下工夫，而不能只是简单的翻译了事，要讲求这些新词语的语言质量和使用效果。不然，藏语反映和记录社会文化发展的能力就得不到提高。语言的社会活力和生命力在某种程度上有语言自身的规定性。当然，相关部门和专家的倡导自然也是重要因素。

（二）存在一义多词等现象

藏语从汉语中引进新词语的主要途径是汉藏翻译，也就是说多数藏语新词术语是在汉藏翻译中出现的。所以翻译者在语词的个人理解上自然会存在不同。随着经济和文化诸方面的引进和发展，使用藏语的学科分支越来越精细，所以新词术语不断大量涌现，译介的质量显然意义重大。藏族现存的浩繁文献与此不无关系。目前需要有一个全国统一的权威机构对新词术语的译介进行审定，公开使用的、影响力较大的新词术语要首先得到统一规范。因为西藏的社会经济发展每天都有新变化，对新词新语的需求迅速、快捷。如果说西藏每天都在涌现新词术语并不过分。藏语中许多新出的词语可能和其他语言一样，只是暂时起到交流作用，不同的使用者可能从不的角度出发会有不同的看法，一义多词等现象仍大量存在。对于一个刚刚译介的新词术语来说，按照藏语的表达习惯和语言普遍规律，相对准确的做法应该只有一个，而不应该说法各异。我们认为，新词新语的出现源于使用的需要，符合交际需要的形式自然有其出现和存在的理由，所以藏语新词表达不一的情况在语言使用中是必然的，这和其他的语言并无不同。只是藏语在引进新词语的需求上十分迫切，数量又很大，所以很容易出现不同的声音。有些新词术语译介的角度不用，各有道理，不妨都拿来使用，只要大家愿意接受，语言的使用实际自然会予以遴选。其实今天看来不规范的新词语，或叫“不顺眼”的新词用上一段时间可能就习惯了，就生存下去了。如“公共汽车”在西藏被称作［koŋ^{55} tɕi^{54}］，开始便引来许多人的困惑和不解，实际则是该词引进藏语系统时受到藏语发音规则或叫习惯改造的缘故：藏语第二音节与前一音节连读时，送气音会变成不送气音，［tɕ^{h}i］就变成了［tɕi］；而“公交”、“打的”这样的词语在汉语里刚出现时也受到许多人包括语言学家的质疑。此类词语现在已经是“见怪不怪”、习以为常了。有的被认可的、看来很规范很“顺眼”的新词可能喜欢使用的人不多，很快就成了被“讨伐”的对象或被人遗忘。但有的新词则明显不合原意和藏语的固有表达，就需要及时地予以纠正和规范，这表明在藏语新词的译介中确实还存在草率、自闭、审查不利等问题。藏语新词术语中一义多词等不一致的现象目前比较多，在使用中会有不便。如[①]：

“单位”有两种译法：འཇལ་བྱེད / རྩིས་གཞི

vjal－byed / rtsis－gzhi

jaevjeh / zifxif

tɕɛ^{11} tɕeʔ^{52}/tsiʔ^{55} ɕi^{54}

“拖拉机”有：ཐོ་ལ་ཅི་འཁོར་ལོ / འདྲུད་འཐེན་འཁོར་ལོ

tho-la-ci-vkhor-lo / vdrud-vthen-vkhor-lo

toflafjif kooflof / zhuevtenf kooflof

t^{h}o^{55}la^{55}tɕi^{54} k^{h}oː^{55}lo^{54}/ tʂyʔ^{11}t^{h}ẽ^{54}koː^{55}lo^{54}

“医生”也有两个：སྨན་པ / ཨེམ་ཆི

sman－pa / em－chi

① 胡坦：《藏语研究文论》，第445页，北京：中国藏学出版社，2002年。

maenfbaf / emfqif

mɛ̃^{55}pa^{54}/ʔem^{55}tɕi^{54}

“自行车”在不同藏区或场合有三种不同形式：

རྐང་སྒ་རི / ལྕགས་རྟ / རྐང་འཁོར

rkang-sga – ri / lcags-rta / rkang-vkhor

gangfgaf riv / jagfdaf / gangfkoof

kaŋ^{55}ka^{54}ri^{12}/ tɕakʔ^{55}ta^{54}/ kaŋ^{55}k^{h}oː^{55}

“报纸”一词有两个：ཚགས་པར / གསར་འགྱུར

tshags-par / gsar-vgyur

cagfbaaf / saafgyuuf

ts^{h}ak^{55}paː^{55}/ saː^{55}ʈuː^{55}

“蝙蝠”有两个：ཕ་ཝང / ཙི་ཙི་སྒམ་པོ

pha-wang / tsi-tsi-sgam-po

pafwangf / zifzif gamvbof

p^{h}a^{55}waŋ^{54}/ tsi^{55}tsi^{54}kam^{11}po^{54}

“飞机”在拉萨和甘青有两种不同形式：གནམ་གྲུ / ལྕགས་བྱ

gnam-gru / lcags-bya

namfzhuf / jafjaf

nam^{55}tʂu^{54}/ tɕaʔ^{55}tɕa^{54}

“声明”、“文法”、“语音学”的藏语词相同：

སྒྲ་རིག་པ

sgra-rig-pa

zhavrihba

tʂa^{11}ri^{52}pa

“注射用的针”、“针和药”的藏语词相同：སྨན་ཁབ

sman-khab

maenfkacbf

mɛ̃^{55}k^{h}əp^{54}

“底稿”、“理发推子”意义差异大，却共用一个藏语词：

མ་ཟིན

ma-zin

mavsinf

ma^{11}sĩ^{54}

“图片”、“画面”、“镜头”各有其意，但却共用一个藏语词：

པར་རིས

par-ris

baafrih

paː^{55}riʔ^{52}

“航路”、“生路”分别是：མཚོ་ལམ / འཚོ་ལམ

mtsho-lam / vtsho-lam

但读音相同，都是： coflamf

ts^{h}o^{55}lɑm^{54}

（三）创制的新词术语有待进一步的调查、推广和传播

藏语新词术语的创制来自汉语等其他语言，除了译介的准确以外，还有通过审定、规范后进一步推广使用的问题。现代西藏的社会、科技、经济、文化等几乎所有的领域都和传统的西藏社会有了根本性变化。反映这些新变化的词语具有鲜活性和时代感。这种新词的鲜活性和时代感只有使用这些藏语译介词的藏民族自身才能够在使用中去发现、感受和检验，从而经过长时间的使用，使这些新词能够进入藏语的基本词汇系统，使藏语的表达功能得到进一步的扩大和提高。西藏的民族成分并不复杂，藏族人口占 92%，其中的农牧区人口又占了 87%（详见前文所述）。农牧区的藏族可以说是藏语单语人口。这些能够反映西藏社会新变化的词语是这些占西藏居民主体的农牧民所急需的，也是最受欢迎的。藏语新词的创制与借用的服务对象也主要是这一部分藏族居民。对于那些汉藏兼通或汉语较好的少部分藏族居民来说，他们会倾向于直接使用反映时代新变化的汉语词，在他们的日常语言使用里，藏语基本词和反映时代新生活的汉语词夹杂使用的则

比较普遍（如前所述）。在他们当中，除了和汉藏翻译有关的专业人士外，大多对藏语新词术语不甚了解，不使用，也不认识。比如他们会比较多的接受汉文的报纸、电视、图书、广播等语言媒介，只是在必要的情况下如会议、报告、著述等使用这些译介来的藏语新词术语。当然，任何新的词语在刚刚出现的时候，用的人总是很少，用得久了，使用的人多了，就会成为相对稳定的部分，从而可能成为藏语基本词汇的一部分。任何语言在新词的借用和创新中都会遇到这样的问题。[1]不过，在这一方面，我们还缺少详细的调查和研究，对于藏语新词的使用效果、藏民族的语言使用需求、西藏大众传媒对藏语新词的传播质量、力度、效果等尚待进一步调查和分析。

我们的看法是，藏语新词一方面需要在规范、统一的前提下加大译介、整理力度，从而不断扩大藏语自身的记载、传播功能，另一方面，藏语词汇的创制和双语也密切相关。藏族居民，尤其是年轻的藏族居民要达到汉藏兼通，其实也有藏语在反映时代新面貌、新技术上满足不了人们对西藏社会发展和藏民族自身发展需要这方面的原因，这和其他所有的地区和民族是一样的。双语的发展有利于藏语词汇的创新，在双语使用中不断提高藏语自身的表达力。当然，这一切还是要取决于当地占大多数的藏族居民的语言使用需求。我们需要不断关注这一需求变化的趋势，给以适度、及时地引导和研究。藏语新词的使用效果主要取决于当地藏族中的藏语单语人口，而西藏传媒在其中的作用不容忽视。

在西藏的语言生活中，人们提到藏语词汇的借用与创新，比如本文所举例词，均以汉藏翻译为线索，所谓的术语规范统一问题也是如此。而实际上，译介只是藏语新词产生的途径之一。生活在西藏现代社会中的广大藏族居民，在日常生活中，在和其他地区和民族的交往中，在不断的信息沟通中，也在不断创制着大量的新词，虽然他们的创制手段和专业的译介手段大致相同，但他们创制的新词在当地却是

① 于根元：《新词新语和语言规范》，《语文建设》，1995 年第 9 期。

使用得较广的，也为当地的居民所喜闻乐见。翻译机构译介的新词不一定能够得到人们的认可和使用。特别是一些专业术语，对于普通的藏族居民来说，不大知道，也不大可能去用。他们更多使用的往往是他们自己新创的词语。所以，我们在讨论藏语新词术语时，不能仅仅局限于翻译界，还要将注意力转向鲜活的藏族日常生活。藏族普通居民使用普遍的、能够反映时代新色彩的新词也应是藏语新词搜集、整理的主要对象。

我们讨论藏语在新时期的发展和使用，离不开藏语词汇的创新。因为，西藏的社会已经经历了与以往不同的变化，我们要反映这些变化，记录这些变化，就必须要使用藏族本民族的文字，藏族文化的传承和发展更是离不了藏语的不断更新和发展。藏语的更新和发展没有藏语词汇的借用和创新则无法想象。一定历史时期的语言记录能力是和当时特定的社会环境、特定的表达需要所一致的。吞弥·桑布扎创制藏文、藏语历史上的文字厘定等均是处于这一目的。今天看来，藏族祖先给后世留下了浩繁的典籍文献，其数量之大，在我国仅次于汉族，是丰富和宝贵的文化资源，据此，我们对藏族的历史文化等社会发展进行的研究就有了可靠的依据，藏族文化的传承也由此成为可能。我们通过前面章节的讨论可知，藏民族对自己的语言有着十分深厚的感情，使用藏语著书立说、翻译文献、传播知识和文化已经形成传统。今天我们同样也在使用藏语文对西藏当今的变化进行整理和记录，无论是知识界还是普通的藏族百姓，都在自觉或不自觉地充实着藏语的表达功能。所以，藏语词汇的借用和创新一直备受社会各界的关注，人们对于藏语的使用前景也充满信心。重视和研究藏语词汇的借用和创新，尤其是通过汉语词汇进行新词术语的创制是藏语在新的历史条件下满足技术进步、文化发展的主要方向之一。

进入21世纪，西藏的大众传媒覆盖面、传播的质量都有了很大的提高。面向西藏广大农牧区的藏语单语群体的藏语广播、电视也有了迅猛的发展。各类藏语出版物、信息手段包括传播技术的小册子、网络以及通讯设备等都已经较为普及。我们一方面要看到技术发展的一面，另一方面也要看到藏语在其中所起到的传播作用的一面。也就是说，藏语，主要是藏语的词汇发展要跟上西藏传媒技术发展的需要。藏语文已经不再是过去单纯的为文化服务，在当今科技发展、信息传播日新的时代，藏语的社会职能显然要转向经济主阵地，为藏区和藏民的富裕、富强服务，提高农牧业的生产率，增加社会效益，推动西藏经济的全面快速发展。

四、藏语新词术语创制的未来发展

新词每天都在出现，对于所有的语言来说，这不是什么新鲜事儿。因为基本词语虽然相当稳定，但是比较少，语言交际中往往不够用，尤其是文化程度高的人，尤其在表述新事物新概念的时候。新词语同基本词语在人们的语言生活中行使关系密切而有区别的职能，共同为人们的语言生活服务。语言的发展变化要看基本词语的变化，要看哪些词语隐退了，更要监测哪些词语显现了。及时监测词语的显现，及时向人们介绍和推荐，是推动语言发展不可或缺的工作。及时整理、规范、发布新词语是世界上语言工作做得比较好的地方所经常做的工作，对新词语出现的情况掌握得相当清楚，甚至每年都有一本账。①

和平解放以来，特别是进入21世纪以来，整理和研究藏语新词语成为一个热门。词语是语言中最活跃的部分。改革开放以来，藏语与汉语等其他最具活力的语言一样，随着人们思想的活跃，出现了许多新词语。藏族居民在创造、使用和传播着新的词语，为了交际和表达的需要，也需要了解和掌握这些新词语。

如果我们把当今的藏语和半个世纪以前的藏语作一比较，把新时期的藏文著述和历史上的藏文文献相对比，除了内容上的必然变化外，一个显著特点就是词汇的增加。语言系统，主要是词汇系统总是能够较为及时地反映当时、当地的变化发展。在和平解放以来，西藏社会

---

① 于根元：《在语言学的道路上》，第204～205页，北京：北京广播学院出版社，2004年。

的政治制度发生了根本性变化，藏族居民的社会生活也有了质的改变。这些有目共睹的变化在一定程度上反映在藏语的发展和使用上。藏语的政治术语、经济术语、科技术语以及各类专业术语不断涌现。虽然还存在上述的一些问题，但毕竟藏语是与社会同步发展的，这一切其实得益于国家的相关语言政策和措施，得益于各位专家的辛勤努力。

藏语的新词术语不是凭空出现的，总是有它出现的历史背景和特定条件。西藏在建设小康社会，发展新农村，加大与其他民族和地区交往交流的过程中，人们对于藏语新词术语的需求还会不断增加，尤其是科技进步的影响，给藏语带来了大量的新词术语。在西藏，人们对于工程、银行、证券、邮电、通讯、网络、环保、足球、广播电影电视、现代医学、现代教育、经济管理、家电、汽车、航天、保险、计算机，甚至外交、走私等词汇都有了或多或少的了解和使用。所有的这些藏语新词所反映的不外两个方面：一是社会变化，而是科技进步。每一项影响西藏社会发展的事件，如退耕还林、安居工程、高等教育等，甚至日常使用的物品的变化，如方便面、面包、服装等，都会带来藏语词汇的创新及借用。就目前来看，科技术语的借用和创制任务十分艰巨。现有的科技术语数量庞大，而科技的发展速度之快、新的科技术语的涌现又令人目不暇接。所以藏语新词术语的借用和创新任务还十分艰巨。就从汉语借用新词来看，藏族居民的汉语水平也还有待尽快提高。大力加强、深化西藏的双语使用也是西藏语言生活的重要任务。

通过汉语创制及借用词语是汉藏语言接触的重要方面，也是西藏汉语习得和使用重要意义的组成部分。当然，从文字的角度看，汉藏语言接触，除了会带来词汇的变化外，还会带来其他方面的变化，如标点符号的借用。藏语有着严密、成熟的语言系统，不过在反映新时代的功能上，还需要有所更新和发展。实际上，多数学者在其著述中已自觉不自觉地在使用汉语的标点符号。这一点，在汉藏语共用的文章里显得尤为突出。这样的例子很多，人们也并没有认为有什么不妥，主要是为了表述的方便。现代藏语文章中大量出现的汉语标点符号，使藏文语句更凝练，词义更鲜明。藏族人对汉语标点符号的大量使用说明藏语有引进这些符号的需要及其合理性。一般看来，藏语需要引进汉语的括号、书名号、省略号、引号、着重号、专名号、连接号等，甚至逗号，这主要得看作者的需要或兴趣，也比较普遍。这至少说明，在藏语文的现代使用中，藏语文原有的标点符号已不能完全满足书面表达的需要。为了藏语书面语的更加完备，可以将汉语的部分标点作为补充，吸收进藏文系统，并在语言理论上进行探讨，进而形成初步规范，供藏语书面表达时使用、参考。

我们在讨论西藏新词术语问题时，是联系西藏将汉语作为第二语言使用进行的，主要是来自汉语的藏语新词术语分析。实际上，藏语词汇的发展也有着它的本土性质。也就是说，在现代藏语中，同样存在着源于藏族本地特色社会、文化发展的新词语，有的略带有其他地区、民族文化的影子，但也有的确是纯粹的藏民族传统文化的产物，可能并不反映藏民族的现代生活。这些新词数量很少，不是藏语新词发展的主流，然而却是原汁原味儿的“土特产品”。

如此种种的词汇变化等语言现象在西藏每天都在发生、出现，只是我们还没有给予详细和深刻的调查研究。我们在这方面的力量和条件还相当有限。藏语新词术语问题研究还没能得到足够重视和资助，研究者很少，将藏语词汇的当代发展和变化作为主要研究方向的就更少。其实，只要对当代藏语词汇等方面的问题稍加注意就很明了，而且这也是跟踪、关注藏语当代和未来发展、至少是词汇发展变化，或者说是藏语词汇变异的主要的也是必然的途径，我们对这一切还知之甚少，也是一个空白的研究领域。

第三节　小结

在汉语习得和使用中，藏语和汉语的相互影响是多方面、多层次的。

西藏存在汉藏语混用的情况，主要集中在熟练使用汉藏双语的人群中。汉藏语混用与汉英等词语混用一样，体现了两种文化的接触和交融。它的主要特征是在使用藏语交流时，混用的汉语词一部分是藏语原有的基本词，一部分是借自汉语的藏语新词术语，也有一部分是藏语里没有的词汇或者是使用藏语词表达不方便的。其根本的原因则是语言表达的实际需要。汉藏词语混用是汉藏民族交流的象征，也是汉藏文化不断融合、吸收的体现，同时也表明在现代生活中，汉语在藏语交流中日益提高的重要作用。

来自汉语的藏语新词，有着悠久的历史，其根本的原因在于社会、经济、文化等交流的需要，存在于大量的文献中。进入新时期以来，随着藏民族现代化的加快，科技、文化等词汇使用的需求，藏语新词术语的创制以及借用更加频繁，数量不断增多，也更加经常化。其主要的方式有意译、拟声、旧词新意以及音译等，在结构上则有单纯、合成、派生、缩略等形式。存在的问题主要有词义不够准确、一意多词、语言实际调查不够等。随着社会变化和科技进步的不断加快，藏语词汇的借用和创新日益重要，新词术语的需求、质量也会不断提高。由于译介速度等原因，汉语在西藏语言生活中日显重要，藏语的表达功能也会因词汇的不断更新和扩大得到加强和提高。

第七章　西藏汉语习得和使用发展策略

西藏的汉语习得和使用历史已经十分久远，并不是和平解放以后才有的。但若如前章节所讨论的那样，对西藏汉语的习得和使用历史予以分期的话，西藏和平解放则是个十分明显的分水岭。此前，西藏的汉语习得和使用无论在人数上还是在社会的效应上都是很鲜见的。此后，随着社会制度、经济文化等方面的发展和变化，西藏的汉族人口有很大增加，汉藏语言接触也随之增加，汉语的习得和使用进入有史以来比较发达的时期。究其原因，是西藏社会的发展、藏民族的发展以及藏族个人的发展需求，带来了西藏汉语习得和使用的不断增加。西藏汉语习得和使用的重要性，可概括为两个方面：从社会看，关系着西藏各方面的现代化进程，从个人看，又是教育和发展的必需。我们可以从西藏社会的、藏族群体的角度讨论其未来的发展策略。

第一节　发展经济，增加汉藏人口的接触

西藏社会经济越是要发展，越是需要汉语的习得和使用。因此，发展经济，加快西藏经济发展，不断增加汉藏人口的接触，从而增加汉藏语言的接触，是西藏汉语习得和使用水平提高、范围扩大的根本所在。

一、缩小城乡经济社会发展差距带来的汉语使用影响

西藏的城镇，在汉语的习得和使用上，要比农村好许多，就是因为城镇经济发展在程度上要好于农村，汉藏人口的接触比较多。农村情况正相反，经济落后、交通不便，几乎没有汉藏民族的交往。要增

加汉藏人口的接触，只有依靠发展当地经济。有了经济的不断发展，才会有越来越多的汉族人口和藏族人口的往来，汉语的习得和使用才会有需求的产生和提高的可能。从汉语习得和使用的角度看，西藏农村经济的快速发展，比西藏其他地方要紧迫得多。西藏农村经济落后，语言的水平也是其中的主要问题，不仅有汉语的问题，也有藏语的问题。人们近30年来较多关注的是藏语文的使用和发展问题，西藏现代化，应以教育为本，普遍提高人的素质，将农牧民从传统的生产生活方式中逐步替换解放出来。[①] 西藏农村的经济发展不会像城镇地区那么快，但重视汉语习得和使用会加快经济的发展速度。各个城镇，包括拉萨市在内，汉语习得和使用的水平并不令人满意，使用的程度很低，也主要是受制于经济的发展程度。经济越发达，不同民族的交往就越多，不同语言的接触就越频繁，第二语言的习得和使用就越显重要，水平提高得也就越快。作为影响西藏汉语习得和使用的主要因素之一，社会经济的发展和汉藏人口接触互为条件，经济越发展，汉藏人口的接触就越多，那么汉语的习得和使用程度和水平就越高；汉语习得和使用的水平和程度越高，就标志着汉藏人口的接触越频繁，社会经济的发展状况也就会更好。几十年来，西藏社会经济的发展不断进步，其中存在的一些主要问题，都与西藏语言问题的解决，包括汉语的习得和使用密切相关。

二、西藏社会发展对汉语素质要求的影响

西藏社会发展主要依赖的是人的因素：人的社会、文化素质的提高，人的发展行为的改进，人的现代化。西藏和平解放后，主要依据西藏的实际情况，发展农牧业和工商业，改善人民的生活，逐步发展西藏民族的语言、文字和学校教育。旧西藏经济发展滞后，社会封闭落后，人民生活贫困，没有现代的工业、交通、教育，生产力水平低

① 余振、达娃才仁：《中国的民族关系和民族发展》，第191页，北京：民族出版社，2003年。

下，尤其是教育极端落后，“舍寺院外无学校，舍宗教外无教育，舍僧侣外无教师”，是对过去藏区社会教育状况的概括。[①] 和平解放后，西藏紧紧依靠内地的大力支援，在藏族居民和援藏汉族居民的共同努力下，大力发展经济、文化各项事业，国民经济得到持续、快速发展。经过几十年的努力，西藏从无到有，初步形成了以电力、采矿、农畜天然产品加工和民族手工业为主的工业体系，农业也是年年丰收。西藏已基本建成由航空、铁路、公路组成的交通运输网，已基本实现邮电、通讯现代化。文化、教育业得到重视和加强，整个藏民族的素质得到提高，建成了具有西藏地方特色和民族特色的教育体系。实用技术的引进、消化、推广和开发利用，加大了农牧业生产的科技含量。优秀的民族传统文化与现代文明交融，极大地丰富了西藏人民的精神生活，广播、电视、电影、出版业更是发展迅猛。藏族居民的生活水平有了普遍提高。这些成就是以人的进步为标志的。所有这些发展和变化，这些现代化的成就，凝聚着藏汉民族的共同努力。在这一建设过程中，汉藏民族的接触，西藏社会各项事业发展的急迫需要，使西藏汉语的习得和使用在较短时期里，得到了较快提高，特别是在不可能得到系统学校教育的社会环境里，藏族居民大多是通过工作接触，通过自身的努力，获得了基本的使用汉语的能力。无论是的技术援藏、财政援藏还是教育援藏等等都需要人的具体援助行为，汉语作为共同的交际语言必不可缺。来自内地的在藏工作人员，虽然也有学习简单藏语的要求，但大多成效甚微。在西藏社会经济各项事业中，是藏族居民迅速提高的汉语水平，满足了社会对于汉语使用的急需。城镇现代化发展的速度在西藏是最快的，因而城镇居民习得和使用汉语的速度和水平就要高得多。这不仅仅是城镇居民自身的努力，过去城镇发展的社会基础，更主要的是在藏汉族职工主要居住在城镇，而且主要是在拉萨市的城区，使拉萨等城镇的汉藏接触日益增多，交往的实际需要和交往的机会，为藏族居民汉语水平的提高提供了得天独厚的条

① 编写组：《藏族史论文集》，第 141 页，成都：四川民族出版社，1988 年。

件。拉萨等城镇社会经济的发展也受益于藏族居民汉语水平的提高，快于偏远及农牧区的发展。西藏农牧区的社会经济发展落后，一方面是受制于自身原有的基础，另一方面也和农村居民的文化素质有关。他们几乎没有和城镇那样的和汉族接触的机会，接受汉语教学的条件也很差。但城镇也只是很少的一部分人能够使用简单的汉语来交流，熟练使用汉语的人数并不多。这和西藏社会经济发展的速度和要求有相当大的差距。人的素质，或者是人才素质的培养和提高是当今西藏发展的关键之一，特别是从事现代化建设的能力的培养和提高。现代化发展观念、技术等的转化和民族化，没有相应的汉语水平将十分困难。

站在西藏社会经济未来发展的角度，我们可以明显地感到汉语不可替代的重要作用。发展西藏的社会经济是促进西藏汉语习得和使用的最根本途径。

三、西藏农牧业现代化对汉语习得和使用的需求和影响

西藏农业和农村工作面临的主要问题：一是基础薄弱，抵御自然灾害的能力差；二是农牧民的思想不够解放，商品观念淡薄；三是市场发展程度低，流通体制改革滞后；四是科技水平低，产业结构单一；五是农民生活质量不高，还有不少贫困人口；六是封建迷信、陈规陋俗还束缚着社会经济发展，精神文明建设任务重。① 农牧区也存在人口文化结构偏低、文盲半文盲比例大等问题②。因此，西藏要转变农牧民的思想观念，发展特色高效的商品性畜牧业，调整作物的种植结构，推进农牧业结合，调整畜牧业区域布局，发展奶牛业、奶牛制品、肉类等畜产品加工。利用青藏铁路、航空、公路等已经比较发达的运输网络，将西藏的牦牛肉、藏羊肉等绿色食品，凭借比国际市场更优

① 吴德刚：《西藏农牧区教育综合改革——来自农牧区第一线的实践》，第6页，北京：中央广播电视大学出版社，2002年。

② 谢启晃、孙若穷：《中国民族教育发展战略抉择》，第291页，北京：中央民族学院出版社，1991年。

惠的价格，进入西藏以外的国内外市场。这些农牧产品的生产和加工主要是对外部市场销售，满足的是西藏以外的市场需求，汉语无疑是最现实的桥梁和媒介。从业的农牧民应有一定的汉语水平，才能更适应这一发展的需要，对处于销售等环节的藏族居民的汉语水平要求就要更高些，这时候汉语不仅仅是交际的工具，更是效益和财富的象征。西藏的农牧民基本没有汉语的习得和使用能力，这会使西藏农牧业的发展受到限制。农牧产品的科技含量、生产和销售的几乎所有环节，都会促使农牧民在点滴之中习得和使用汉语，从而不断提高水平。但关键环节的工人，汉语的要求会更高，其自身汉语水平的提高也会快一些，不然就会造成现实的影响，付出经济上的不同代价。农牧区以畜牧业的商品性发展为主的现代经济发展，会使农牧区出现越来越多的不同职业，如赤脚医生、邮递员、建筑工、装修工、信用人员等等，并将大大促进人员流动，增强社会活力，使农村大量劳动力进入非农牧业产业部门，以及进入各类的城镇务工、经商。人员流动和职业变化，必将带来汉藏民族的更多交往，带来更多新的现代生活内容，其意义不仅仅是对于汉语的习得和使用，还会带来观念的更新和新的发展机遇。如科技含量较高的农用机械的使用、水利设施的修建和利用、优良品种的耕作、农作物田间的补种、插种、追肥，病虫害的防治等等，都会使农牧民接触更多的现代科技知识，使用更多的先进技术，也会从中学得许多汉语语词和句子，不断提高汉语习得和使用。农村地区电视、电话、金融等设施的不断出现，家用冰箱、收音机、燃气灶、电灯、太阳能等的使用，也会带来许多接触和习得汉语的机会。因为这些服务和物品大多使用汉文的说明和名称，有的可能会有相应的藏文，但主要还是要使用汉文来表达显得更加快捷便利，汉文的水平就会在认识和使用的过程中慢慢提高。农村管理方式的改革、教育和医疗等事业的发展，也会带来同样的汉语习得和使用效果。只要更新，只要增加现代化的成分，农村地区汉语使用的机会就会多起来，如果在服务业、城镇化、旅游业上下点儿工夫，增进汉族和藏族的往来，汉语在当地的使用就会更好一些。不管对象是少数民族学生还是汉族学生，理性的企业是会单纯地依靠业务需求和实际能力来选择录取和淘汰雇员的，如理工、医学、农业方面的专业基础和语言能力。[①]多数现代企事业单位以汉语为交际工具，掌握汉语的藏族居民更能适应新的形势，是现实需要。[②]

四、西藏旅游业发展在汉语习得和使用中的重要性

西藏富有旅游资源，旅游业是西藏的关键产业之一。青藏铁路一开通，西藏的旅游业迅速升温，日平均来藏的游客达到4000 人以上。旅游业的发达和兴旺给西藏带来了极大商机，著名的宗教寺庙、高原湖泊、高原草场、藏族村落和游牧营地，“茶马古道”以及其他的服务行业如宾馆、饭店、特色产品等都呈现出前所未有的活跃气氛。旅游业也带来了西藏公共服务如交通、电力、通讯等产业的改造和扩建。这些以汉族为主的游客不懂藏语，他们来到西藏境内只能使用汉语来沟通，当地藏族居民的汉语水平就要满足这一需求。所有西藏旅游市场的各类人员，都需要具备与游客交流的基本汉语能力。西藏旅游人才的培养，汉语水平的提高也是首要的内容。西藏的自然景观是其他地方所无法比拟的，可以说处处是景，步步是点。但所有这些自然人文景观，融汇在西藏独特的文化之中，与游客有着较大的距离。西藏无处不在的旅游点使得藏族居民的汉语沟通能力受到格外关注。就目前来看，从事西藏各类旅游服务的人员，尤其是和游客接触较密切的工作，外地来藏的汉族从业者占了多数。他们凭借的是汉语的优势和由此带来的对旅游商机的把握。从事旅游业服务的藏族居民都具备基本的汉语沟通能力，但他们使用汉语的程度和水平往往很低，制约了他们的交往能力。我们在旅游团、售票处、商场等处的调查发现，外地来藏的游客只会和能使用汉语的生意人发生往来，即使是问路和其他的简单询问，来藏的汉族人的生意更为红火，主要就是汉语使用得

---

① 马戎：《民族社会学》，第352 页，北京：北京大学出版社，2004 年。

② 国家民委文化宣传司：《中国少数民族语言文字使用和发展问题》，第222 页，北京：中国藏学出版社，1993 年。

更得体、熟练，更易于为游客所接受。不懂汉语的藏族居民是很难参与旅游市场的。我们专门在一家卖旅游纪念品的柜台前以挑选产品的方式作了隐蔽观察。藏族生意人大多只能讲些基本的相关句子，我们一旦说得稍复杂些，他们就听不太懂，汉藏词语夹杂使用的现象十分普遍，对产品的性能和价格解释得很不清楚，大多游客只能是简单看看，匆匆而过。我们曾试着用藏语和一位卖服装的姑娘交流，但她并没有答话。起初我们以为她是汉族，但很快发现她也是藏族，只不过说的不是拉萨话。她和顾客交流只用汉语，只是在和店里其他的服务人员说话时才使用藏语。所以藏语的不同方言也使得藏族居民内部的交往受到不同程度的限制，这时候还是汉语的交流作用更大。如前所述，我们都感觉到西藏公交车藏族司机对游客十分友好，他们的热情是当地的汉族司机根本没法比的。后来我们发现，这些司机大多汉语不好，他们主要通过态度表示友好和热情，语言的沟通能力不行，往往是售票员的汉语略好于司机。那些汉语比较好的司机如有些出租车司机，和汉族司机相似，在热情上就逊色许多。不过，汉语说得很流利的藏族生意人也不少，他们摊位前的顾客要多一些。他们能够和汉族游客有说有笑，有问必答，很受欢迎，生意自然做得好。所以，那些认为语言学习有一个截止期的理论就像沙滩上的脚印一样，已经被擦掉了。[①] 大力发展西藏的旅游业，就会带来汉语习得和使用的推动力，带来汉语使用越来越多的机会和场合，从而有利于提高藏族居民的语言交往能力，也更有利于旅游业的进一步发展。

五、西藏城镇建设对汉语习得使用的核心作用

我们谈西藏的城镇建设，主要是小城镇建设，因为城镇发展能够带来人口流动，增加人口接触，不仅有藏族居民内部的接触，也有越来越多的藏汉民族接触，从而有利于汉语的习得和使用，有利于对现

① 简·爱切生：《语言的变化：进步还是退步》，第 219 页，徐家祯译，北京：语文出版社，1997 年。

代科技、信息的吸收和利用，使藏族居民的生活发生现代化的根本性转变。民族问题，关键是民族发展问题。所谓西部大开发，其中就有少数民族地区大开发的问题。费孝通认为，在西部发展中，一方面要动员这些地区的少数民族参与他们本地区的经济开发事业，另一方面要通过这些地区的经济开发使这些地区的少数民族发展成为现代民族。[①] 西藏汉语的习得和使用虽然人数少、水平低、分布不平衡，但只要是在有城镇的地方，附近的居民的汉语的水平都会好一些。像拉萨、山南、林芝等都是这样。城镇尤其是小的城镇对于比较偏远的地方、农区、牧区来说，就是对外交往的码头，是非农生产基地，是打开封闭社区的大门。西藏的城镇建设水平还不是太高，但有没有城镇，当地的语言生活是有着质的区别的。城镇是商品的集散地，是人员往来沟通、经济成分多样的社区，也是日常生活发生点滴变化的起点，是新的外部信息的落脚点，其意义历来受到不同领域专家的高度重视。从最关键的增加汉藏民族接触的角度来看，汉族人到西藏的某一个地方去，无论是临时的、短暂的，还是较长时期的，他们的目的主要还是经营上的。没有各级城镇的建设，这些汉族生意人不会走村串户去偏远的地方。加上藏族文化上的明显差异，使得没有城镇的地方成为相对保守的纯藏语区，这些地方往往也是西藏发展最落后的地方。城镇所在地的非农生产，会吸纳周围地区大量的剩余劳动力，增加农牧区劳动力的就业机会，使他们走出田间、草场、林区，在市场经济的影响下，不断获得新的知识和能力，包括对汉语的接触和习得使用，从而有可能扩大农牧区生产经营的规模和效益，进而更快地提高以汉语为媒介的生产发展能力。西藏广大农牧区尚无汉语因素，汉语的从无到有需要进行城镇化建设。这就需要在资金、技术、人才上支持当地乡镇企业的发展，进行农副产品的加工、储藏、保鲜和运输，加快商业、饮食、服务、交通运输和旅游等。在科学规划的前提下，无论

① 周玉忠、王辉：《语言规划与语言政策：理论与国别研究》，第164页，北京：中国社会科学出版社，2004年。

发展的规模如何，层次如何，功能大小，农牧区必须要有不同级别的城镇分布，使农牧区的人口在新的职业、新的生产方式影响下，尽快增加与外界的接触，与汉语的接触，从而带动当地就业、经济的发展。只要走出封闭的生活圈子、落后的作业方式，自然就会被外部发达的世界所吸引和感染，特别是年青的一代。这种接触首先是藏族居民之间的，随着汉族人口的逐步增加，进而就会扩大到藏汉族民族之间，汉语的习得和使用就有了可靠的社会、经济基础。研究表明，交通和地理环境影响双语。在城镇附近，与汉区接壤和邻近交通沿线的藏族群众，和汉语接触多，逐步学会第二语言（汉语），这些地区双语人数最多。[①] 我们的调查也发现，比较而言，边境小城镇、旅游景点小城镇在汉语的面貌上要好于其他周边地区，就是因为人员往来增加，市场经营活跃，不同语言的接触就十分频繁，从业者的汉语水平就会好一些。小城镇建设是城市化的必由之路，它不仅会带来经济的增长、物质生活水平的提高，更重要的是生活方式、社会观念、文化意识的加强，汉语的习得和使用必然也是其中的一个方面。

六、现代科技利用对汉语习得和使用的促进作用

西藏社会经济发展的方向是现代化，关键是科学技术的合理利用，不断开放则是总的发展趋势。在这一发展过程中，西藏传统的经济方式、管理模式将发生巨大转变。现代化发展是新的发展，“新”就是要和过去的一切相区别，就是要吸收、引进、消化和创新，这一过程自然离不开汉语的媒介作用，特别是科技的传播和使用、观念的更新和发展。自然，这些方面的发展同时也会大大增强汉语习得和使用的需求和效果。语言学习一旦和实际的使用结合起来，就会变得轻松、普遍而高效。西藏的生态保护、消费结构调整需要转变能源使用的模式，减少对于木柴、作物秸秆、牲畜粪便的高能源消耗，充分开发和

---

① 国家民委文化宣传司：《中国少数民族语言文字使用和发展问题》，第 106 页，北京：中国藏学出版社，1993 年。

使用丰富的水能和电能。同时，要建设“数字西藏”，就要大力发展信息产业，加快信息基础设施建设，加大信息技术的应用。信息传播技术的落后以及信息扩散的有限，对地域教育核心的形成也有重要影响。问题的解决依赖于语言、文字、大众传媒，传与接者间的“传输协议”、技术条件等。[①] 西藏社会的发展，更需要发展教育事业，培养真正意义上的现代化建设人才，吸纳内地优秀的中青年教师充实西藏教师队伍，加大全国科教援藏的力度。所有这一切建设事业的发展，都离不开对于现代科技的吸收和利用。学习先进的科技知识，就会更有效地带来藏族居民对汉语的习得和使用，从而有利于西藏社会的发展和进步。

第二节　藏民族文化的现代化，促进汉藏双语使用

语言是文化的载体。本民族文化在不断继承和更新中得到发展和提高。文化繁荣带来的必然是语言使用的繁荣。语言使用的繁荣意味着语言习得和使用的普遍以及水平的提高。藏民族文化的现代化会带来汉藏语言的广泛接触，从而有利于人们对汉语的习得和使用，进而加快藏族文化的现代化进程。藏民族文化现代化，就是要继承藏族传统文化、向世界传播藏族文化、吸收其他民族的优秀文化、丰富和发展藏民族文化。在藏族文化现代化进程中，不仅藏语文，汉语文也在其中发挥极其重要的作用。我们在讨论中，已经谈到历史上汉藏语言接触的源远流长。在藏文化现代化的发展中，汉藏语言的接触更加频繁，习得和使用汉语成为藏民族文化现代化的重要途径之一。

一、藏族文化发展对汉语习得和使用的需求和促进

藏族文化是在吸收先进文化的基础上日益发展壮大的。印度的梵

① 吴宣德：《中国区域教育发展概论》，第263页，武汉：湖北教育出版社，2003年。

文对藏文化的形成和发展产生了直接影响。对以汉语文为载体的汉文化的吸收和利用也由来已久，延续至今。文成公主进藏时，带来了大量的占卜典籍、医病药方、医学论著、医疗器械。松赞干布还从唐朝引进造酒、碾磨、纸墨生产技术，派人到长安学习诗书。文成公主进藏时还带进西藏多种绣花、工技书籍和各种工匠、音乐、杂技等人才。《毛诗》《礼记》《左传》《文选》等汉文典籍先后被藏族学者翻译成藏文。这些典籍和技术的引进，对发展吐蕃文化起到了积极的推动作用，影响十分深远。这也充分表明，藏族文化有吸收其他民族文化的能力和传统。和平解放以来，藏族文化得到更快发展，在藏民族文化现代化的发展上取得了巨大成就。其中最主要的是藏文典籍的翻译出版、现代化媒介中藏语文的使用等。实践证明，汉语作为第二语言在西藏的习得和使用，是藏民族由传统走向现代的必经之路，使藏民族在继承与弘扬藏族文化的同时，又能汲取其他的先进文化来充实和发展自己。藏族文化的现代化，离不开西藏社会的全面进步，离不开对于现代科技的吸收和利用。在西藏各项建设事业融入国家整体发展的过程中，汉语成为藏族文化持续发展的工具和媒介。许多优秀的藏族文化遗产正是借助汉语的译介作用得到了广泛传播，从而使藏族文化为国内外更多的人所了解和欣赏。语言文字、文学艺术、历史文献、宗教典籍、藏医藏药、天文历算、建筑艺术、民族体育等得到了广泛的传播，也在不断的为其他的民族所吸收和利用。优秀的藏族文化遗产，如果只使用藏文来记载和传播，就很难为其他民族所了解，同样，其他民族的文化也需要为藏族所了解才能被合理的吸收和利用。大量的小说、诗歌、传记、格言等作家文学，浩如烟海的神话、歌谣、故事、传说、谚语、谜语等民间文学，藏族音乐、舞蹈、戏剧、曲艺、绘画、雕塑等更是光辉灿烂。独具特色的藏族文化不断出现在国内外的诸多典籍中和舞台上。汉语的习得和使用给了藏文化发展的科技手段和现代化方式，藏文化的现代化发展也使得汉语的习得和使用日益显示出重要的作用。

二、藏族文化现代化发展映证和促进汉语的习得和使用

文化是一定社会和时代的产物，人们生活在特定的文化环境中，自然地继承了上一代的文化传统，同时又一定会根据自身的经验和需要对传统文化加以改造，使传统文化不断注入新的内容，获得不断发展的时代特点和内涵，从而使本民族的文化得到不断的弘扬和发展。本族文化的现代化发展，不仅仅是文学和艺术，还包括人们的思想观念、行为方式、生活习俗等的现代化发展。文化是人创造的，文化的现代化，具体地说，是人的现代化，是人的观念、心理状态、思维方式、行为方式的现代化。束缚西藏文化现代化发展的封闭守旧思想等正在不断地发生变化。藏族的思想意识、价值观念随着社会的发展而逐步变化。我们在调查中发现，在西藏的城镇，从事经商、运输的藏族人已十分普遍，他们说的话、做的事充满现代化气息，观念更新早的已经富甲一方了。科学种田、科学养畜、外出打工、办乡镇企业的农牧民也非常多，商品意识普遍增强。如今，在西藏做生意的内地人，已经感到了来自藏族生意人的巨大压力，也就是说，现在的生意没以前那么好做了。实际上是西藏的市场比以往任何时候都要繁荣了，只是经商的藏族和汉族都多了起来。现代化给西藏带来的是整体文化的发展。在西藏，无论是城镇还是农村，穿西装、风衣、夹克、裙子等时尚服装的藏族居民随处可见，特别是男子，穿藏族服装的已经不多见。人们印象中的酥油、糌粑已不是城镇多数藏族居民的主要食物，他们的食物和内地人并没有太大的区别。除了农村还有土石、土木房屋，钢筋水泥筑就的楼房也和内地一样普遍，燃气灶、电话、电视也并不是什么稀奇的东西。西装革履的中年人、时髦前卫的年轻人和内地是一样的普遍和气派。如今的藏文化已经不再是传统意义上的藏族文化。显然，这是藏族文化不断吸收、借鉴、融合汉族等其他民族文化的结果，是藏汉民族和谐融洽的结果。藏族文化现代化越是发展，越是需要汉语的习得和使用，汉语的习得使用和藏文化的不断创新始终是相随而行的，而藏文化发展的同时，也将使汉语在西藏的习得和

使用得到不断提高。藏族文化越发达的地方，汉语的习得和使用水平往往就越高。

现代化就是要出新，就是要在优秀的传统文化基础上，增加新时代的一切新颖的、代表时代发展方向的内容，从而使藏族文化不断得到更新和发展，和其他民族一道，紧随时代前进的步伐。现代化就必然意味着借鉴和学习，所以只看自身文化的因素是很不够的。仅仅使用本民族的语言更是自我封闭的表现。对于西藏来说，对汉语的习得，在文化的发展方面有极其重要的作用。无论是文成公主，还是松赞干布，过去时代藏族文化的繁荣发展，都有和汉文化紧密接触的历史，文化典籍的翻译、先进生产技术的引进等等都依赖于对汉语的习得和使用。习得和使用汉语能更有效地完成藏族文化传承和发展的任务，通过汉族人学习藏语从而向藏族地区输入和介绍汉文化没有多么大的可能。需要吸收和引进的不仅仅是优秀的传统，更包括丰富的、日新月异的现代文化潮流。对于西藏来说，汉语习得和使用的速度越快，水平越高，对于汉文化的吸收和引进的速度就越快，发展也就越快，外来文化的本民族化进程就会同样加快，现在和今后都是这样。不过，汽车和高楼等上述的变化，只是外在的东西，也只是仅有的几个大城镇的侧面。西藏文化的现代化最主要的还是人的现代化，人的现代化是西藏文化现代化的基础和前提。藏族居民汉语水平程度的不同可以反映出藏族居民对于现代文化的了解和吸纳的程度。

三、文化观念更新对汉语习得和使用的需求和促进作用

拉萨是西藏最发达的城市，现代化的程度也是最高的。离开拉萨去西藏其他地方，现代化的气息会很快淡去，人们的生活状态和城市里的现代氛围也迥然不同，只了解和熟悉藏语一种语言。而对于汉语等其他语言及其承载的文化因素比较陌生。那些生活比较贫困的藏族居民接受现代化影响的程度相对更低。我们在伦布岗村的逐户调查时对此感受很深，我们带去的面包、方便面、矿泉水对他们中的大多数人来说还是奢侈品。孩子们仅会的几个汉语词被淹没在藏语里。

对于大多农牧区的居民来说，长期的宗教影响造成的宿命观念充满着来世的愿望，或寄予来生，或寄予子女（如希望自己的子女能够汉藏兼通的比率一直很高，达到了90%以上，多数的研究人员都有类似的结论），自己则听天由命。农牧民的教育程度极低，轻视知识的观念也较普遍。他们感受不到也经历不了知识给人带来的生产能力和技术力量，他们依赖的是从周围人的传统劳作方式中得来的简单技能，崇尚子女多、劳动力多的观念。因此，文化素质的提高，并不就是接受知识的教育，更主要的是让他们将视线从本地、本民族的圈子移开，看看外面新的、发达的、先进的世界。在全国经济迅猛发展的当今，西部大开发给西藏带来了社会经济发展的巨大良机。提高藏族居民的现代意识、提高科技素质是有识之士的一致看法。新事物、新观念、新技术对于任何一个民族来说，都不是自己生长出来的，都是外来的、借鉴的。这些新的事物和技术都是以非本族语的形式出现的，需要通过对对方语言的掌握来引进和转化。汉语的习得和使用必不可少，也会随着内地技术、观念等在西藏的传播而不断为更多的人所掌握，起到重要的工具作用。提高藏族居民的文化素质，使他们形成和掌握现代的观念和技术，主要有两个途径，要么通过教育、培训，造就藏族本民族的人才，普遍提高文化素养；要么引进人才，带动藏族居民素质的提高、现代技术的掌握。这些途径和办法都需要解决语言沟通问题，汉藏语言的接触必然是越来越多。汉语在提高西藏整体的教育质量中则具有关键的和核心的作用（下一节我们将就教育问题展开这方面的讨论）。

第三节　政策协调，汉藏语言共同发展

国家关于少数民族地区的语言政策历来是尊重、鼓励和支持少数民族语言的使用和发展的，并在几乎所有涉及语言问题的法律、法规、报告、讲话中予以强调，自新中国成立以来一贯如此。因此，我国各少数民族地区的民族语言包括藏语都呈现出蓬勃发展的态势。

一、汉藏语言在西藏语言政策中的不同表述及其影响

我们在上面的相关章节讨论过，西藏的语言政策主要是关于藏语文的，汉语文在西藏的发展并没有得到应有的强调和监督。在其他民族纷纷发展，不断现代化的今天，只依靠使用藏语，必然会给西藏社会发展造成不利影响。不能过分强调“民族语言”在公共事务和教学中的地位和作用，造成客观上的“民族隔绝”①。对于藏语文的保护、扶持和发展，不能以封闭和落后为代价。所以，西藏的语言政策应该是汉藏语言的共同发展，共同使用，不能出现太大的偏颇，应保持藏语和汉语习得与使用的大体均衡。目前，在保持藏语文良好发展的前提下，应注意采取措施，增进汉语文的习得和使用。我们在讲注重和提高汉语习得和使用水平的时候，不应有可能对于藏语文造成负面影响的心理负担。

前面的章节也已经分析过，在西藏，藏语文的使用和发展，是任何其他语言，包括汉语在内，所不能替代的，藏语在西藏的优势地位是永远改变不了的。所谓语言的变化在很大程度上是使用语言的人的变化。② 除非是自己放弃对自己语言的习得和使用，其他民族的人是不可能施加任何影响的。外行人常常以为文字比语言更为基本，其实情况几乎完全相反。③ 即便大多数人都是没有受过教育的文盲，可实际上他们都会一种口头语言。④ 我们在调查中还没有发现只使用其他语言而不会说藏语的西藏地区的藏族居民，这和他们所受的教育并无关系。藏民族对于藏语的感情和使用和其他任何民族都是一样的。世界上所有的民族都可以通过第二语言的习得和使用迅速壮大自己的经济实力和发展潜力。只要我们辩证地实事求是地看待语言在社会生活

① 马戎：《民族社会学》，第368页，北京：北京大学出版社，2004年。

② 郭熙：《中国社会语言学（修订本）》，第129页，杭州：浙江大学出版社，2004年。

③ ［美］霍凯特：《现代语言学教程（上）》，第3页，索振羽、叶蜚声译，北京：北京大学出版社，1987年。

④ ［美］卡尔·康拉德·迪勒：《语言教学论争》，第16页，孙晖、葛绳武译，天津：南开大学出版社，1992年。

中的作用，就会使许多问题迎刃而解。我们一直认为，在西藏，不需要讨论要不要汉语，而是要讨论如何像藏语文一样，怎么更加有效地习得和使用汉语的问题。无论是全国的还是西藏本区的语言政策，都值得我们思考汉藏语共同发展的措施和办法。语言政策调整的目的就是要使西藏的汉语和藏语的习得和使用更有利于西藏社会快速发展。

二、西藏语言规划中汉语策略调整的必要性及其影响

汉语是全国的通用语言，历史悠久，使用的人口占全国人口的绝大多数，这是必然的。胡坦先生说，藏语是西藏的“粮票”，只能在西藏本地使用，汉语是全国“粮票”，可以通行全国，英语则是世界“粮票”，能够为世界各地的人所接受。如果将藏语和汉语作一对比，人们很快就会发现藏语使用的局限性。但作为文献浩繁、有着独特文化内涵的藏语文又是中国灿烂文化的一部分，藏语文则是其承载的形式。所以，无论是全国还是西藏本地，对藏语文的发展和使用问题历来十分重视，措施精细，实施到位。所以，在很多时候，人们并不认为藏语的习得和使用在西藏会有什么问题。有时候人们也清楚汉语的重要作用，比如对于提高教学质量的关键作用，但没有给予足够的关注，我国的语言政策是，在少数民族地区，人们有使用和发展自己的民族语言的自由，也有使用和发展国家通用语言汉语的自由。所以，汉语政策的调整和实施，主要还是要靠西藏自治区政府。

毛泽东曾指出：“尊重少数民族的文化、宗教、习惯，不但不应强迫他们学习汉文汉语，而且应赞助他们发展用各民族自己语言文字的文化教育。”政协第一届会议通过的《中国人民政治协商会议共同纲领》也明确规定：“各少数民族均有发展其语言、文字，保持或改革其风俗习惯及宗教信仰的自由。”我国的民族语言政策是坚持民族平等、语言平等，各民族都有使用和发展本民族语言文字的自由。各少数民族包括藏族倾向于发展和使用本民族语言是必然的，又有国家政策的保证，所以，和平解放以来，尤其是改革开放以来，藏语文的使用和发展有了极大的飞跃，藏族文盲的比率大幅下降，人们的藏语

文水平得到了前所未有的提高，新闻媒体、计算机、网络等使用现代科技的前沿领域里，藏语文也是不断跟进，和其他语言一样，拥有了巨大的发展空间。在西藏，人们其实是忽略了对于汉语文习得和使用现状及其重要作用的关注。上世纪50年代，藏语同其他民族语言一样，由于国家民族语言政策的贯彻、落实，受到了普遍的重视和尊重。藏族居民在日常生活、生产劳动、通讯联系、社会交往中，自由广泛地使用藏语文。我们在本文开始的章节里也谈到，藏语文的科学研究在上世纪50、60年代也取得了很大的成绩，各民族之间的政治、经济、文化交流也推动了藏语文的现代化发展。人们始终关注的是藏语文的发展。针对西藏汉语问题的研究十分少见。

到了上世纪80年代，宪法再次明确了“各民族都有使用和发展自己的语言文字的自由”的政策，其他的许多法律、法规也作出了同样的规定，表明我国政府坚持语言平等，确保各民族使用和发展自己语言文字的自由得到真正的实现。这些法律法规保证了我国少数民族的语言和主体民族的语言拥有相同的使用权和发展权。藏语的使用范围就越来越广泛，取得了举世瞩目的成就。1984年的《中华人民共和国民族区域自治法》规定：“民族自治地方的自治机关教育和鼓励各民族的干部互相学习语言文字。汉族干部要学习当地的少数民族语言文字，少数民族干部在学习、使用本民族语言文字的同时，也要学习全国通用的普通话和汉文。”这一政策被认为是我国双语政策确立的开始。它实际上提出了在民族地区要学习使用汉语的问题。各少数民族的各级学校按照当地少数民族需要和自愿设汉语课。① 但人们往往只是理解为少数民族语言方面。在西藏，藏语文是必须要学习的，有着比较严格的考试制度。学生人群的汉语并没有多么严格的要求，而藏语则完全不同。非学生的其他人群在汉语的习得和使用上，则完全是出于自愿，如果不是存在实际生活里和汉族人接触，需要有一些使用

① 沙玛·加甲、罗永华：《发展中的民族语文教学》，第15页，成都：四川民族出版社，1988年。

汉语的交流，恐怕没有人会去将汉语作为第二语言来学习。汉语在西藏的习得和使用，也完全是因为社会生活的实际需要，并没有所谓的法规约束，更不存在人为制约。但西藏必须要现代化，必须要和首先是汉族的其他民族交往，要将西藏的发展融入全国、世界的发展范围，对于汉语习得和使用的需求也由此迅速提高。但作为汉语习得和使用本身，却很不尽如人意，没有多少社会组织行为的因素。对汉语的需求虽有升学方面的压力，但却没有人为提高学生的汉语水平而进行科学的系统研究。学生进入初中、乃至大学以后因汉语水平低造成的学习困难，至今并没有可行的措施来解决。为了达到招生的目的，西部的许多大学在录取少数民族学生时，为了照顾考生很低的成绩，录取的标准一降再降，使得进入大学的学生在汉语水平上越来越低。我们还可以举出更多诸如此类的现象。相关机构对这一方面的调查和研究上也没有给予足够的支持。当然，这些西藏汉语习得和使用中的问题，也是在总体语言政策上对于藏语的偏向造成的。国家一再强调少数民族语言的发展问题，西藏地区据此做得更是十分扎实。因此，藏语文在规范化、标准化、信息化处理方面，在翻译、出版、教育、新闻、广播、影视、古籍整理上，在藏语文的学术研究、协作交流和人才的培养上都取得了公认的成就（和平解放前的旧教育偏重于藏语文教学，培养的人才不懂自然科学知识，对经济和生产力的发展基本上没有起到促进作用，适应力差[①]）。这些关于藏语文使用和发展的决策和相关研究有着十分重要的意义，只是忽略了对于西藏汉语问题的基础性研究。即使西藏在上世纪 90 年代大力提倡和实施双语政策，实际上还是围绕藏语文的使用和发展进行的，汉语文只是多了一些形式上的或文字上的东西，20 年来，并无多大的改变。当然，现在对于我国双语教学的观点一般多强调各族语言的平等与“多元”，而对于“一体”即在平等基础上因客观发展而需要一种“族际共同语”则强调不够。[②]

---

① 国家民委文化宣传司：《中国少数民族语言文字使用和发展问题》，第 189 页，北京：中国藏学出版社，1993 年。

② 马戎：《民族社会学》，第 389 页，北京：北京大学出版社，2004 年。

上世纪90年代，藏语文已进入稳定持续发展的阶段，藏语文的发展也取得了上述的杰出成就。随着西藏社会、经济、文化的发展，藏汉文化交往日益深入，西藏语言习得和使用也出现了更多新的要求，也就是说人们在使用藏语的前提下，希望掌握第二语言汉语。西藏实施汉藏双语的政策就是在这样的背景下提出的。这是西藏的语言政策在规定上第一次较为明确的对于汉语习得和使用上的要求。其核心的表达是“以藏语文为主”和“汉藏兼通”。以藏语文为主的汉藏兼通，在语言能力的训练上，先藏语后汉语。藏语和汉语同是西藏的官方语言，但人们使用的主要还是藏语，汉语只是在必要的场合使用，或是必要场合的一种形式。汉语作为全国的通用语言，在西藏并不如人们想象的那样“强势”。就现在的教学状况来看，学生们未来使用的汉语程度也远低于藏语。

虽然西藏在具体的政策和措施上就文字方面没有多少强调汉语的因素，但在西藏习得和使用汉语的重要性上，是有着普遍共识的。现在需要的是，能够在这一方面拥有更深刻的认识，拿出一些切实可行的办法，去提高效果。在西藏，语言政策对于习得和使用汉语的个人来说，不具有直接的影响作用。藏族居民在公务和个人的语言环境里，选择汉藏语言中的哪一种作为交际工具，不是根据所谓的法律法规，而是语言使用的便利性，也就是，在汉语和藏语两种语言中，使用哪种语言方便就选择哪一种。具体到语言交际场合时，语言的政策不具有现实作用。人们使用哪种语言，如何使用哪种语言，使用到何种程度，不会考虑政策允许与否，或政策的某某规定，只要个人愿意，怎么使用都是可以的，是自由的，只要能够达到沟通的目的。制约个人使用某种语言的主要是谈话的内容和谈话的对象。有些和现实题材接近和使用的专业词汇较多时，人们会由藏语转而使用汉语，如有些报告、学术交流、科技词语较多的谈话等等。和汉族人交流时，必然会使用汉语，如果是使用藏语，则是出于特殊的原因和目的，可以忽略不计。对于大多数只会藏语的藏族居民来说，就只可能使用藏语，并且只能在藏族人群内部进行交流，他们的活动也只限于藏族居民内部。

因此，我们说在西藏的语言政策上进行必要的调整，主要是针对社会群体来说的，无论是关于藏语的还是关于汉语的语言政策，都是这样，都是以更好地服务于个人语言习得和使用的需求而制定的，是为了在社会的大环境上为所有的藏族居民创造良好的语言使用环境。但语言政策在一定的社会范围内，是有着导向作用的，对于该地区语言的使用趋势和发展态势有着十分重要的影响，历来也受到各级政府的高度关注。比如，藏语文能有今天巨大的发展，藏语文功能的扩展更是史无前例，就得益于我国的语言政策。西藏的语言政策需要在西藏社会发展的各个方面得到具体体现，单纯地就政策而谈政策的做法没有任何实际的意义，也就是要在具体工作中创造和营造语言习得和使用的氛围，从而使汉语和藏语在西藏得到协调、均衡的发展。

三、汉藏语言能力的提高应是西藏语言政策调整的主要方向

在语言的具体使用上，西藏语言政策调整的主要方向应有两方面：一是书面的，一是口头的。也可以称作是文字上的和语言上的，是我们经常使用的写和说两个方面。西藏的藏族居民汉语水平低，使用人数少的原因就是这两个方面。所以解决问题的方向也在这里。在书面方面，西藏的语言政策一直以来都要求“藏汉两种语文并用”。我们仔细分析就不难发现，在西藏，藏族居民谁会执行这个并用的要求？只有各级单位或机构会这么做，这就是所谓的社会用字。如政府的各个厅局对外开列的介绍信、证明，大型会议的文件、材料，单位的公章、证件、表格、信封、信签、稿纸、标语、街道名称、学校、车站、机场、商店、招待所、影剧院、交通路标，还有西藏生产的商品上的商标、广告、价格标签，各种票据、税单、门牌、检验报告、药房等等大多使用的是汉藏双语，邮电、法院、检察院、公安等部门使用的也是汉藏双语。图书、报纸等出版物也主要是汉藏双语。这种书面的汉藏双语使用是为公众服务的，目的是使持汉语或藏语不同语言的居民包括汉族和藏族方便接受社会服务，更好地满足所有居民的社会服务需求。这在客观上也形成了汉藏双语使用的氛围，有利于汉语和藏

语在西藏社会的传播和发展。书面要求最终还是服从于语言发展的未来需要和西藏居民的现实需要，否则这种书面方面的语言政策就会失去意义。但，书面上的汉藏双语要求在形式上毕竟容易做到，实际使用的效果就要看西藏居民的语言能力了。对于某一个西藏居民个人来说，他在使用这些书面的汉藏双语材料时，一般不会既看汉文的，又看藏文的，他只会选择其中的一种来了解表达的内容。汉族人只会看汉文部分，会汉文的藏族也主要看汉文部分，不会汉文的就只能看藏文部分。使用汉藏双语材料中藏文部分的居民要占大多数。作为提供服务的一方，有按语言政策提供汉藏双语服务的责任，也有依据接受服务的居民的语言能力，适应需求的责任。居民个人最终使用哪种语言，则不是任何机构或单位能够建议或决定的。语言能力是决定西藏居民使用某种语言的唯一因素。所以我们认为，西藏在社会用字方面，使用汉藏双语，是实际的和可行的，也是汉藏双语发展的必需条件。但社会用字只是西藏汉藏双语发展的某种结果，而不是根本和源头。汉文或藏文的水平不高，如何识得汉文或藏文材料？所以，有时候看起来在社会用字上做到了汉藏双语，但其效果并不一定就好，也就是说老百姓并不一定认识。对于不懂汉语的藏族来说，它根本就不可能认识汉文材料，如商品的名称、价格标签、路标等。汉藏双语材料，只是服务于很少一部分汉文能力较高的藏族居民，还没有规模可言，更没有普遍的社会服务效果。因此，提高藏族居民的汉语习得和使用水平是当务之急。不能因为能经常听到藏族居民说几句汉语就认为拉萨的汉语使用水平比较高或比较普遍，实际上拉萨的绝大多数藏族居民说不了几句汉语，能认识汉字的就更少。在生活中能够较好地使用汉语的藏族居民只是一小部分接受过高等教育的人。拉萨以外的其他地方情况就更差。在口头表达上，世界上所有的语言政策都没有直接的作用，只能通过其他途径加以引导，引导的目的也不是为了限制和约束，而是为了营造社会语言使用的良好氛围，违背居民语言使用意愿的做法永远都行不通。西藏的藏族居民需要习得和使用汉语。这种需求的增长已经是被证明了的、日益广泛的事实。西藏在坚持实施汉藏双语的社会用字语言政策的同时，应着力解决藏族居民汉语基本能力提高的问题。社会经济、文化发展等环境上的变化会给藏族居民带来许多在日常交往中习得和使用汉语的机会，但这主要是对于成人来说的，也是不系统的。根本的办法在于提高各级学校汉语教学的效果。这对于那些尚未成年的学生群体来说，意义十分深远。没有汉语教学质量的提高，没有学生汉语水平的实质性提高，西藏汉语习得和使用的水平和层次只能是现有状况的延续。

在研究西藏社会经济发展的时候，人们经常会提及西藏区内发展的不平衡，而且城乡的发展差距很大。我们认为这不是西藏才有的，内地或国外也同样如此。区域发展的不平衡是客观的、普遍现象。所以，没有万能的政策和措施，也没有完全适合所有地区的语言政策。在西藏，大小城镇之间、城镇和农村之间，社会的语言状况不同，人们的语言需求亦不同。社会语言使用的发展是各方面综合发展的一部分，深刻地受到其他方面发展的影响。现在西藏农村的居民不会去说汉语，人们就是想说也没对象，周围只有藏族人而没有汉族人，以后汉族人有了或多起来，他们使用汉语就自然会多起来。这只是一个方面。那么孩子们在将来会处在什么样的人口环境里？自然是民族成分多样的环境，都要出去经世面、长见识。所以，无论西藏区内自然的、社会发展的不平衡程度如何，基于当地条件的教育都是根本问题。汉语教学水平提高的首要的结果就是学生汉语水平的提高，接着便是人的语言素质的提高。这种提高在缩小社会其他发展方面的差距上历来都是关键所在。差异的存在不是落后的根本原因。

四、高度重视相关专家的决策作用

在西藏语言政策的制定实施上，要重视专家作用，营造研究、舆论氛围。语言政策是由决策者制定的。决策者制定语言政策必须依据对于语言问题的调查和研究结果。所以，必须高度重视语言专家的作用。世界各地语言问题的解决，都依赖于语言专家的研究成果，强调语言政策的科学性、可行性和长远影响。

一般来说，语言规划的真正目的与政治、经济和社会有关，纯语言目的的规划仅仅是表面现象和短期目标。涉及语言的政策不是语言学家制定的，而是政府制定的，并通过国家机构的支持得到执行和强化。在历次语言运动中，民族语言或多或少都被运动领导有意识地用作达到其他目的的手段。[①] 因此，从专家的角度看，语言的研究只有关注社会热点问题、关心应用，研究才会为社会所重视。即使是语言本体等基础性成果也只有受到实际运用的检验，才能更细致、具体地发现存在的问题，从而调整研究的思路，开辟新的途径。对于所有研究语言的人，不管从何种角度，都应当超出常规，更多地意识到他们的研究课题所处的社会环境。[②] 语言研究就是要在基础和应用的结合上寻找创新点。

西藏语言的决策者和专家的作用应该充分结合起来，以利于促进西藏的语言研究和语言实际问题的解决。从总体上看，西藏在语言政策的制定和实施上，对于科学研究重视得还不够，理论基础还比较薄弱，对社会语言问题的调查、研究也不够。关于西藏社会语言问题的研究一直以来都没能得到足够的重视，不仅仅是决策者，也包括藏学界的相关研究人员。人们并没有将西藏语言问题的研究作为藏学研究的主要课题，汉语的研究和藏语的研究比较起来就更加薄弱。人们注重的只是对于藏语文的基础性、认知性研究，而不关心其是否有应用的价值，也就是说和现实社会以及使用语言的人的需求相脱节，解决不了许多现实语言问题。语言的基础研究总是要走向应用，并在应用中得到检验，这是个大的方向。人们对语言认识的角度、深度不同，将语言和实际应用结合研究的程度不同，语言研究的成果对于社会的贡献也会不同。我们呼吁着眼于西藏及全国语言大局、着眼于社会语言需求以及着眼于语言国际背景的相关研究，使西藏的语言研究具有

---

① 周玉忠、王辉：《语言规划与语言政策：理论与国别研究》，第310页，北京：中国社会科学出版社，2004年。

② ［英］R. A. 郝德森：《社会语言学》，第5页，卢德平译，北京：华夏出版社，1989年。

越来越大的应用价值。我们在政策上应该对这方面的研究给予引导和扶持。这也是西藏语言研究的主要方向。可以说，无论是西藏语言政策的制定者还是研究者对西藏汉语问题的认识都还是比较模糊的。所以，西藏语言政策中有关汉语习得和使用问题的表达和解释十分简略，具体实施中的做法也十分简略，其主要原因就是重视不足，研究不够。比如，西藏实行双语教学已经有几十年的历史，实际上，我们对于西藏双语教学的效果并没有给予详细的调查和评价。西藏双语教学政策的实施，也主要是集中在藏语的教学方面，汉语的教学只是近两年来稍有加强，但也没有多少较为科学的调查和研究，人们总是以不能“一刀切”为由，将西藏的汉语教学置于“自由发挥”状态。其实西藏语言问题的研究或者是汉语问题的研究，只要稍加重视，就不难发现存在的问题。如西藏初中生的汉语水平只相当于内地小学低年级汉语水平，汉语教师素质普遍低等等。所以西藏双语教学的发展程度还很低，针对汉语的政策和措施还很缺乏，并没有达到西藏语言政策中双语教学的真正目的。语言等方面的专家应站在国际的和国内的总体语言发展的角度，立足于西藏语言生活的实际，得出具有前瞻性和科学性的结论来，为西藏语言政策的制定提供有价值的参考。语言政策的制定，不仅仅是政府的工作行为，同时也是科学研究行为，需要有相关专家的参与和支持。语言政策的制定既是政府行为，也是社会行为，是学术性和社会性的结合，所以西藏语言政策的制定和实施要吸引社会各界的广泛参与和支持，为西藏广大居民所接受。除了西藏的相关语言机构，还要广泛的与西藏的社会科学研究机构、高等院校等各级各类学校、新闻出版单位等一起，营造良好的汉语习得和使用的社会舆论氛围，从而使西藏社会的汉语需求得到尽可能地满足。

第四节　重视汉语教学，满足藏族居民基本的汉语需求

从西藏汉语习得和使用者的角度来看，作为社会服务的策略，我们能够为他们做些什么？对于已经离开学校的藏族人来说，我们只有加强与内地的广泛接触和交往，增加藏族居民和汉族人群接触的机会，从而在经济、文化、贸易等活动中，不断寻找提高汉语习得和使用的机会。这部分人的汉语水平差异很大，极不均衡，主要的原因就在于他们彼此间曾经接受到的汉语教学质量不同。

一、目前西藏汉语教学的基本情况

学校教育是一个十分复杂的系统工程，涉及教育目标、教育的整体策略，对于学生观念、能力、品德等多方面的教育。西藏对下一代的教育，凭借的是藏语文，使用藏语文对学生进行整体教育。汉语在西藏的学校系统中，只是一种语言的教学，是第二语言的教学。西藏学校汉语教学的本质目的是要让学生掌握汉语的基本技能，来满足生活交往的需要。西藏的汉语教学还是比较独立的，在学生的整体素质培养方面，只起到提高汉语技能一个作用，在学生其他素质的培养上，没有直接的作用。从目前看，接受高中及其以上的各级高等教育的学生只是西藏学生人群的一小部分，他们将接受以汉语文为媒介的学校教学，在更高的层次上受到文化、科技等专门的培养。不过，他们在进入这些级别的学校以前，已经接受了藏语文条件下的全面教育，汉语也依然只是他们进一步学习的工具，一种语言的技能，他们的整体观念和素养已经基本形成。所以，我们讨论西藏学校的汉语教学，也只把它作为西藏学校教育的一个因素来考察。我们在提高西藏汉语习得和使用水平的策略上，会有许多不同角度，采取客观的、主观的等很多办法，但汉语教学都是最基本的。西藏汉语教学的水平提高了，

其他方面的问题就会解决得更快些。西藏汉语教学水平的提高在这里具有核心的关键作用，而小学的汉语教学又是重中之重。

1994 年颁布的《西藏自治区实施〈中华人民共和国义务教育法〉办法》规定：自治区逐步完善以藏语文授课体系为主的藏汉两种教学用语体系。学校应当保证少数民族学生首先学好当地通用的民族语言文字，同时学好汉语文，学校在所有使用汉语文的场合，推广、使用全国通用的普通话和规范的文字。这一方针和 1987 年的相比有所加强，既照顾了农牧区的实际情况，又考虑到了城镇汉语文好一些的发展现状，有利于藏族青少年未来的发展。但在实际教学尤其是小学教学中，有削弱汉语教学的倾向，在课程安排、教师数量、教学规模等方面都有反映。政策上大力鼓励和扶持藏语文教学，所有的藏族儿童都有藏语的学前基础，和汉语比较起来，藏语的学习要轻松和简单得多，老师教得也轻松得多。汉语则正相反，学的和教的都感到困难。进入初中后的语言衔接问题，一直没能得到解决。教育部门没有着力去解决小学的汉语教学水平，而是在进行初中课程教材的大量翻译，用藏语文来代替汉语文进行初中甚至高中的课程教学，各类教学使用的参考资料也在进行着藏语文的翻译。这样做对于解决藏族学生入学后的语言问题，方便提高学生的整体素质上是有着十分积极的作用和意义的，学生的藏语水平也会因此得到进一步的提高，但会影响对于汉语的习得和使用。大量的调查和研究表明，对于汉语的习得和使用，大部分藏族居民都有着理性的认识，认为汉语的学习对于本民族及其个人的发展都有着重要的意义。研究表明，在学习第二语言上，单一民族聚居区（如西藏的大部分地区）受单语环境制约，要通过有计划的教学掌握。[①] 面对学校汉语教学水平低下的状况，城镇的学生还有一些其他的途径，如和汉族的交往、大量使用汉语的媒介、汉语成分较多的社会环境等，而农村的学生就只有藏语的环境，汉语教学对他

① 国家民委文化宣传司：《中国少数民族语言文字使用和发展问题》，第 103 页，北京：中国藏学出版社，1993 年。

们的汉语水平制约力更大。在西藏的许多地方，藏族学生从小学到高中上了十几年的学，仍然不能使用汉语来沟通。我们有必要对西藏的汉语教学给以重新认识。汉语的习得和使用不仅仅是西藏社会越来越大的需求，它同时也是一种责任和义务。汉语作为全国的通用语，在西藏社会已经得到较为广泛的使用，在促进民族间交流、传播民族文化、吸收外来文化等方面已经并将继续起到重要作用。对于藏族学生来说，学习藏语和汉语都是义不容辞的。汉语和藏语的教学都应该得到加强，而不能有朝向任何一方的偏颇。无论是城镇还是农村，我们都应在现有条件的基础上，不断加强藏语和汉语教学。

二、实现真正的汉藏双语教学

西藏实施双语教学的办法是“先藏后汉、藏汉并重、以藏带汉、藏汉俱通”。这是西藏双语教学的理想措施，是科学的，也是可行的，但并没有得到全面实施。这一措施体现了西藏城乡汉语水平的差异，强调先学习藏语母语，再接触第二语言汉语的习得和使用，希望学生们在掌握藏语的同时，也能够精通汉语，在第一语言藏语的基础上提高汉语的水平，最终达到精通汉藏两种语言。这一措施只是在西藏的部分城镇如拉萨市城关区得到了较好的实行，并且也收到了较好的效果，对于多数西藏中小学来说，只是做到了以藏语为主，兼顾汉语，没有并重，也没有实现汉藏兼通。双语教学的政策只是粗略的，人们着重注意的是藏语文的习得和使用，教学的安排也是倾向于藏语文，教师素质的要求也以藏语文的素质要求为主。西藏的双语师资在汉语的水平上大多很低，实际上难以胜任汉语教学任务。要提高西藏汉语教学水平，就要有全面系统的认识和设计，拥有好的教师、好的教材和好的教学方法。

三、尽可能早地开始汉语教学

语言学和心理学的研究都表明，儿童是在和社会环境的相互作用中获得语言的，关键在于儿童早期的交往和社会接触。他们如果在开始学说话的时候接触两种语言，可以毫不费力地掌握两种语言，和掌握一种语言一样简单。换言之，如果藏族儿童在入学前就开始接触汉藏两种语言，他们会很快掌握汉藏双语。这是一种特殊的学前语言环境，在西藏是几乎不存在的。藏族儿童在入学前只学会了藏语一种语言，不存在入学前的汉语语境。所以，他们是先有了藏语基础，再进行第二语言汉语的习得和使用的。但有一点是为心理科学所证实了的，也是为公众所公认的，那就是在习得第二语言方面，儿童要比成人快得多，往往能收到事半功倍的效果。藏族儿童不能失去在小学阶段习得和使用汉语的机会，应该尽可能创造良好的语言环境，让他们多接触汉语，从一点一滴的积累开始。人们对于西藏汉语教学的起始时间有过较多的争论，认为在西藏小学的各个年级开始汉语教学的都有。这些看法大多认为藏语是母语，应优先得到发展，有了积累再学习汉语比较合适。在小学，藏语是孩子们首先要学好的，也是学得最轻松的。但汉语开设的早一些并不会影响对于藏语的学习，问题是采用什么样的内容和方式。开始的时间越晚，学得就越慢，这是肯定的。目前拉萨市的不少小学已经从一年级开始教汉语，而且使用汉语来教小学数学，是有理论基础和现实意义的。汉语作为第二语言，在学习中，总是要由简到难，早学总是会有更多的积累。其实，这个起始时间的问题并不需要争论，应该注意的是使用什么样的难度和教学方式。只要难度适合，教法得体，对于藏族儿童来说，教他什么，他就能够学会什么，从十分简单的内容开始。没有学校的汉语教学，孩子们自己主动地去习得和使用汉语的可能性极小。

四、以培养听说等语言能力为主

汉语是藏族的第二语言，西藏的汉语教学属于第二语言教学。实际上，汉语在西藏不可能与藏语一样受到重视，藏族居民对藏语永远都会偏向一些，无论习得还是使用都是这样。正因为这样，西藏的汉语教学如果措施不力，很容易被忽视。人们主观上认为汉语重要的看法和实际上的习得和使用是两回事。学生们知道的就是按学校的要求去做，学校对汉语教学怎么要求，他们就会怎么学。汉语第二语言教学从根本上说就是让学习者掌握语言这种交际工具本身。因此，要把语言当作交际的工具来教、来学。把语言知识的教和学放在首位，把语言能力和语言技能的增加放在次要地位显然不符合第二语言教学的需要。① 西藏汉语教学既然是第二语言教学，就要遵循第二语言教学的规律，以培养学生的汉语能力为主，选择的材料应以学生的实际水平和交际的需要来确定。必须把汉语作为交际的工具来教和学，课内外都要为学生提供使用汉语的环境，使他们在运用中掌握各种表达的技巧，强调说的训练和说的能力，也就是要在实践中多用。在学生年龄、藏语水平、汉语基础大体一致的情况下，就某一个教学单位来说，就是要循序渐进地进行汉语教学，因材施教。汉语教学中使用藏语还是汉语作为教学语言，并不是主要问题，只要有利于提高教学的效果就行，关键是按教学的要求去提高学生们习得和使用汉语的能力。实际上，藏族小学生如果能基本达到教学大纲的要求，他们进入初中后所遇到的语言衔接问题就不会太突出。

五、尽快提高汉语教师素质

教师的素质决定教育质量。没有教师的核心作用，再好的制度、再好的条件也只是表面的。教师是教育的最终组织者和实施者。藏族学生汉语习得和使用水平的提高主要取决于教师条件。所有高水平的学校如拉萨市的相关学校之所以能够培养出汉语水平较高的学生，都是以良好的教师条件为支柱的。汉语教学水平的提高必须以合格的教师队伍作为保证。汉语教学水平的提高就意味着学生汉语习得和使用水平的提高。合格的汉语教师队伍一靠西藏本地的培养，二靠从内地引进，也包括通过智力援藏的方式引进汉语教师。西藏汉语教师的需求量十分大，依靠引进不能从根本上解决问题。关键还是得依靠西藏本地培养的途径来提供汉语教学的合格教师。但西藏没有专门的汉语

---

① 李泉：《对外汉语教学理论思考》，第 24 页，北京：教育科学出版社，2005 年。

教师培养，只有双语教师的培养和藏语文教师的培养。一直以来，在西藏，一提到双语师资的培养，人们自然就想到藏语文师资的培养，一切为了藏语文师资的培养，因此，西藏在培养藏语文师资上取得了很大的成绩。但人们忽略了双语教师的汉藏兼通，只强调了藏语文的素质，汉语水平普遍不高。据我们的调查，现任的汉语教师多数没受过汉语文的专业训练，改行教汉语文的也很多，他们缺乏汉语文理论知识和必要的教学法。只要懂一点汉语的人就拉来当汉语文教师。特别是在广大农村，汉语教师语音基础差，汉语语感和实际运用的能力也差，也不懂语言教学的方法，课堂上几乎都由老师用学生的母语讲课，学生除了读读生词、课文，几乎接触不到汉语文。这种情况在拉萨市的一部分学校也是存在的。目前，西藏各地的小学已经注意到尽早学习汉语文的重要性，开设汉语课的时间有所提前，有很多小学从一年级就开始汉语文的教学，这是符合学生学习规律和未来需求的。但是，各个学校对汉语教师的需求也不断增长。所以汉语教师的培养十分迫切。

通过师范等院校的作用来增加汉语教师是补给新鲜力量的主要途径，但一定要改变过去只注重藏语文一个方面的偏向，不然未来的双语教师又要面临再次培养。加强对在职汉语教师的培训和监督则是较为直接的办法，也应是提高西藏汉语教师素质的重点途径。一是要创造机会，使他们能够接受系统的汉语知识和能力的学习、培养和对语言教学方法的吸收、借鉴，尽快提高业务水平，同时也需要必要的监督和检查、考评，给他们一定的压力，促使他们不断地钻研汉语教学业务。在此基础上，通过进一步提高教师的待遇，加强人文关怀，提高双语教师对汉语教学的积极性，不断稳定和改善汉语教师队伍。在这方面要注意两个主要的问题：一要加强汉语教师培养、培训的调查研究，给以足够的重视和认识，从而制定出符合西藏各地实际的汉语教师队伍建设方案；二是教育相关部门要对汉语教学予以应有的重视，经常性的检查和监督是必要的也是不可缺的。

六、注重汉语教材建设，实现汉藏并举

近年来，西藏的汉语教材问题受到了人们的关注，也有一些批评的声音，主要是围绕藏族学生所使用的汉语教材性质和编写的原则展开的。我们认为应多角度看待藏族学生使用的汉语教材，最终的目的是要满足培养的需要和学生学习的需要。教材是教学活动的依据，教材的质量会影响到教学效果。多年来，人们一直在呼吁编写藏区通用的汉语教材，主要立场是藏区的汉语教学属于第二语言教学，和对内地以汉语为母语的学生的汉语教学有着本质不同。这种看法得到了普遍认可。目前，西藏正着力进行双语教材建设，其重要任务是编写和编译九年义务教育的藏语教材和中等学校的藏语教材，力求做到思想性、科学性和民族性的统一。这对于学生智力的发展、综合能力和创新能力培养、处理好西藏传统文化和现代科学文化成果的关系意义十分重大。我们认为，与双语师资的培养相似，双语教材建设其实就是藏语教材的建设，人们并不认为西藏的汉语教材需要进行建设或存在什么问题。我们在调查中看到，在研究、开发、编制藏语各科教材方面，西藏可以说是倾其所有，全方位提高。汉语教材的使用研究则力量单薄。藏族地区通用的九年义务教育《汉语》教材已经编写出版，这无疑是一个重大的举措。专供藏区使用的汉语教材，改变了忽略藏族地区语言环境和汉族地区语言环境不同的做法，同时还会带来教师培养、教学方法、汉语考评等一系列变化。但是通读这些教材，和过去全国统编的汉语教材相比，核心的变化是难度降低了。难度较低后，学生通过学校教学获得的汉语水平也会降低，围绕汉语教学的一切环节如教师、考试、教法等都有一个转变的问题。对于那些本来汉语基础就好，语言环境相对较好的地方来说，并不一定适合。西藏地区在这方面的做法无疑是科学的。在西藏，这些仅在藏区通用的汉语教材，只在汉语环境差、教学条件落后的农村使用，城镇则主要还是使用全国统编的汉语教材。这样既照顾了城镇学生汉语条件的差异，也使得汉语教学有了基于基础的选择。从短期来看，农村地区的孩子们在汉语的习得和使用上会变得简单

些，教得也看似简单些，就现在来看还是可行的。教材难度的降低，也会使农村学生的汉语学习效果低于城镇等使用全国统编教材的学生。所以，这样改变教材的做法不是根本所在，还是应在教师的素质上多作努力才行。如果今后逐步缩小仅在藏区通用的汉语教材使用范围的话，将有利于学生汉语水平的普遍提高，也有利于汉语在西藏的推广和使用。在西藏侧重藏语文的双语体制下，要寻找缩小汉语教学的规模，降低汉语教学难度的理由十分简单，而且很容易得到呼应。这种教材使用上的变化趋势值得予以关注。

七、注重调查研究，不断改进教学方法

（一）语言教学理论和西藏实际相结合

从第二语言习得的角度出发进行藏区通用汉语教材的编写是一个科学性的问题，这方面已有较多的论述，这里不再展开。我们认为，使用藏区通用的汉语教材，还是全国通用的汉语教材，不应成为解决西藏汉语习得和使用问题的主要方向。不能过分强调藏区通用汉语教材和全国通用汉语教材的区分，在培养学生的汉语能力包括交际能力上，两者的目标是一致的。只不过是后者要比前者难得多。必须明确的是，西藏的汉语教学属于第二语言教学，一切都要遵循第二语言教学的规律进行。即使是藏区通用的汉语教材，也有一个度的问题。汉语教材的编写和使用非常重要，但更重要的是教师的作用及其教法的运用。在中国境内，非汉语区的汉语教学都属于第二语言的教学。我国的汉语第二语言教学理论主要是针对外国人学汉语的，对国内汉语第二语言教学还没有系统的理论和方法。西藏的汉语教学也是这样。西藏的汉语教学还缺少理论和方法上的积累和指导，主要原因在于教师队伍薄弱和汉语教学研究滞后。西藏各地的汉语条件差距很大，尤其是城镇和农村的差距更大。所以，不可能有通用于西藏全区的具体教学方法。许多汉语的教学，只能由教师根据学生的不同特点，结合他们的汉语基础，在自身条件的基础上，因地制宜地进行。符合当地

汉语教学的合理方法，主要依靠教师的教学实践和研究者的调查。国外或其他地方的第二语言教学模式受到社会、个人等环境的限制，只具有启发性，西藏具体的汉语课堂教学其实需要的是某一学校或某个教师来把握。我们认为，只要有利于学生的学习，每一节课的方法都是可以不一样的。在西藏教汉语，是用汉语教还是用藏语教，不能也一直没有硬性的规定。使用汉语来教汉语课，只是一部分汉族老师的做法，大多数的藏族老师还是使用藏语来教汉语。实际上，一个民族使用什么语言进行基础教育，是由客观需要和实际可能决定的，而且是长期历史发展的结果。[①] 只要老师教得认真、学校重视，学生也会学得认真，提高得快。也就是说，我们强调的是个体的能动性。

（二）注重说的练习

在西藏汉语教学方法上，比较一致的看法是，要特别重视学生说的练习，这是培养藏族学生汉语能力的主要突破口，也是提高他们汉语习得能力的突破口。提高了说的能力，就会带动交际上使用的增多，参与相关课外汉语实践活动的增多，以及提高对汉语习得的重视程度和积极性，形成好的汉语习得和使用习惯。西藏的汉语学习重在实际使用。学生说的能力提高了，就有可能扩大汉语习得和使用的范围，从而提高得更快。语言教学中行为主义的机械练习法在这里是有些作用的。反复练习，熟能生巧。如何评价孩子们学习汉语的效果？我们认为，说出来的才是他们自己的。只要他们能说，接下来的就是听和读写能力的提高。就一节汉语课来说，只要始终围绕说进行训练，就是成功的。说的能力训练是最重要的，不能偏离，否则，其他汉语教学内容的进行就会失去活力，黯然失色，也会背离第二语言教学的主旨。西藏农村地区的中小学汉语教学对说的练习的强调就更有实际意义。

① 马学良：《民族语文教学文集》，第 275 页，成都：四川民族出版社，1988 年。

（三）重视文化因素

另一个比较一致的看法是，第二语言教学实际上是一种跨文化的语言教学（这正是它区别于母语教学的一个重要特征），这种教学无法不涉及与目的语（汉语）相关的文化现象和文化因素。[①] 西藏的汉语教学要重视其中的文化因素，这一点对于年级较高的汉语教学尤其重要。汉语教学中，要教得明白、学得明白，就得注重语义上文化方面的不同，否则会影响教学效果和说的训练成绩。西藏汉语教学在几十年的发展中，已经在教学设计、教材编写等方面积累了不少的宝贵经验，教学中的文化因素也经常为广大师生所关注。研究教学对象的语言特点和心理状态，并在教学法上采取适合民族学生的一套方法，这是保证民族学生学好第二语言汉语的关键。[②] 离开文化单独教汉语，就会遇到许多问题。如："感冒"、"将军"、"玩"、"鬼脸"，还有像"梅雨"、"四合院"、"红娘"、"红豆"、"狼心狗肺"等等，带有浓厚文化色彩的内容，只有理解清楚了，才能说得更准确。那些含有附加的联想意义、象征意义、比喻意义、引申意义的部分则更难一些，需要经常地实际使用和说的练习。汉文化和藏文化一样博大精深，教学中则不必面面俱到，教材编写中所注入的文化因素也要注重实用和循序渐进，加强不同文化的比较，便于区分和掌握。这时候教师就要显现"英雄本色"了。汉语教师要对藏汉民族的文化、传统、习惯都有较全面的了解，对教材中涉及的和学生提出的关于文化方面的问题进行比较和分析，站在藏族学生的立场上看待每一节汉语课，特别要讲清实际生活中常见的汉藏文化差异，使学生在具体的口头表达中说得明白、用得准确。

在汉语教学实际中，还会有许多问题，如来自母语藏语的干扰、积极性的调动、情感因素的调节、学生个体的差异等等。在教材和环

---

① 李泉：《对外汉语教学理论思考》，第 8 页，北京：教育科学出版社，2005 年。

② 严学窘：《民族研究文集》，第 260 页，北京：民族出版社，1997 年。

境等条件一定的情况下，汉语教学水平的提高就只能依赖教师的作用了。

第五节　发展新闻出版事业，扩大媒体语言对汉语习得和使用的影响

西藏的新闻和出版事业在几十年发展中，取得了巨大进步。我们在讨论西藏汉语习得和使用途径的时候，提出了媒体语言的重要性。媒体语言指的就是广播、电视、电影、报纸、杂志、图书等媒体使用的语言。传播媒体是通过声音、图像和文字来达到传播目的的，之所以能够起到传播的作用，就是因为有语言的作用。声音离开语言的使用就成了没有意义的自然现象，图像也是一定要表达意义的，其传达的则是无声的语言，人们领会到的其中蕴含的意义同样需要使用一定文化条件下的语言。传播媒体的重要性历来为各级政府和部门所重视。它传达的是一种官方的声音、时代的声音、社会的主流形象，是巨大的不可替代的语言环境。传播媒体的社会控制作用和影响力不言而喻。藏汉语言在媒体中的使用状况也是如此。人们都有从众的心理，也只有从众，才可能有为大多数人所理解的语言使用，否则交往会遇到障碍。所以，这种媒体语言的使用，对于当地居民的语言习得和使用有巨大的辐射力和影响力。人们在媒体所使用的语言氛围中，自然地受到感染，逐渐在主流语言氛围的作用下，习得和使用着具有主要影响力的语言。我们不讨论媒体语言本身，我们关注的是如何发展与媒体语言使用相关的事业，以有利于藏族居民对汉语的习得和使用。媒体语言对于藏语的习得和使用的作用是相同的，因此，人们谈论西藏媒体的语言，也是从双语的角度出发的，也就是说西藏的诸多媒体语言是汉藏双语的。但汉语和藏语在西藏媒体中不可能混在一起使用，发展的程度并不一样，对藏族居民的影响力也有所不同。实际的状况是，媒体语言中藏语的辐射力影响力远比汉语宽广和强大。不管汉语在西

藏媒体中使用的官方作用如何，对于普通的百姓来说，藏族居民在使用的时候，也就是在接受其影响的时候，制约的因素是其自身的语言水平和实际需要。但是，西藏媒体中汉语的使用在语言习得上还是有不小影响力的，只不过比藏语要小一些。这一点与汉语和藏语在国家语言生活中的地位没有必然的关系。

我们把媒体语言作为一个方面，来讨论它对语言习得和使用的影响，并根据实际的发展状况提出一些建议，是为了实现藏汉语言在西藏媒体语言使用发展和影响力中的大体均衡。媒体语言的影响十分现实，它的作用是日常的、强制性的，但毕竟对于藏族居民的语言基础有相当要求，它的影响力存在着地区的、人群的、使用条件的诸多限制。也正是这样，藏语在西藏媒体中的影响力和作用要比汉语大一些。媒体语言对藏族居民的作用毕竟是外在的，所以通过媒体的作用来影响和提高藏族居民的汉语习得和使用，不是根本的途径，主要的还是要依赖于教育的发展。就像任何事情的发展变化都不是单一的一样，西藏汉语教学的发展也依赖于西藏其他方面的发展，媒体的作用自然也是促进因素之一。为了便于讨论，我们把需要使用电子技术的广播、电视、电影归为一类，日常使用量比较大的报纸、杂志归为一类，图书另外归为一类。

一、西藏媒体中汉藏语言的不同作用

与其他方面一样，西藏在发展新闻、出版事业中，其主要的精力在发展藏语的新闻和出版业方面。可以说在几乎所有汉语使用的场合，藏语也都能够使用，起到充分的表达作用。因此，西藏新闻出版事业中的双语程度已经很高。在国家的大力扶持下，包括网络在内的西藏各类媒体在藏语的使用上从无到有，已逐步成熟和完善，极大地促进了藏语言文字和藏族文化事业的发展，其速度之快、程度之高是惊人的。而使用汉语的相关媒体并没有特别大的变化，更没有着力地去发展，也没有得到多少特别的关注。我们不专门介绍这方面的发展变化，只是讨论它在语言习得和使用上的作用和未来的发展问题。目前，西藏的相关媒体都是双语的，广播、电视、电影、报纸、杂志、图书等都是这样，即使是商家散发的小广告也是双语的。那么，这些媒体中的语言会有什么样的感染力或影响力，就需要区别来看了。

各类媒体有它社会影响力的内在本质，但作为该行业来说，一方面要服务于大众宣传的需要，一方面要追求较高的经济效益，这是必然的。所以，西藏的汉藏双语媒体在主体方向一定的前提下，也要追求经济效益，这也是必然的。广播、电视、电影要追求高的收听、收视率，报刊、图书要追求销售量，这一根本性质与所有的地方都是一样的，我们得首先认可。不过现在西藏的媒体行业在追求经济效益上的取向还不是太明显，竞争也谈不上激烈，国家计划的作用还比较大。所以，媒体的社会具体效益上的问题不太受人们的关注。比如，出版的各类报纸，能够卖掉多少，有多少人看，往往是只管出版，不管实际的社会效果。西藏的报业并不发达就是个例子。当然，最根本的是受制于当地居民的文化生活需求，人们对这一领域的开发程度。从语言的角度来看，人们使用哪种媒体的语言，会受到哪种媒体的影响，取决于人们的语言水平和媒体服务的质量以及使用的条件。

二、汉语基础对藏族居民媒体选择的制约性

西藏的藏族居民，在语言上，最熟练的自然是藏语，他们对于藏语媒体格外青睐。那谁会选择使用汉语媒体呢？如果人们选择或是不选择使用汉语媒体，比如汉语的电视节目，又有什么规律性？在汉语的掌握程度上，我们可以把藏族人群分为三个小类：不懂汉语、懂一点、比较熟练。媒体语言对他们的影响会有所不同。

我们先来看一下农区或牧区的情况。农牧民属于不懂汉语的藏族人群。据我们的调查，农村藏族居民在媒体的使用上，主要是广播。广播是十分便捷的，不需要太多经济上的代价，对技术上的要求也不高，方便灵活，很受欢迎。他们收听的只是藏语广播。其原因是他们只懂藏语，不懂汉语，再精彩的节目，他们听不懂等于没用（实际上，藏语相关的节目和汉语类的一样精彩，像西藏原创或译介的藏语

电视剧、小品等就数量庞大，质量很高，深受藏族居民的欢迎，收听和收视效果都十分好。换言之，藏语的使用领域和在媒体中的效果不像人们想象得那样窄小，而是普遍和渗透到了藏族生活的各个角落)。所以，在促进汉语习得和使用方面，汉语广播，无论是中央的还是地方的，在西藏广大农村没有多少影响，人们不会选择汉语广播节目，即使有个别人懂一点，也不可能去收听汉语节目。就目前来看，西藏农村的电信事业还不是太发达，能够看到闭路电视的地方主要还是城镇。加上农村居民的生活大多困难，拥有电视机的家庭还很少，电视在语言方面的作用可以忽略不计。由于语言上的问题，农村地区的电影多是藏语译制片，偶尔放映的汉语电影他们也听不懂。西藏近年来的电影译制取得了很大成绩，对于活跃农村居民的生活起到了积极作用。我们在西藏农村没有见到报亭，也没见到书店，除了校园里有孩子们在看课本，没有见到其他读书看报的人。在西藏农村，除了广播，其他的各类媒体还没能得到有效的发展。那里是个单一的藏语言区域，是汉语的媒体影响尚未触及的地方。除了大力发展当地的教育事业，促进汉藏民族在经济文化上的往来，从而产生汉藏语言的接触，带来一定程度上的汉语的习得和使用外，媒体的作用在相当长的时期内将十分微弱。即使是当地的居民用上了闭路，拥有了各类电子产品如电视机，书报市场也较繁荣，没有汉语的基础水平，来自媒体的影响也还是十分有限的。西藏的各类汉语媒体在目前还没能对农村地区形成影响，对汉语习得和使用的作用也不存在。在西藏城镇地区，各类汉语媒体的影响要大一些，但也不尽相同。

城镇的情况要比农村好一些，主要是传播媒体的数量要多一些，人们的汉语基础也要好一些。以拉萨市为例，上述各类媒体的影响都是存在的。对于那些汉语水平比较高的藏族人群来说，比如干部职工，他们在使用这些媒体的时候，往往是汉语的和藏语的都接受，他们要接受来自汉藏双语的媒体语言的影响。当然，对于汉语已经非常熟练的藏族人来说，他们还是主要使用汉语的媒体，如广播电视、报刊和图书。因为同样的内容，他们首先接受到的是汉语的信息，比其他的藏族居民要快一些，其他藏族居民通过翻译以后才接触到相关的内容。汉语熟练的藏族人，如果选择藏语的媒体，则又需要一个自我翻译的过程，不如直接使用汉语的媒体来得更便捷。即使是那些藏汉翻译的高手也会是这样。藏语翻译过来的汉语有关内容在语言表达上往往存在一些差异，并且在语言上为藏族居民了解的程度还不高。所以，汉语越是熟练，那么他们在工作和生活中使用的机会就越多，接受到的来自媒体的汉语的影响也就越大，最终在汉语的水平上与汉族人并无多大的差异。那些懂一点汉语的藏族人，在生活中主要还是选择藏语的媒体，但也会选择一些汉语的媒体，比如看内地的电视节目、听内地的广播、看汉文版的报刊等。他们是接受汉语媒体影响人数较多的群体。随着使用汉语媒体的不断增多，他们在汉语的习得和使用水平上也会得到不断提高。那么，汉语媒体在内容上如何服务于这类人群的需要则是一个主要因素，如学生人群就包括在这类藏族人群里。城镇居民主要还是不懂汉语的藏族人群，汉语媒介对他们的影响比较模糊，他们可能也会听或看汉语的节目，但不会看汉语的文章。他们也会点滴地受到些影响，但和懂一点汉语的人群一样，主要的语言影响还是来自藏语的媒体。比较起来，广播、电影、电视剧有较大的强制性，占有较大的生活空间，人们在生活中，必然会选择其中的一项到几项，在语言上所受到的影响会随着使用者的基础不同而不同。报纸和杂志则需要那些具有一定语言基础的人去看，无论是藏文的还是汉文的都是这样。我们在调查中得知，对于经常阅读的人来说，主要看的是汉文的报纸和杂志。城镇人群主要看汉文版的报刊，农村居民若看的话，就是藏文版的。报刊属于日常消费品。西藏的报刊多属于赠阅性质，能接触到的藏族人群有限。相比而言，图书就需要人们自己花钱去购买。人们在图书购买上的行为能够在一定程度上反映出他们在图书语言使用上的需求。对此，我们专门做过一次随机调查，拥有一些数据上的支持。

西藏的各类书店虽然不像内地的那样卖家多，竞争激烈，但也要追求经济效益，书总是卖得越多越好。我们选择了西藏境内最大的新华书店，位于拉萨市当热路的图书综合楼，在上午10点30分到12点30分购书相对集中的时间段进行了逐个登记。据配合我们调查的工作人员介绍，拉萨市共有三个新华书店，在八廓街和西郊各有一个，不过在规模上要小些。当热路的新华书店是最大的，也是图书门类较全、购书者相对集中、有较好代表性的书店。书店里有通俗类图书800多种，政治类图书200多种。理科类的图书中汉文版的要更受欢迎。他们出售的有汉藏文的辞典以及英语词典、数学词典。购买藏文版图书的多是僧人、大学的师生以及来访者。有汉文版的图书1万多种，其中又以少儿类的读物居多。我们对调查的结果所作的统计表明，在这两个小时的时间里，前来购书的人共有71位，其中汉族17人；共发生购书交易55笔，其中藏族购书41笔，购买汉文版图书45起；共出售图书112册，其中汉文版图书91册，藏文版图书19册，另外还有2册英语书。在购买19册藏文图书的人当中，有买专书的大学生1人，买小学藏文班教材的家长2人，其他的均为购买词典、经书、专书的僧人。其他91册汉文版的图书涉及教材、辅导资料、辞典、专著、理论、招考、其他读物等类型，所售图书以辅导资料居多，为34起。如果只考察藏族人的购书行为的话，在这段时间里，则共有54人参与了41笔购书，共购买了汉文版图书68册，藏文版图书19册。在藏族人购买的68册汉文版图书里，有61册均为中小学的教材或辅导资料。

以上的统计表明，在拉萨，藏族居民在图书的选择上，是以汉文版图书为主的，使用藏文版图书的主要为僧人、研究者。普通的藏族居民阅读藏文版图书的人数还不多。而在接触汉文版图书的人群里，又以中小学学生为主，他们使用汉文版图书的目的是为了更好地学习汉语。无论是汉文版图书还是藏文版图书，成人使用的数量都极为有限。人们购书大多是为了孩子的学习，并且很重视汉语文的学习。显然，在图书这一语言媒介上，汉语的或藏语的影响力都很有限。不过，从调查的结果来看，汉语在中小学辅导读物方面的影响还是比较大的。这也反映出拉萨市中小学教学对于汉语习得和使用的影响作用。因此，在图书这一语言媒介上，应增强汉文中小学辅导读物的作用，满足不同层次学习者的需求，那些简易的读物、藏汉文化结合的小故事更是受到普遍欢迎。人们购买或阅读图书是以语言基础为前提的，除了比较简单的学生读物外，对于多数的藏族成人来说，他们的汉语书面能力普遍很低，图书这一传播媒介对他们汉语习得和使用的影响微弱。较难一些的汉文版图书在藏族居民习得和使用汉语上的影响主要在成长起来的一代又一代的学生人群中。

三、媒体服务内容和形式的重要作用

和内地一样，收听广播的藏族人群以老年群体为主。西藏的农村居民和城镇的藏族老年人群不懂汉语，那么汉语的广播对他们就几乎没有影响作用。城镇老年以下的藏族人群很少听广播，车载广播的收听只是极少的一部分。所以，在西藏全区，广播的语言影响作用主要在藏语方面，汉语的实际影响不大。拥有较多语言传播媒介的西藏城镇，少数有点汉语基础的人群会不断地受到汉语媒体的影响。人数更少的汉语水平较高的藏族人群则主要使用汉语的媒介，汉语对他们的影响是主要的。所以，在西藏城镇，受藏语媒体影响的人群还是最大的，高于汉语媒体所形成的影响。图书媒体作用比较特殊，只对中小学的学生们有较大的影响，而且主要是来自汉文版图书的影响。这一影响主要来自中小学的汉语教学作用。西藏学生群体以外的藏族人群所受到的来自图书方面的语言影响还很小。换言之，他们的书面能力还不是太高，并非来自他们的图书消费意识。这就是说，在总体上，汉语在西藏媒体语言中的作用低于藏语。大众传播媒工具有其他的途径所没有的营造社会氛围的作用，同时它们还具有程度不同的强制力和号召力。虽然西藏藏族居民的汉语水平普遍偏低，真正能够较顺利地使用汉语交往的人群还十分小，但媒体中汉语的使用会给他们带来较普遍的汉语习得和使用的机会和社会环境。对于不懂汉语的藏族人群来说，能够吸引他们去使用汉语媒体的原因在于其内容和形式在文化上的接近性、难度上的简易性和活力上的丰富性。随着西藏通信事业的不断发展，各类语言传播媒介在包括农村在内的西藏各地将越来越普遍，如何在内容和形式上受到藏族居民的欢迎将是重点。只要使用率提高，就会在汉语习得和使用上产生积极的促进作用，从而使多数藏族居民受益于汉语媒体的作用，使西藏的新闻出版事业真正成为汉藏双语的事业，使汉语和藏语共同成为文化沟通、信息传播、生活娱乐的重要工具，丰富藏族居民的文化生活。

第六节　小结

由于西藏自然和社会环境的特殊性和复杂性，西藏汉语习得和使用发展问题的解决要在充分调查和研究的基础上，循序渐进地进行，不能急于求成，更不能采取过于极端的措施和办法。比如，农牧区和城镇地区在汉语习得和使用的发展上，无论如何不能相提并论，使用统一的办法去对待。农村的汉语习得和使用还处于萌芽期。语言作为人类交际的工具，始终是围绕人的使用的需要进行的，语言教育必须立足于满足社会需求的性质①，而人的需要又是随着社会的不断发展而变化的，人们对于语言的需求也是这样。所以，应该大力发展西藏社会经济，加快西藏现代化建设步伐。无论是农牧业、工业、城镇建设都有一个使用先进技术、吸收其他民族先进经验的问题，都有互相不断加深的交往问题。西藏现代化越是发展，越是需要汉语的习得和使用。这是改善西藏语言使用局面，提高汉语习得和使用水平的主要方向。逐步发展的经济和逐步变化的生活必然会带来语言生活上的变化，使其有利于汉藏语言在西藏地区的共同发展。

在西藏社会经济不断发展的过程中，我们还应该注重语言政策的调查和研究。在藏语文迅速发展的形势下，应在政策上体现藏族居民对汉语习得和使用需求的变化。在相关专家的共同努力下，使西藏的语言政策更好地服务于“以藏为主、汉藏兼通”的宗旨，营造良好的汉藏语言的使用氛围。

习得第二语言依赖于对第二语言的接触，而语言的接触取决于使

① 郭熙：《中国社会语言学》（修订本），第331页，杭州：浙江大学出版社，2004年。

用语言的人的接触。因此，我们应在汉藏文化的不断交流中，增加汉藏人口的接触，从而带来更多富于文化内涵的语言上的接触，这是藏族人群习得和使用汉语最实用的途径。汉藏人口的频繁接触必然带来藏族人群对汉语习得和使用的需求和热情。汉语水平的提高则会带来西藏社会经济更大的发展和藏族文化的广泛传播，给西藏各地注入更多现代科技因素。

教学是藏族人群习得和使用汉语的基本途径。西藏农牧区人口占全区80%以上，90%的中小学在农牧区①，因此，对于绝大多数藏族学生来说，汉语教学是他们学习汉语的开始。因此，在目前西藏汉语教学水平不高的情况下，要从提高教师素质出发，针对教师的汉语水平、教材编写和教法研究，为学生们提供优质高效的汉语教学服务，使他们随着年级的提高，汉语水平的不断提高，接受越来越高等的教育，同时也为他们在进入社会以前积累较好的汉语基础，扩大与外界的交往与合作。

语言传播媒介是营造社会语言氛围的主要阵地，具有重要的辐射力和号召力。西藏各地的传播媒体发展的程度不同，人们受到的影响也不一样。在汉语方面，语言媒体的作用主要体现在少数汉语熟练的藏族人群，对略懂一些汉语的藏族人群的影响还不大，但会日益增强。大部分的藏族居民谈不上拥有汉语水平，可以认为不懂汉语，并没有受到多少汉语媒体的影响，他们只懂藏语，所以藏语媒体在总体上影响更大。汉文版的图书对中小学生有影响，对其他的藏族居民则没多大的影响。汉语媒体在内容和形式上应贴近藏族居民的文化特点和实际需求，从而符合西藏未来传播媒体不断发展的形势。

① 吴德刚：《西藏农牧区教育综合改革——来自农牧区第一线的实践》，第42页，北京：中央广播电视大学出版社，2002年。

第八章　西藏未来的语言发展趋势

不同的人群或区域都有着发展和进步潜力。这种潜力是内在的，现实的发展和进步则需要学习和借鉴。即使是那些现在看起来完全属于本民族的文化特色或产业特色，从历史的考察看，同样可以发现学习和借鉴的痕迹。世界上所有的国家和地区，包括目前最发达的国家和地区，无不是在不断地学习和借鉴中发展和壮大的，西藏发展的历史和现实也是如此。在学习和借鉴其他民族和地区的先进文化和技术的过程中，习得和使用对方的语言则是第一重要的。包括中国在内的所有国家和地区对于习得和使用第二语言的强调都达到了从未有过的高度，因为语言是开放和交流的第一阶梯，对于发展的双方来说都是如此。西藏社会、经济等方面越是发展，语言的习得和使用问题就会越来越显得突出。就目前和未来的发展趋势看，在第二语言的习得和使用中，汉语的习得和使用是至关重要的，也是最重要的。我们对于西藏历史上的和现实中的汉语习得和使用已经作了分析和讨论，可以肯定地讲，西藏在过去的发展中，在其他语言方面首先解决的就是对汉语的习得和使用，并因而从内地获得了大量涉及语言、经济、文化、生产技术等方面的经验，使西藏社会在不断吸收和借鉴中得到快速发展，尤其是和平解放以来，随着汉语习得和使用程度的相对提高，人数的相对增加，西藏社会的发展速度明显加快。

西藏目前的语言发展态势是其未来语言发展的基础和前提，同时也制约着其未来的语言发展。通过前几个部分的分析和讨论，结合相关的语言发展实际，我们可以对西藏未来的语言发展趋势作出一些预测，从而使西藏今天的语言问题的解决更具有前瞻性。就西藏的汉语习得和使用来说，是具有社会发展的客观制约性的，不以个人的意志为转移。讨论西藏要不要习得和使用汉语以及它的社会意义似乎显得多余，因为汉语在西藏的习得和使用是西藏社会发展不可或缺的一部分，我们需要给予认真考察和讨论的，是如何结合西藏社会全面发展的实际，更加有效地习得和使用汉语，进而发挥更大、更有效的促进社会发展的作用。西藏未来总的语言发展趋势是有某种确定性和规定性的，我们今天涉及语言的许多问题的解决应服从和服务于这一发展的总趋势。

第一节　经济发展是根本的制约因素

西藏要发展，要强大，藏族居民要富裕起来，西藏的各项事业都要发达起来，改变总体的落后局面，减少城乡的巨大反差。这也就是要现代化。现代化就是要去除一些落后的部分，增加一些新的先进成分。政府的一切政策和措施，个人的一切努力和做法都是以此为核心的。在西部大开发中，西藏基本的劳动者不能靠引进，只能依靠当地群众。[①] 因此，汉语的习得和使用在西藏必然会越来越重要。西藏的广大居民可能并没有专门去讨论汉语的重要性，但在日常经济、交往中，会在并不刻意的情况下，自主地去习得和使用汉语，因为他们需要汉语，汉语的习得和使用会给他们带来现实的效益，在潜移默化中学技术、长见识、多挣钱。只要汉语的习得和使用有助于藏族居民一天天富起来，那他们就会去学、去用。在这一点上，“发展是硬道理”显得格外实际。西藏传统的经营方式和作业方式，在经济的不断发展中，正在也必然不断地发生着改变。生产技术的革新也必然带来生产方式的变革，它对语言使用的影响也必然是深刻的。在汉语习得和使用方面，藏族居民一方面从中得到实惠，一方面也在经济生活变革的影响下，产生汉语习得和使用的巨大动力。

① 吴德刚:《西藏农牧区教育综合改革——来自农牧区第一线的实践》，第 33 页，北京：中央广播电视大学出版社，2002 年。

经济形态的单一，会带来语言使用上的单一。而经济形态的转变或多元化，会带来语言使用上的多元化，促使人们为了获得好的经济效益而去习得和使用其他语言。1952 年以前，西藏的经济形态是以农牧业为主的传统形式，农业生产占了四分之一，牧业生产占了四分之三。拉萨河谷是西藏最重要的畜牧业区，其他的农业区则大多分布在各个河谷地带，西藏的牧业区则主要分布在北部和西部。西藏地处西南边陲，交通不便，气候恶劣，极大地限制了农业和牧业人口的流动，经营分散，是十分封闭的自然经济。人们和外界的接触极少，缺少生产方式和发展水平的比较，第二语言如汉语习得和使用的机会和需求很弱。这时候即使是有第二语言学习的政策和要求也是行不通的，人们不需要。

马戎认为，1952 年以前，汉族地区与西藏的政治、社会、经济关系就是在当时的经济形态和历史背景下建立和发展起来的。一方面，西藏的地理特点和交通条件使得西藏与其他地区的社会经济、文化交流十分困难，另一方面，由于汉族地区的“地主 + 佃户”制度与西藏的农奴制很不一样，汉族农民进入西藏，既不愿意把自己变成没有人身自由的农奴，也不可能从庄园主那里租到土地。此外，汉族地区通行的是一种多元的宗教体系：道教、大乘佛教、基督教等和平共存，宗教组织对于行政的影响很小，这与西藏政教合一的体制也很不一样。这些在自然条件、社会制度、土地制度、宗教角色等方面的巨大差异，长期以来限制了汉族地区与藏族地区的人员往来和经济贸易。① 没有经贸上的人员往来，便没有汉藏语言上的接触，汉语的习得和使用便没有现实的可能性。

和平解放以来，西藏以过去完全不同的新的经济形态改造传统的落后经济方式，传统的农牧业逐步向新的科技型的农牧业转变。这些经济发展中变化了的部分是西藏原有的经济中所没有的，也是藏语言

---

① 马戎：《西藏的经济形态及其变迁——西藏社会经济发展研究》，第 10 页 ~ 20 页，北京：中国藏学出版社，1997 年。

本身所没有的，这对于汉语习得和使用在客观上起到积极的促进作用。西藏的民主改革，废除了农奴制，寺院也失去了对行政权的控制。西藏的这两项最重要的变化带来社会经济生活的巨大变革。上世纪 80 年代，西藏实行家庭承包责任制，土地和牲畜重新分配给了农牧民，农区实行“土地归户使用，自主经营，长期不变”的政策，牧区则实行“牲畜归户，私有私养，自主经营，长期不变的政策”。西藏的社会经济发展到今天，在生产资料所有制等方面发生了翻天覆地的变化，城市和乡村在经济上许多方面的变化都是根本性的变化。西藏在交通、建筑、运输、邮电、贸易、旅游、环保、金融保险、科技文化、教育、卫生等事业中获得了全面进步。自给自足的经济形态已经发生了根本性的变化，在日益开放的形势下，藏族和汉族的接触增多，汉语的习得和使用也在不断增多。从事农牧业生产的藏族居民由于经济方式等原因，和汉族的接触极为有限，汉语的水平极低，他们所在的地区也是西藏最为落后的地区，生活相对保守，语言相对单一。而西藏农牧业以外其他行业的藏族居民，从事的则是较为开放的职业，和汉族的交往密切，经常接受来自汉语文方面的信息，汉语习得的需求要强得多，使用汉语的人数以及汉语的水平也都要高一些。

西藏的经济社会越来越发展，越来越开放，藏族居民和汉族的接触和交往会越来越多，发展的空间也会不断地由西藏本地扩大到内地乃至全世界，西藏富有特色的民族经济也会在不断的开放中加快现代化步伐，汉语习得和使用将会越来越重要，也会越来越普遍。

第二节　汉藏语并用是语言发展的主要目标

我们讨论西藏汉语的习得和使用，不能离开藏语的习得和使用实际；讨论藏语的习得和使用时，同样不能只谈藏语而忽视了汉语习得和使用的现实需求和未来发展问题。没有藏语，西藏的发展将是无根之水；没有汉语，西藏的发展将失去通往现代化的重要媒介。西藏语言的未来发展，必然是汉语和藏语的共同发展。实现汉语和藏语在西藏的共同发展，不能只是一句空话，需要加强调查和研究，密切关注语言生活中的语言变化，实现真正意义上的共同发展。

西藏和平解放以来，汉语和藏语一直是共同发展的，只是侧重点发生了变化。就现在的情况来看，在汉语的重视程度上要远低于藏语。也就是说，汉语和藏语共同发展的程度很低，从一开始就存在着潜在的冲突。50 年来藏语文取得了很大发展，基本适应了社会发展的需要，在使用功能上也扩展到了社会生活的各个领域。和平解放以前，藏语文主要承载的是藏族传统文化，特别是宗教文化，也有包括历史、文学、传统医学等方面的文献。藏语文作为传播的现代工具是在和平解放以后形成规模的。传统藏语的功能相当狭窄，以寺院教育为主的西藏传统教育由于是藏语的单语教学，其内容深受宗教的影响，所以对现代文明的传播能力十分有限。50 年来，藏语文在保持传统外，随着国家政治、经济、文化的发展变化，其在功能上也发生了巨大的变化，传播现代文明的能力越来越强，在出版、传媒、计算机、经济、教育、文学艺术、科技、对外交流等方面都得到了广泛的使用。在未来的发展中，藏语文的现代化程度会越来越高，表达现代文明的能力也会越来越强。藏语文的这种发展成就和发展潜力是不容忽视的，更不能低估了其在现代社会中的作用。藏语文和现代科技接轨的主要方式是科技新词术语的创制和推广。就目前来看，需要对已经创制的科技术语的使用情况进行调查，如果使用的范围和几率极小，就需要进行及时调整。汉语的情况和藏语的情况正相反。汉语的社会实际需求很高，其作用是不言而喻的。藏族居民在学习和使用藏语文的同时，习得和使用汉语的人数将越来越多、范围越来越宽、频率越来越高。但人们对汉语的发展和使用的看法同样存在偏差。这种认识上的偏差不是来自普通的藏族居民，而是来自西藏的一部分决策者，他们只关注藏语文的发展和使用，在民族语文问题讨论中，文化象征强调多，应用工具讲的少[①]，对汉语习得和使用的需求不太关注。

---

① 马戎：《民族社会学》，第 359 页，北京：北京大学出版社，2004 年。

汉语和藏语并用是从西藏总的语言格局的角度来说的。对于普通的藏族居民来说，他们在哪种语言上最熟练，自然就会主要使用哪种语言。除了极少的熟练双语人，对于西藏绝大多数的藏族居民来说，他们还是会主要使用藏语。在西藏的广大农牧区，语言使用的实际需求将会使汉语的习得和使用程度极低。在西藏未来经济更大的发展中，藏族居民之间也会出现越来越多经济贸易上的往来，他们之间肯定是只使用藏语，即使他们中的少数人也会一些汉语。这样藏族居民习得和使用汉语的范围永远不可能覆盖到大部分的人群。也就是说，西藏的藏语单语人口将依然是未来的主体人群。

现在年青的一代藏族居民，在他们成年以后，或是年老以后，汉语水平将会在普遍意义上超过他们的父辈或祖辈。他们的子女也会在汉语的语言环境和基础上高于现在年青的一代。不管西藏的语言政策如何变化，西藏社会必然要谋求现代化发展，那么，汉语习得和使用前景就必然会出现。所以，我们需要尽可能的改变现有的语言环境，为藏族居民创造更好的藏语和汉语的习得和使用条件，使他们尽早地受益于语言的好基础。只要他们具备汉语和藏语的较好基础，汉语和藏语共同发展的目标就能够实现。至于在西藏的城镇，尤其是像拉萨这样的大城市，藏语会不会成为“家庭语言”、“厨房语言”，将是西藏社会各方面综合发展的结果，单是政策层面的努力是不能够解决的。汉藏并用靠的是藏族居民使用的积极性。

第三节　自由选择是主要措施

我们认为，藏族居民在汉语和藏语的习得和使用上，应该有选择的自由。对于西藏的藏族居民来说，藏语是他们首先习得的语言。他们在汉语和藏语上的选择自由，并不是说他们可以只学习藏语或只学习汉语。我们的理解是，按语言政策的要求和社会的普遍需求，他们需要习得和使用汉语和藏语两种语言。但他们可以有所侧重：或以藏语为主，或以汉语为主。

所谓的自由总是相对来说的。自由往往意味着自在和自如。自由是自我意愿的表达。就语言的选择自由来说，有两个方面。对于成人来说，语言选择是完全自由的，人们使用什么样的语言，使用到何种程度，取决于他自身的需要和能力基础，外来力量如政策的作用无法干涉，我国的法律也对这方面予以保障。显然，这不是我们要讨论的。对于未成年人来说，他们还处于语言的基本积累阶段，他们还没有完全掌握某一种语言。他们获得某一语言的途径主要有两个：生活的社会环境和学校的教学。就目前来看，现在的藏族未成年人，他们的生活环境是藏语的社区，他们首先获得的必然是藏语。也就是说，他们在入学前所习得的是藏语这一种语言。在这一点上，我们也不必再去讨论，因为这是唯一的，不存在短期里变化的可能。依靠社会力量改变儿童生活的社会环境，从而改变使用语言的环境更是不可能。藏族儿童不可能在小的时候离开藏族社区。极少数有汉语学前环境的藏族儿童是特殊情况，可以忽略不计。因此，在语言的自由选择上，我们可以把藏族居民分为成年人和未成年人两个人群。成年人的语言选择自由是完全自主的，受客观的约束较少，而未成年人的语言选择，则受制于社会提供的条件，主要是教学的条件。围绕语言自由选择所采取的措施主要就是在教学条件的提供上。

有选择的余地，才会有选择的可能。对于广大农村来说，孩子们没有社会生活的汉语环境。他们在纯藏语的生活环境方面没有选择的余地。他们对于汉语和藏语的所谓的自由选择只能是在学校的教学上，而如果学校的教学是比较单一的模式，那么他们在教学上的选择自由也会失去，结果他们只可能熟练掌握藏语一种语言的，汉语水平则十分低，这样他们在未来的生活中就会被约束在相对狭小的范围内，这显然不是他们主观意愿的表达。目前的西藏农村就是这样一种状况。由于农村特殊的社会语言环境，藏族儿童只拥有藏语的语言环境，教学条件也很差，汉语的教学水平很低，他们在汉语上没有太好的学习条件，所以要求他们以汉语为主是不切实际的。他们只能以藏语文为主，同时学习汉语文。对于西藏的城镇来说，语言的环境要比农村好，和汉族的接触机会也多。所以，以汉语为主，同时学习藏语文的选择是可行的，只要某些藏族居民愿意作出这样的选择。因此，在西藏的城镇，可以为藏族儿童提供这样的选择。当然，即使他们作出了以汉语为主的选择，也只是在学校教学方面的。他们在入学前和农村的儿童一样，已经熟练地掌握了藏语。

藏语的习得和使用有利于藏族传统文化的继承和发展，有利于藏族群体之间的交往。汉语的习得和使用有利于西藏的现代化发展，有利于和汉族等其他民族的交往。两种语言的习得和使用在社会意义上都十分明显。在政策上，我们要强调两者的重要作用，但不能厚此薄彼，过分强调某一个方面。在普通藏族居民方面，则要根据自身发展的需要，在已经熟练掌握了藏语的前提下，自主地决定和选择侧重学习的语言，社会力量和其他人均不能干涉。在这方面，西藏教育部门已经有了较为成熟的探索，只是仅限于条件较好的城镇，对于西藏大部分地区来说，藏族儿童还只有主要学习藏语文一种选择。这也是西藏汉语习得和使用人数少、水平低的主要原因之一。据我们的调查，在西藏地区，有条件的地方大都从一年级就开设了汉语课，个别偏远、条件差的地方汉语课的开设要晚一些。藏语文则是从小学一年级到高中毕业的主课。当然，这方面并没有一个精确的统计。藏族学生可供选择的教学模式有两个：一个是以藏语文为主的，汉语文是一门课，其他的课程都用藏语来教和学；另一个是以汉语文为主的，藏语文是一门课，其他的课都用汉语来教和学。这一做法实际上就协调了民族文化传承和现代化之间的关系，是比较可行的。但真正实行这一自由选择的学校并不多，大多还是实行以藏语为主的模式。这主要是受制于教学条件的约束。拉萨市的条件是全区最好的，所以这种语言选择的可能性就大得多。拉萨市从2005年秋季开始，小学一年级使用新课标教材，以县为单位自由选择小学藏语课以外的课程语言和教学语言，汉语条件好的用汉语，条件不好的用藏语，考试提供翻译卷。拉萨市城关区从2005年起开始在小学使用汉语教数学，其他的区县已基本实现从小学一年级开始开设汉语课，教学中使用藏语辅助，数学使用的则是五省区通用的藏文教材。强制性的统一做法在西藏是行不通的，只有根据各地的实际条件，在可能的条件下，创造语言习得和使用的自由选择机会。所以，发展西藏经济，改善各地的办学条件刻不容缓。大学的文理各科和专业也可以为藏族学生提供使用汉语和藏语开设的课程，使藏族大学生有权利自己选择使用藏语或是汉语来学习这些课程。当然，如果藏族大学生选择使用藏语来学习相关课程，他们以后在与其他民族的学习、工作交往中会有较大的障碍。因此，无论是基础教育阶段还是高等教育阶段，对教学语言的选择应从实际应用的角度做出实事求是的分析和判断，根据发展的实际需要来作选择。在语言学习问题上采取积极和务实的态度。[①] 社会可以为他们提供汉藏双语的选择机会。

第四节　汉藏语言的和谐发展是理想格局

汉语和藏语在西藏的和谐发展，指的是两种语言都得到重视和加强，满足西藏社会的、个人的不同层面的发展需求。藏语是西藏的通用语言，是最为普遍、习得和使用程度最高的语言。就目前的情况看，藏语是得到了优先发展的。汉语也在不断发展，需求也不断增长，只是习得和使用的程度都很低。

一、藏语文使用发展的成就和未来

自从有了藏语，就有了藏语的习得和使用。虽然不同人的生活范围和交往面会有不同，但人们通过日常的生活环境来习得藏语（藏语的某一方言）是没有问题的。在某一个相对的区域，人们通过周围的环境习得的语言大致相同。除非是足不出户，人们不可能将语言使用的环境封闭起来，仅供一部分人使用。因此，只要人和人之间要交往，就有人和人之间语言上的沟通，语言的自然习得也就由此发生，该地

① 马戎：《民族社会学》，第 362 页，北京：北京大学出版社，2004 年。

方的人们便习得了大致一样的语言或叫方言。也正如此，才有了人与人之间在共同语言媒介作用下的交往。但是，在旧西藏，作为书面语的藏文，却不是人人都有机会习得和使用的。

公元 7 世纪中叶，藏王松赞干布即制定了名为《法规正尺》的法律，规定“要教人识字”，“要记诵教义和文字”，显然，藏语文的习得和使用在吐蕃王朝时期就开始了。但西藏和平解放前，在黑暗的封建农奴制社会里，西藏 95% 以上的农奴和奴隶没有经济上的条件也没有政治上的权力去习得和使用藏语文。藏语文的习得和使用作为一种特权掌握在统治阶级手中，平民百姓即使进入寺庙为僧也只能学点念诵经文不得不懂的藏文字母。官办教育、私塾教育、寺庙教育的对象是社会上层阶级的子女，与绝大多数百姓无关。

西藏第一所现代民族小学是 1951 年 3 月在昌都地区创建的，其目的是为了培养西藏本民族的干部和西藏社会的建设者和接班人。自此以后，西藏的各类教育，包括成人教育和职业技术教育等都十分重视藏语文教学，广大农牧民及其子弟有了系统习得和使用藏语文的机会。1959 年民主改革后，西藏城乡和广大的农牧区进行了长期扫除藏语文文盲的工作，到 2000 年全区青壮年藏文文盲率已下降到 39%。汉族和其他从内地来的干部职工也努力学习藏语文。藏语文的习得和使用在这一时期得到极大发展，形成了西藏全区藏语文习得和使用的良好社会氛围，藏民族的藏语文水平也有了史无前例的迅速提高。

20 世纪 80 年代，中央相继于 1980 年和 1984 年召开了西藏工作座谈会和两次援藏工作会议，强调加强民族文化教育建设，明确要求西藏地区各种行文、教学用语、文艺创作和演出都要使用藏语文。西藏自治区党委和人民政府也召开了全区教育工作会议，提出了继承和发扬民族优秀文化问题，制定可在全区各级各类学校中加强藏语文教学的政策和措施，并将藏语文的习得和使用提高到具有法律效力的社会地位上来。1987 年，西藏自治区人民政府颁布了《西藏自治区学习使用和发展藏语文的若干规定（试行）》①，第二年又发布了《西藏自治区学习使用和发展藏语文的若干规定（试行）的实施细则》②，“实行以藏文为主、藏汉两种语文并用的方针”，规定“自治区各级各类学校的藏族学生，必须把藏语文列为主课，其他课程原则上以使用藏语文教学为主”、“自治区要大力培养用藏语文授课的各级各类的学校的教师”、“自主去积极编译出版藏文的各科教材和教学参考资料”、“自治区各级国家机关下发的行使职务的公文……做到以藏文为主行文”……藏语文的习得和使用受到了全社会的高度重视。自治区教育部门开始筹划在全区建立藏语文教学体系，在全区各级各类学校的藏族学生中推广除汉语文以外的各门功课全用藏语文授课。1989 年，自治区教科委责成自治区民族教育研究所在全区 4 所中学内开办 4 个初中藏语文授课试点班；1992 年，全区初中藏语文授课试点工作结束后，接着又举办了高中藏语文授课试点班，1995 年高中试点班顺利结束。6 年的中学各科藏语文授课试点工作基本上取得成功。试点工作结束后，由于各种原因没有在全区大面积推广，但山南地区开始在全地区所有中学的藏族班中实施除汉语文以外其余各科均用藏语文授课的教学。其他地市的中学藏族班则有用藏语文授课的，也有用汉语文授课的。此后的一段时间，自治区有关部门也较好地执行了上述自治区人民政府文件。从 1989 年起，西藏大学根据自治区教委的安排，扩大师范专业招生计划，连续招收藏语授课师资，为培养全区各级各类学校的藏语文授课师资做出了贡献。自治区教材编译部门也抓紧编译各类各科藏语文教材。到 1997 年就已全部完成了西藏九年义务教育的各科藏文教材、乡土补充教材、初高中及中师各科教材的编译任务。当时各级国家机关下达文件也较注意了藏汉两文配套下发。藏语文的习得和使用在当时呈现出蓬勃发展的良好势头。

上世纪 90 年代以来，为全面提高西藏各民族的整体素质，促进西

① 周炜、格桑坚村：《西藏的藏语文工作》，第 51 页，北京：中国藏学出版社，2004 年。
② 同上，第 57 页。

藏社会全面跨越式发展需要，满足西藏投入西部大开发的需要，适应藏族群众越来越多的与内地各民族教育、经济、文化等方面交往的需要，西藏自治区在实施中央颁布的《中国教育改革和发展纲要》、《中共中央国务院关于深化教育改革全面推进素质教育的决定》等重要文件中，注意完整地执行党的民族语文政策，一方面继续重视藏语文的学习、继承和发展，规定教育部门要深入研讨藏语文教学问题，不断提高各级各类学校的藏语文教学质量，要不断提高各类藏文教材的编写质量，使其能更好地为提高西藏的藏语文教学水平服务。同时，一再强调少数民族学生一定要学好藏语文，并在大中专招生录取中，对藏族等本地少数民族学生学好藏语文给予了导向性的支持，并根据西藏经济社会和教育的改革发展，对地区以上大中城市中小学的汉语文教学和全区大中专学校的汉语言文学课提出了明确的质量要求，创造条件在藏族班开设英语课，使西藏的教育面向现代化，面向世界，面向未来。从 90 年代中期开始，西藏自治区从小学到高等学校的藏语文授课体系趋于完善。到 1999 年，西藏已经建立了符合西藏自治区实际的以藏语文为主的藏、汉双语教学体系。全区除少数城镇小学外，95% 以上用藏语文授课。初中阶段藏语文授课教学正在稳步推进，当时西藏全区中学有 102 个班的教学用语是藏语，另有部分中学的部分课程也用藏语授课。[①] 实行藏语文授课后，消除了教学中的语言障碍，使学生更容易接受和学习各科的教学内容，更有利于激发学生的学习兴趣，增强学生学习的信心，更有利于提高教学质量。在政策和社会教育等的服务上充分体现藏语文的主体和中心地位，使藏语文的习得和使用有了坚实的社会基础，藏语文在西藏社会生活的各个方面得到更为普遍和规范的使用，焕发出前所未有的生机和活力。

此外，在西藏的出版、广播、电视、文艺、各服务行业中，藏语文的使用也得到重视和规范。《西藏通讯》《西藏教育》《西藏日报》

① 丹增：《目前我区藏语文工作的基本情况——在拉萨地区藏语文工作表彰会上的讲话》，《西藏日报》，1999 年 4 月 14 日。

《西藏科技报》《西藏文艺》《邦锦梅朵》以及西藏大学等高校的学报等出版物，包括中小学使用的内地教材，都有编译的藏文版。藏文版的《致富之友》等实用科技手册更是受到广大农牧民的欢迎。1988 年起，五省区藏文报以协会的形式加强合作，藏文稿件的质量不断提高，在藏文新闻术语标准化工作中也起到了很好的促进作用。藏语广播在改进和增加节目内容，提高节目质量的同时，也促进了各民族群众对藏语文的学习，加大了藏语文的作用和影响力，《藏语广播讲座》《故乡话题》等节目深受广大藏区民众的喜爱。西藏电视台始终重视和坚持藏语节目的制作和播出，新闻性、服务型节目，影视译制片以及藏语电视剧更是深受欢迎。藏语文在新闻载体中得到广泛应用。人们在日常生活中，在潜移默化下，不断提高藏语文的习得和使用水平，从而有助于更深刻地领会党的路线、方针、政策，感受西藏的发展变化，学习先进的科技文化知识，丰富文化生活。法院和检察院编印的藏文《法律常用知识问答》《国家赔偿法问答》《刑法分则规定的罪名与罪行对照》等法律读本，邮电等服务信息行业编印的大量藏语文出版物，如《西藏邮电（信息简报）》《邮电汉藏对照词典》对于加强藏语文的习得使用起到了积极的促进作用。1997 年，藏文在我国少数民族文字中成为第十个具有国际标准的文字。藏文新词术语的审定和统一工作加大了力度。藏文的信息化、标准化弘扬了藏族优秀文化，在适应现代化的过程中不断加强、改进和提高人们对藏语文的使用。藏语文在西藏社会生活中起着日益重要的作用。显然语言可能正在缓慢地朝更有效的状态发展，也就是现存的语言要适合时代的需要。[①]

二、以藏语文为主，汉藏并用的语言格局

在西藏的社会生活中，并不仅仅有藏语一种语言，汉语的习得和使用也在不断增加，与藏语一起，共同服务西藏的社会发展。西藏是

① 简·爱切生：《语言的变化：进步还是退步》，徐家祯译，第 7 页，北京：语文出版社，1997 年。

藏民族聚居的地区，区内有藏、汉、门巴、珞巴、纳西等民族，还有尚未确定的僜人和夏尔巴人。2001年的第5次全国人口普查显示，藏族占全区人口总数的92.2%，从总的情况看，全区通用以藏语文为主的藏汉两种语言文字。藏族及其他世居西藏的少数民族如门巴、珞巴及僜人和夏尔巴人都使用藏语文，从内地省区来藏的汉族及其他少数干部职工和经商打工人员除极少数人外一般不懂藏语文。内地来藏人员不分民族基本上统一使用汉语文，藏族及世居西藏的其他少数民族的国家干部和科技人员基本上能熟练使用汉语文，在县城以上城镇居住的部分藏族群众能听懂一些日常生活所用的汉语，居住在靠近青海、四川、云南的西藏东北部和东南部地区的藏族老百姓能讲一些带有相邻省区口音的汉语。因此，藏语是西藏的主流语言，是西藏地区目前主要的交际工具，在西藏社会经济发展和各项事业中正在并将继续起着十分重要的作用。即使是在汉族等其他民族较多的拉萨市，藏语也依然是最主要的沟通媒介，无论是政府、学校、企事业单位以及经贸场所，都是这样。西藏的语言习得，总体上是藏汉两种语言的习得，藏语则是藏民族习得的最主要语言，从而形成了以藏语为主的汉藏语言习得总体格局。

三、藏汉语言共同使用和发展

汉藏语言和谐发展的标志是两种语言共同得到习得、使用和发展。在这一点上，藏语有着得天独厚的条件。藏语是很成熟的拼音文字，有30个辅音字母和4个元音字母，基本能记录人类口头发出的各类音节，表达复杂的文化内容和思维成果。藏族儿童从出生起，就在藏语的环境里长大，他们在入学前就自然习得了藏语，获得藏语流利的表达和用藏语思维的习惯，使用藏语来理解和表达对周围世界的印象。藏族儿童在学前习得的藏语水平，某种程度上又受制于儿童的家庭、社会语言环境、生理的发育发展、认知的发展和社会性的发展。但不管怎样，他们习得的母语是藏语，虽然在使用的程度上会有个体之间的差异。入学后，他们首先是通过藏语母语去获得知识和能力，藏语在儿童身心的健康发展、学校的教育教学以及其他社会功能上，都有着不可替代的作用。藏族儿童早期的教育和成长不能离开藏语。这一观点在研究者中已经获得公认。但藏语毕竟只是在藏族聚居区通用的语言，离开了藏族聚居区，人与人之间的交往就会产生极大障碍，单纯依靠母语是不够的，藏族群体也不可能仅限于在西藏等藏族聚居的地方发展。接受高等教育，适应现代信息资源的迅速发展，藏族个体自身的发展和藏民族现代化的发展，各民族的共同进步，必然要求藏民族习得和使用全国通用的汉语。汉语的习得和使用是藏民族的自觉需求，只是这一对汉语的需求从来没有像今天这样迫切和普遍。大量的调查和研究均反映了这一需求的巨大变化。

自和平解放以来，汉语作为全国的通用语言，在西藏社会已得到广泛使用，汉语在促进民族间交流、传播民族文化、吸收外来文化等方面发挥着越来越重要的作用，汉语和藏语一起构成了西藏语言习得的总体。汉藏双语教学作为一种教育制度，在西藏实施并得到不断完善。西藏双语研究也得到学术界的普遍关注。不过，在西藏汉藏双语的教学体系里，藏语和汉语所占的比重有一个不断变化的过程，影响这一比重变化的因素自然十分复杂，有政策和需求变化的因素，但主要的是我们对西藏语言实际了解和研究的程度，对继承和发展藏民族的文化、促进西藏社会全面进步认识的程度。

对于藏族居民个体而言，影响他们语言习得和使用的诸多因素也会随着西藏社会的发展而不断发生变化，这种变化是渐进的。在语言习得和使用与社会语言需求的不断协调和发展中，汉语和藏语在各自不同的领域发挥作用。在西藏，汉语或藏语的社会作用都不是全能的，都需要两种语言的互相补充和配合。要保持传统必须要有藏语文，要现代化则必须要有汉语文。有了这样的认识，社会的或个人的对于汉语或藏语的习得和使用都会变得更加自觉和充分，社会所能为个人提供的语言条件也应适合和服务于这一发展趋势。比如，要大力发展广播电视事业，使包括广大农村居民在内的藏族居民都能看上和收听到汉语的和藏语的电视、广播节目；大力发展出版和新闻事业，为所有的藏族居民提供汉语的和藏语的书籍和报刊。随着一代代藏族儿童接受学校教育水平的提高，他们的汉语和藏语水平也会得到不断提高，藏族居民在日常生活交往中，将广泛地接触使用汉语和藏语的双语人群。农村在这方面的变化将十分缓慢，但肯定会有所改进。这样，从社会的大环境来看，人们能够拥有比较便利的习得、使用汉语和藏语的环境和条件，能够在汉语和藏语两种语言中自由作出选择。他们选择的依据自然是他们的实际需求和语言基础。因此，人们能够在语言生活中获得较好的语言基础和实现语言需求的满足。这样，汉语和藏语在西藏就会得到和谐的使用和发展。

第五节　语言研究趋向于现实问题的解决

西藏的语言研究，或者确切地说是藏语的研究，在上世纪中叶，也就是西藏和平解放的前 30 年，取得了令世人瞩目的成就。于道泉、李方桂、胡坦等世界级的语言学大师也都产生于那个时代。他们的共同特点是在藏语语言本体的研究上成就辉煌。他们虽然也关注西藏的语言生活实际，但主要的还是围绕藏语语言的本体来进行的，研究的方法主要是历史比较法，研究的范围是西藏历史上的语言演变，使用的材料主要取自历史文献，对于正在发生的语言变化并不十分关心。然而，现代化的发展，已经使西藏的语言生活发生了巨大变化，人们对语言问题的看法也在发生着巨大变化。这种变化不是西藏特有的，而是所有的民族和地区都面临的巨大变化。这就是开放带来的对其他民族和地区了解的强烈需求和交往的强烈需求，第二语言的习得和使用成为全球化热潮。不了解外部的发展，不掌握其他先进群体的语言，就要在现代的发展中落伍。于是，西藏传统的语言研究越来越显得偏离社会语言实际。即使是在今天，语言学界乃至学术界对于语言研究的方向和方法还是倾向于语言的纯本体，认为语言的纯本体研究才是正宗高级的语言学研究，围绕语言社会发展和使用的研究至今仍为大多专家所鄙视。语言学研究的这种书斋式的偏离语言本质属性的做法也受到包括国家决策部门在内的许多方面的批评。

西藏由于其特殊的社会实际，在目前和未来的一段时间里，我们不可能只把目光放在典籍和文献上，而是必须围绕西藏语言生活的社会实际，进行广泛调查和研究，使西藏诸多语言问题得到科学合理的解释和解决，语言本体的研究也应为这一总的研究方向服务，为西藏的许多语言现象提供存在和发展的语言本身的解释。语言本体的和语言社会的研究结合起来，为西藏语言决策提供具有语言和社会双重价值的成果将是未来西藏语言研究的发展趋势。这一发展趋势其实和过去一样，受制于语言社会问题的解决。而西藏的语言研究一旦能够为社会问题的解决做出重要的贡献，那么西藏语言研究的辉煌时代将再度出现。当然，围绕语言社会问题而进行的研究，也必须以语言本体的研究为基础，不然就没有最为基础的也是说服力最强的证据。也就是说，西藏语言研究应结合语言的本体研究，围绕语言社会问题，服务于语言实际问题的解决。西藏的语言生活正处于变革时期，语言学的研究应该也能够大有作为。我们在西藏的调查中深深感到，西藏语言方面急需研究的问题非常多，即使是一些触手可及的问题也大多没能得到细致分析和讨论。我们认为以下几个方面将会成为西藏未来语言发展研究的主要方面。

一、汉语国际化与中国非汉语区的汉语问题研究

汉语为什么会国际化？或者说其他国家的人为什么会来学习被认为是宛若“天书”的汉语？答案其实十分简单，就是为了了解中国，增进与中国的交往。这就是需求，没人去强调和干涉。就个体而言，学习汉语能够帮助他们获得一份好的工作。这和国内的学生们学习外语是一样的。中国越来越强大，中国与世界各国在政治、经济、文化、科技等方面的交流与合作更广泛。中国人学习外语热情更高，外国人学汉语也在全球兴起热潮。在美国、加拿大、法国、英国、奥地利、泰国、日本、韩国等国家，学汉语已经成为新的时尚。汉语在加拿大已成为替代法语的第二大语言。汉语是联合国 6 种工作语言之一，使

用汉语的人数位居全球首位，科技信息产业中汉语的使用日益普及，汉语教育也日益国际化，学习和使用汉语已成为许多国家的政府行为。HSK 被外国学生称为“汉语托福”。法国前总统希拉克在会晤中国国家主席胡锦涛时说，法国青年学习汉语，是对未来的极佳选择。汉语和英语一样，将成为国家之间、不同民族之间交流的重要工具，成为发展民族文化和参与国际市场竞争的需要。将汉语作为第二语言来习得和使用已经国际化。这也是中国国力、汉语言发展强盛、壮大的当今和未来的必然结果。

对于中国将汉语作为母语来学习的汉族等各民族来说，他们感觉不到将汉语作为第二语言来学习的困难和迫切性。汉语不只是“汉族的语言”。在我国，汉语不仅是占全国人口 92% 的汉族所使用的语言，也是我国各民族间交往时使用的语言。中国历史上和近现代的大量文化典籍和科技成果使用汉文出版，国外的大量文学、科技著作也是译成汉文出版的，国内许多少数民族知识分子的大多数研究成果也是使用汉文发表出版的，汉语文在中国几千年的发展史和现代社会发展过程中已经成为中华民族大家庭的“通用语言”、“公共语言”或“族际共同语”。我国有近 1/3 的少数民族兼用汉语。将汉语作为教育用语，实行民族语言和汉语的双语教学成为各少数民族现代化发展中科学的、明智的选择。① 我国每年的出版物有 99% 是汉文的，如能熟练掌握汉语文，就意味着可以接触和使用国内信息总量的 99%，这是数量巨大和无法替代的资源。掌握这些资源，无论是对藏族等少数民族个人的发展还是该个人事业的发展，都是极为重要的。② 在全国范围内逐步普及汉语普通话，少数民族学习和掌握汉语是中国社会发展的必然大趋势。

中国将汉语作为第二语言来习得和使用的重要社会意义已成为共识。不过，国内汉语第二语言习得方面研究的主要对象是外国人，主

---

① 谢启晃、孙若穷：《中国民族教育发展战略决策》，第 41 页，北京：中央民族学院出版社，1991 年。

② 马戎：《西藏地区教育事业的发展》，《中国藏学》，1998 年，第 2 期。

要的成果也是关于外国人习得和使用汉语方面的问题。对于国内广大的非汉语区，汉语第二语言的习得和使用问题始终没能得到足够的重视。也就是说国内非汉语区的汉语习得和使用发展还没能得到科学的研究和理论上的支持和解释。将外国人习得和使用汉语的研究成果拿来，用在国内的非汉语区是行不通的。在汉语第二语言的习得和使用上，国内非汉语区的学习者和外国的学习者有着不同的背景、环境和使用前景。在确认国内非汉语区的汉语第二语言习得性质后，西藏等相关地区的汉语习得和使用问题的研究必然会得到越来越充分的调查和研究，探索和发现其内在、特有的规律，从而使汉语第二语言的习得和使用更加高效、科学，提高藏族学生学习汉语的效果，更好、更快地为西藏社会发展服务。

二、习得和使用汉语是藏民族的语言发展权利

在民族权益保护国际化背景下，汉语习得和使用将作为藏族居民的语言权利而被重视和加强，并逐步走向自觉，汉语在西藏将趋向于得到规范的和高层次的使用。

世界各个民族最根本的权益是民族文化的继承和发展，民族的各个成员得到公平的发展机会。语言发展权是民族群体的和个体发展权益的一部分。所有的民族都面临让本民族语言继承传播，从而使民族特色文化得以继承和发展的任务。民族现代化必然面临学习和借鉴的任务，需要习得和使用其他民族的语言，从而完成民族现代化任务。西藏现代化发展与世界各地其他民族的发展面临着同样的任务。汉语和藏语已必然的成为西藏地区需要共同习得和使用的语言。或者说，对于汉语和藏语的习得和使用都应是藏族群体及其个体居民的权益，是当今和未来发展的日益强大的需求。只强调或过分强调其中的任何一种语言都和现实发展的需要相背离，也是不可能达到目的的。对于西藏的藏族居民来说，他们习得和使用藏语和汉语的行为将日益走向自觉。这种自觉的语言习得发展趋势是个人的意志所不能左右的，个人的或社会的语言行为需要顺应这一发展趋势。母语藏语和第二语言

汉语的习得和使用同是藏民族发展的权益，同样需要给予保护和扶持。

对于汉语来说，西藏目前还处在基础的积累和发展阶段，无论是普遍程度还是水平程度都很低。因此，现在还没有可能提出汉语规范性的普遍要求。普通话测试也只是刚刚起步，还没有成熟的理论支持，也没有获得充分的调查和研究。它的实施只是针对一部分从业人员进行，普通话水平的评价也相对宽松。具备基本的初步的汉语水平就能基本满足平常的交往需要。随着教育的不断发达，西藏接受汉语教育的人口数量将大幅提高，人们的汉语水平也会相应提高。那么，汉语水平高、规范性强的要求就会应运而生。我们从目前西藏的高级知识分子和专业人员中可以找到西藏汉语未来发展的高标准。那些高层次的职业将不断提高对于汉语水平的衡量标准。西藏汉语即将到来的对于规范性的高要求，取决于汉语教学的规范性。

三、汉语在西藏教育中的作用日益重要

西藏教育的一个主要任务是要教给学生们现代发展的意识和能力，接受尽可能高的教育是达到这一目的的必然手段。实现交叉、更新和转变应成为西藏教育在现代社会开放性的标志。[①] 我们从目前录取藏族大学生的数量上就能够发现一些问题。其中核心的问题是，许多西部高校在高考录取中为了完成招生指标，在录取分数上一降再降。进入高校学习的学生大多汉语水平并不很高，他们在大学里再进行一些汉语的基础积累已经来不及了，许多课程的学习和问题的研究不能按要求去完成，降低了大学教育的预期目标。汉语在西藏教育中的作用，是随着年级的提高而不断提高的，小学、初中的汉语教学是问题的焦点。如果中小学的汉语教学搞得好，接下来的学习就会十分轻松。西藏教育的相关要求随着时代的发展，会不断提高标准，增加现代知识的学习和技能训练。所以，汉语在西藏教育中的作用将会越来越大。汉语的教学水平上不去，西藏教育要大发展将遇到很大困难。可以说，

① 罗明东：《教育地理学》，第 4 页，昆明：云南大学出版社，2003 年。

汉语水平是制约西藏教育快速发展的瓶颈。

四、城镇和乡村语言格局的差距进一步拉大

西藏的语言研究将关注城市和农村语言使用格局差距的拉大。无论我们怎样决策，怎样认识汉语习得和使用的重要性，离开了汉族和藏族的接触，汉语的习得和使用就没有了基本的可能性。这也是西藏城乡汉藏语言使用格局差别越来越大的根本原因。

在西藏广大农区和牧区，生活着西藏90%左右的藏族人口。汉族人到西藏，不会去农区和牧区长期居住。西藏的广大农村将永远是纯藏族的聚居区。这些地区，由于地广人稀，人们相互之间的接触不多，更不会有和汉语的接触机会。西藏农区和牧区将是藏语使用上的一个"孤岛"，一个不会受到汉语等其他语言影响的相对独立的语言区域。即使是当地的孩子学习了汉语，有了一定的汉语基础，他们如果是在当地生活，也只可能使用藏语来交流。也就是说，无论西藏未来的社会、经济、文化如何发展，如何现代化，农区和牧区在语言上不会发生根本变化。

城镇则不同。西藏的城镇，无论是大的城镇还是小的城镇，都会有越来越多的和汉族接触的机会，城镇还会拥有丰富的各种语言媒介，使当地语言环境趋向于多元化，汉藏双语的语言环境最终会达到比较高的程度。在日益频繁的汉藏语言接触中，藏族居民的汉语习得和使用将越来越普遍，最终形成汉语和藏语各自分工，各司其职的局面。汉语和藏语将共同完成西藏城镇不同场合、不用人群、不同方式的交际任务。

五、小结

在讨论语言发展趋势的时候，我们不能孤立地只从语言的角度出发来探讨，语言学研究同样不能离开语言的社会使用而"静态"地进行，因为语言自其产生之日起就不是孤立的，而是和社会的发展密切相关。语言的本质属性在于它的工具性质。语言的产生源于人们进行

交流的需要。语言的消亡源于人们对于它的使用的终止。目前比较公认的看法是，任何语言都会面临消亡，只不过快慢不同而已。人们对于濒危语言的研究，其目的一是为了延缓该语言消亡的速度，二是为了对其进行尽可能详尽的整理，从而使该语言得到较完善的书面记录，但不能改变该语言濒危的客观实际。个人或某一组织只能在其中起到有限的作用。决定某一语言能否得到长期使用的，归根结底取决于社会的使用需求。社会对于某一语言的需求是长期形成的，依靠人为的力量在短期内去改变显然不现实。人们对某一语言旺盛的需求或日益衰微的需求，往往是不可逆转的。面对语言的消亡，我们要做的只能是不断地调查和研究，对语言能够作出前瞻性的判断，从两个方面作出努力：一是了解社会的语言需求，违背社会语言需求的努力只能是白费力气；二是不断发展语言本身，使其能够具备满足人们不断变化的语言需求的能力。落后于人们使用需求的语言只能被另一语言所替代。但是，人们针对不同语言的努力往往会有不同的结果，因为不同语言现有的发展水平不同，习得和使用的水平不同，其自身的表达力也会不同。人们在语言的选择上永远都会追求高效和便利，这是不变的法则。如果语言的表达力不强，或是效率不高，人们自然会放弃它而转用更高效的语言。无论是藏语还是汉语，所有语言都面临这一选择。

我们在以上的讨论中认为，西藏社会未来的发展主要就是两个方面：一个是民族文化的传承，一个是现代化的发展。总之，一句话：藏民族的现代化发展。这是西藏未来发展的必然趋势，任何发展都得从这个总趋势出发。实现具有藏民族特色的现代化，其主体是现代化，其特征是藏文化。在这一现代化的过程中，人们对语言的需求在不断发展。西藏语言需求不断发展的根源在于西藏社会经济的发展，这一社会经济发展的走势是西藏在当今时代发展的总趋势，语言的习得和使用必然也必须为之服务。汉语和藏语是两种不同的语言，有着不同的习得和使用人群、场合、实际效率，语言本身发展的程度也有所不同。一般来说，面对现代化，藏族居民自然会首先选择汉语作为第二语言，使用起来往往要显得便利得多。这一语言的选择需要给予满足。如果藏族居民只习得和使用汉语或主要以汉语为工具也根本不可能，藏语言情结和日常生活的需要离不开藏语的习得和使用。所以，最理想的发展应是汉语和藏语的共同发展，汉藏并用，汉藏语言和谐发展。

藏语是藏族的母语，是儿童入学前就已经熟悉的语言，只要学校教学中坚持藏语文教学，藏语就会得到不断的发展和使用。人们熟练掌握了藏语，就会倾向于使用藏语，人们对于藏语的需求便由此产生。只要藏语是藏族的母语，是首先习得的语言，那么藏语就具有包括汉语在内的其他任何语言都没有的绝对优势，人们就不必去为藏语的未来前途担忧。换言之，只要藏民族自身在不断使用藏语，藏语就会不断地发展。只要藏语得到了不断地使用，就会不断地获得更新、发展、现代化。汉语在西藏是纯粹的交往工具，需求旺盛，教育、传播等方面应给予应有的满足。汉语在西藏习得和使用的程度，会影响西藏现代化的发展进程，影响藏族居民个体的未来发展。汉语和藏语在西藏各司其职，共同发展，为西藏具有民族特色的现代化服务。

当然，面对西藏语言研究的未来，我们需要特别关注的恰恰是汉藏语言在西藏社会习得使用中的失衡问题：或太偏于藏语，或太偏于汉语。出现其中的任何一种失衡现象都不能说是语言使用需求的反映，但至少可以说明我们在西藏语言发展问题上的研究和决策是不充分的。研究西藏语言社会发展的历程和趋势应该是其他相关研究的基础。

附录一

普通话测试词表

（共 50 个）

同学：你好！

＊请先填写以下的内容，在正确的选项上划√：

［1］你的性别：A. 男　B. 女

［2］你的家庭：A. 干部　B. 教师　C. 工人　D. 商人　E. 农牧民

［3］家庭经济状况：A. 好　B. 一般　C. 差

＊现在请读下列的 50 个词语：

手指　学费　苍蝇　口渴　担心　宝贝儿

根据　猴子　萝卜　柳树　花园　奶茶

碰见　穷苦　森林　天亮　人家　温暖

外面　忘掉　儿童　麻雀　愿意　云彩　回家

谢谢你的合作！

附录二

配对变语实验量表

同学：你好！

请在你认为合适的分值上划√：

		7	6	5	4	3	2	1
可靠：	藏族	7	6	5	4	3	2	1
		____	____	____	____	____	____	____
	汉族	7	6	5	4	3	2	1
		____	____	____	____	____	____	____
诚实：	藏族	7	6	5	4	3	2	1
		____	____	____	____	____	____	____
	汉族	7	6	5	4	3	2	1
		____	____	____	____	____	____	____
热情：	藏族	7	6	5	4	3	2	1
		____	____	____	____	____	____	____
	汉族	7	6	5	4	3	2	1
		____	____	____	____	____	____	____
才智：	藏族	7	6	5	4	3	2	1
		____	____	____	____	____	____	____
	汉族	7	6	5	4	3	2	1
		____	____	____	____	____	____	____
意志力：	藏族	7	6	5	4	3	2	1
		____	____	____	____	____	____	____

		7	6	5	4	3	2	1
	汉族	7	6	5	4	3	2	1
相貌：	藏族	7	6	5	4	3	2	1
	汉族	7	6	5	4	3	2	1
身材：	藏族	7	6	5	4	3	2	1
	汉族	7	6	5	4	3	2	1
风度：	藏族	7	6	5	4	3	2	1
	汉族	7	6	5	4	3	2	1
能力：	藏族	7	6	5	4	3	2	1
	汉族	7	6	5	4	3	2	1
总印象:	藏族	7	6	5	4	3	2	1
	汉族	7	6	5	4	3	2	1

附录三

西藏小学生汉语习得的影响因素调查问卷

同学：你好！

请在你认为正确的选项上划√

[1] 学习汉语的起始时间：

A. 幼儿园　B. 小学1年级　C. 小学2年级　D. 小学3年级　E. 小学4年级　F. 小学5年级　G. 其他

[2] 家庭成员使用的语言：

爷爷：A. 汉语　B. 藏语　C. 其他

奶奶：A. 汉语　B. 藏语　C. 其他

爸爸：A. 汉语　B. 藏语　C. 其他

妈妈：A. 汉语　B. 藏语　C. 其他

其他：A. 汉语　B. 藏语　C. 其他

[3] 家庭成员的职业：

爷爷：A. 干部　B. 教师　C. 工人　D. 商人　E. 农牧民

奶奶：A. 干部　B. 教师　C. 工人　D. 商人　E. 农牧民

爸爸：A. 干部　B. 教师　C. 工人　D. 商人　E. 农牧民

妈妈：A. 干部　B. 教师　C. 工人　D. 商人　E. 农牧民

其他：A. 干部　B. 教师　C. 工人

D. 商人　E. 农牧民

[4] 家庭成员的文化程度：

爷爷：A. 小学　B. 初中　C. 高中

D. 大学　E. 大学以上

奶奶：A. 小学　B. 初中　C. 高中

D. 大学　E. 大学以上

爸爸：A. 小学　B. 初中　C. 高中

D. 大学　E. 大学以上

妈妈：A. 小学　B. 初中　C. 高中

D. 大学　E. 大学以上

其他：A. 小学　B. 初中　C. 高中

D. 大学　E. 大学以上

[5] 老师的汉语水平：A. 很好　B. 好

C. 一般　D. 差　E. 很差

[6] 汉语的教学效果：A. 很好　B. 好

C. 一般　D. 差　E. 很差

[7] 使用的汉语教材：A. 很好　B. 好

C. 一般　D. 差　E. 很差

[8] 你希望自己的汉语：A. 很好　B. 好

C. 一般　D. 差　E. 很差

谢谢你的合作！

附录四　藏汉词语混用调查

问卷调查

各位藏族研究生同学：你们好！这是我们用录音、座谈、观察等方式整理的一部分词语。因调查和实证的需要，现请你在每个词语后面的“藏　汉”选项上划出你在日常说话中使用的语言。

研究 藏　汉	观点 藏　汉	结论 藏　汉
个案 藏　汉	模式 藏　汉	学科 藏　汉
学术 藏　汉	价值 藏　汉	宗教 藏　汉
藏学 藏　汉	民间 藏　汉	信仰 藏　汉
多元 藏　汉	哲学 藏　汉	层次 藏　汉
崇拜 藏　汉	成果 藏　汉	结论 藏　汉
主题 藏　汉	角度 藏　汉	报告 藏　汉
开题 藏　汉	博士 藏　汉	硕士 藏　汉
本科 藏　汉	专业 藏　汉	学历 藏　汉
地理 藏　汉	课题 藏　汉	佛教 藏　汉
提纲 藏　汉	选题 藏　汉	文凭 藏　汉
历史 藏　汉	论文 藏　汉	学分 藏　汉
敦煌 藏　汉		
深层次 藏　汉	理论界 藏　汉	理论性 藏　汉
教育系 藏　汉	研究生 藏　汉	理工科 藏　汉
民族学 藏　汉	人类学 藏　汉	边缘化 藏　汉
社科院 藏　汉	出版社 藏　汉	藏学系 藏　汉

责任编辑 藏 汉　　阿基米德定律 藏 汉

利益 藏 汉

* * * * * *

绿化 藏 汉　　沙化 藏 汉　　护沙 藏 汉

工业 藏 汉　　开发 藏 汉

生态环境 藏 汉　　青藏铁路 藏 汉

吐蕃 藏 汉　　局长 藏 汉

* * * * * * *

行政 藏 汉　　厅级 藏 汉　　处长 藏 汉

国家 藏 汉　　总统 藏 汉　　南非 藏 汉

西方 藏 汉　　英国 藏 汉　　挂职 藏 汉

乡长 藏 汉　　书记 藏 汉　　州长 藏 汉

常委 藏 汉　　正科 藏 汉

公务员 藏 汉　　人事局 藏 汉　　副乡长 藏 汉

副市长 藏 汉

中华民族 藏 汉　　多元一体 藏 汉

市委办公室 藏 汉

* * * * * *

谁 藏 汉　　腿 藏 汉

活动 藏 汉　　善恶 藏 汉　　两个 藏 汉

娱乐 藏 汉　　初中 藏 汉　　大学 藏 汉

毕业 藏 汉　　拉中 藏 汉　　校长 藏 汉

高三 藏 汉　　面前 藏 汉　　时候 藏 汉

谦虚 藏 汉　　回家 藏 汉　　感觉 藏 汉

没事 藏 汉　　冷酷 藏 汉　　心里 藏 汉

天天 藏 汉　　计划 藏 汉　　不但 藏 汉

方面 藏 汉　　或者 藏 汉　　落后 藏 汉

时候 藏 汉　　好处 藏 汉　　那么 藏 汉

就是 藏 汉　　觉得 藏 汉　　废话 藏 汉

老师 藏 汉	非要 藏 汉	结合 藏 汉
要不 藏 汉	以后 藏 汉	发展 藏 汉
其实 藏 汉	具体 藏 汉	内容 藏 汉
年龄 藏 汉	毕竟 藏 汉	只要 藏 汉
影响 藏 汉	特别 藏 汉	重要 藏 汉
刚才 藏 汉	打杂 藏 汉	考研 藏 汉
干吗 藏 汉	自己 藏 汉	考试 藏 汉
脑子 藏 汉	房子 藏 汉	面包 藏 汉
牛奶 藏 汉	要是 藏 汉	结婚 藏 汉
过来 藏 汉	过去 藏 汉	车费 藏 汉
一间 藏 汉	半间 藏 汉	大家 藏 汉
打工 藏 汉	车子 藏 汉	花店 藏 汉
支持 藏 汉	闲着 藏 汉	男人 藏 汉
女人 藏 汉	亲戚 藏 汉	口水 藏 汉
淹死 藏 汉	星期 藏 汉	上网 藏 汉
第三 藏 汉	其次 藏 汉	招聘 藏 汉
漂亮 藏 汉	对着 藏 汉	刁民 藏 汉
活该 藏 汉	蚊子 藏 汉	吃药 藏 汉
太多 藏 汉	川大 藏 汉	压力 藏 汉
生活 藏 汉	消费 藏 汉	双方 藏 汉
解决 藏 汉	空气 藏 汉	气候 藏 汉
那边 藏 汉	彩票 藏 汉	沉默 藏 汉
选择 藏 汉	爆发 藏 汉	估计 藏 汉
想象 藏 汉	根本 藏 汉	直接 藏 汉
回家 藏 汉	劲儿 藏 汉	背叛 藏 汉
分手 藏 汉	吃亏 藏 汉	喜欢 藏 汉
另外 藏 汉	身体 藏 汉	要命 藏 汉
最多 藏 汉	一年 藏 汉	要么 藏 汉
讨厌 藏 汉	麻烦 藏 汉	伤害 藏 汉

路面 藏 汉	专门 藏 汉	解释 藏 汉
更热 藏 汉	明天 藏 汉	讲座 藏 汉
奇迹 藏 汉	歌星 藏 汉	合适 藏 汉
迷倒 藏 汉	想法 藏 汉	成熟 藏 汉
芳心 藏 汉	下次 藏 汉	上回 藏 汉
孩子 藏 汉	长大 藏 汉	妹妹 藏 汉
写写 藏 汉	看着 藏 汉	果酱 藏 汉
过了 藏 汉	你们 藏 汉	考博 藏 汉
头头 藏 汉	马上 藏 汉	两天 藏 汉
门票 藏 汉	扯淡 藏 汉	大家 藏 汉
算了 藏 汉	人家 藏 汉	男女 藏 汉
难吃 藏 汉	条件 藏 汉	假期 藏 汉
包间 藏 汉	去年 藏 汉	反正 藏 汉
前面 藏 汉	后面 藏 汉	蛋黄 藏 汉
头晕 藏 汉	恶心 藏 汉	感冒 藏 汉
地铁 藏 汉	电梯 藏 汉	昨天 藏 汉
前天 藏 汉	新闻 藏 汉	代价 藏 汉
电话 藏 汉	招聘 藏 汉	工龄 藏 汉
51 页 藏 汉	91 年 藏 汉	十万 藏 汉
39 度 藏 汉	三千 藏 汉	

* * * * * * *

以至于 藏 汉	点一下 藏 汉	这句话 藏 汉
你们那 藏 汉	费孝通 藏 汉	大多数 藏 汉
小师弟 藏 汉	这个班 藏 汉	
快得很 藏 汉	搞教学 藏 汉	压担子 藏 汉
放不下 藏 汉	事业心 藏 汉	考到这 藏 汉
不分心 藏 汉	所以说 藏 汉	特别活 藏 汉
重要性 藏 汉	假如说 藏 汉	同样的 藏 汉
大不大 藏 汉	考到这 藏 汉	要不然 藏 汉

应怎样 藏　汉	太散漫 藏　汉	都没定 藏　汉
参考书 藏　汉	差不多 藏　汉	很吃力 藏　汉
人太多 藏　汉	四五个 藏　汉	嫁老公 藏　汉
最起码 藏　汉	在郊区 藏　汉	卫生间 藏　汉
没房子 藏　汉		
有房子 藏　汉	四轮车 藏　汉	在家里 藏　汉
不让去 藏　汉	女博士 藏　汉	三种人 藏　汉
我同学 藏　汉	黑黑的 藏　汉	六层楼 藏　汉
15 号楼 藏　汉	一句话 藏　汉	星期天 藏　汉
下一代 藏　汉	寄希望 藏　汉	长时间 藏　汉
新环境 藏　汉	小家伙 藏　汉	精得很 藏　汉
女孩子 藏　汉	卖桃子 藏　汉	直接回 藏　汉
啥时候 藏　汉	双硕士 藏　汉	六月底 藏　汉
八月份 藏　汉	主要是 藏　汉	比较好 藏　汉
顷刻间 藏　汉	划不来 藏　汉	三个月 藏　汉
写清楚 藏　汉	就这些 藏　汉	某些人 藏　汉
一点半 藏　汉	吃饱了 藏　汉	办公室 藏　汉
高起点 藏　汉	不一样 藏　汉	有就好 藏　汉
给四百 藏　汉	五百米 藏　汉	网络图 藏　汉
试用期 藏　汉	顺得很 藏　汉	教师节 藏　汉
次数少 藏　汉	那男的 藏　汉	要不然 藏　汉
要考试 藏　汉	你爸爸 藏　汉	可大可小 藏　汉
边远地区 藏　汉	第一学期 藏　汉	你们这样 藏　汉
更进一步 藏　汉	模糊得很 藏　汉	一个老师 藏　汉
喜欢就干 藏　汉	养家糊口 藏　汉	必须得去 藏　汉
不生孩子 藏　汉	乱七八糟 藏　汉	可惜得很 藏　汉
坚强得很 藏　汉	什么样的 藏　汉	另一方面 藏　汉
没有什么 藏　汉	少的方面 藏　汉	后半部分 藏　汉
人心惶惶 藏　汉	最后一年 藏　汉	学生时代 藏　汉

第一个月 藏　汉　不好意思 藏　汉　一个十块 藏　汉
吞吞吐吐 藏　汉　从来没见过 藏　汉
愿意干就干 藏　汉　你可以有事干 藏　汉
无风不起浪 藏　汉　另一方面来说 藏　汉

方法 藏　汉	独特 藏　汉	文化 藏　汉
生活 藏　汉	精神 藏　汉	体现 藏　汉
信仰 藏　汉	外在 藏　汉	生存 藏　汉
环境 藏　汉	现象 藏　汉	依据 藏　汉
原始 藏　汉	具体 藏　汉	吸纳 藏　汉
各种 藏　汉	因素 藏　汉	评价 藏　汉
背景 藏　汉	创造 藏　汉	师资 藏　汉
力量 藏　汉	重视 藏　汉	说明 藏　汉
关键 藏　汉	目的 藏　汉	明确 藏　汉
藏族 藏　汉	规律 藏　汉	写作 藏　汉
访谈 藏　汉	汉族 藏　汉	结合 藏　汉
细化 藏　汉	非常 藏　汉	纯粹 藏　汉
解决 藏　汉	积极 藏　汉	尝试 藏　汉
锻炼 藏　汉	适合 藏　汉	事业 藏　汉
自私 藏　汉	世界 藏　汉	阶段 藏　汉
年龄 藏　汉	享受 藏　汉	修改 藏　汉
资料 藏　汉	报告 藏　汉	时间 藏　汉
地点 藏　汉	交流 藏　汉	目前 藏　汉
状况 藏　汉	书评 藏　汉	层次 藏　汉
发表 藏　汉	译文 藏　汉	个体 藏　汉
关系 藏　汉	探讨 藏　汉	发生 藏　汉
首先 藏　汉	丧葬 藏　汉	习俗 藏　汉
传统 藏　汉	节日 藏　汉	转变 藏　汉
改变 藏　汉	进程 藏　汉	思想 藏　汉
消灾 藏　汉	安宁 藏　汉	村子 藏　汉

形成 藏 汉	补充 藏 汉	促进 藏 汉
任何 藏 汉	文集 藏 汉	引文 藏 汉
原因 藏 汉	提交 藏 汉	应该 藏 汉
教学 藏 汉	质量 藏 汉	手法 藏 汉
认同 藏 汉	暴徒 藏 汉	种族 藏 汉
灭绝 藏 汉	文明 藏 汉	道德 藏 汉
恐怖 藏 汉	地图 藏 汉	残酷 藏 汉
屠杀 藏 汉	文学 藏 汉	杭州 藏 汉
西湖 藏 汉	新疆 藏 汉	香港 藏 汉
教育 藏 汉	北京 藏 汉	南京 藏 汉
西藏 藏 汉	创造 藏 汉	发明 藏 汉
矛头 藏 汉	安全 藏 汉	火车 藏 汉
汽车 藏 汉	学生 藏 汉	报账 藏 汉
实习 藏 汉	调查 藏 汉	兰州 藏 汉
游击 藏 汉	战争 藏 汉	资料 藏 汉
团长 藏 汉	领队 藏 汉	发票 藏 汉
破坏性 藏 汉	锻炼性 藏 汉	发展史 藏 汉
图书馆 藏 汉	管理书 藏 汉	调查点 藏 汉
参考书 藏 汉	不足点 藏 汉	八达岭 藏 汉
特殊性 藏 汉	毛主席 藏 汉	颐和园 藏 汉
莫高窟 藏 汉	裕固族 藏 汉	青藏高原 藏 汉
基础知识 藏 汉	地理环境 藏 汉	
相关研究 藏 汉	安多研究 藏 汉	
随乡入俗 藏 汉	西北民院 藏 汉	
科研单位 藏 汉	罗布林卡 藏 汉	

* * * * * * *

科技术语方面的词语 藏 汉

谢谢您的合作！

后　记

本书是中国藏学研究中心 2005 年～2010 年度重点课题“西藏构建和谐社会研究”、教育部人文社科规划课题“拉萨话语境中的普通话语音变异研究”（09YJA740046）、中国博士后科学基金特别资助项目“拉萨城区普通话变异研究”（201003072）的阶段性成果。是在我的导师胡坦教授、周一民教授、周炜教授、胡晓江教授的指导资助下完成的。

西藏的社会语言学研究在当代只是刚刚起步，还没有得到应有的重视。

在这一方面，首先倡导和打基础的是胡坦先生，做出开拓性贡献的则是他的学生——中国藏学研究中心科研办主任周炜博士，其代表作为《西藏的语言与社会》一书。该书也是本书的理论基础和立意之源，或者说，本书不过是该书的进一步延续和扩展。有关社会学、民族学、语言学等理论在周炜先生的这一著作中得到广泛运用。《西藏的语言与社会》侧重于藏语文的社会使用状况研究，兼及汉语文。本书则在此基础上将汉语文（主要是普通话）作为重点，兼及藏语文，使用的理论和方法基本一致。

本书是西藏双语使用和发展研究的一部分。在这方面，我是新手，加之时间仓促，其中定有许多不当之处，均属本人水平有限，渴望得到读者和专家的批评和指正。

本书的撰写得到许多专家的亲切关怀和指导，他们是：中国藏学研究中心的拉巴平措、郑堆、旦增伦珠、张云、杜永彬、徐绍强等研究员，西藏大学的丁玲辉、王志敬等教授，中央民族大学的戴庆厦、张公瑾、季永海、宝玉柱等教授，北京师范大学的王宁、王立军等教授，西藏民族学院的陈立明等教授。

本书在出版过程中得到了中国藏学出版社的帮助。黄淮学院领导给予了高度重视和大力扶持。

我的好友和家人始终给予我关心和支持。

我以西藏双语使用和发展为方向，2008 年 6 月从中央民族大学藏学院博士毕业后进入北京师范大学进行博士后研究，其中，2008 年 7 月至 2010 年 8 月师从文学院的周一民先生，2010 年 9 月至今师从社会发展与公共政策学院的胡晓江先生。

谨记。

李永斌

2012 年初春于北京龙欣苑

图书在版编目（CIP）数据

语言和谐背景下西藏的汉语习得和使用/李永斌著．—北京：
中国藏学出版社，2012.9
（西藏跨越式发展与全面建设小康社会研究丛书·第2辑/旦增伦珠、周炜主编）
ISBN 978-7-80253-544-2

Ⅰ.①语… Ⅱ.①李… Ⅲ.①汉语-语言学习-研究-西藏 Ⅳ.①H19

中国版本图书馆CIP数据核字（2012）第214582号

语言和谐背景下西藏的汉语习得和使用

李永斌 著

出版发行	中国藏学出版社
印　　刷	北京牛山世兴印刷厂
开　　本	787×1092毫米　1/16
印　　张	19.25
字　　数	270千字
印　　次	2013年3月第1版第1次印刷
书　　号	ISBN 978-7-80253-544-2/H·22
定　　价	35.00元

图书若有质量问题，请与本社联系

E-mail：dfhw64892902@126.com　**电话**：010-64892902